"十二五"职业教育国家规划教材
经全国职业教育教材审定委员会审定

饭店前厅与客房管理实务

Front Office and Housekeeping Department Management

主　编　马　瑞　綦恩周

副主编　和　平　袁　博　区倩儿

参　编　储　晶　刘　玲　陈诗韵

广东高等教育出版社
Guangdong Higher Education Press
·广州·

内容简介

前厅部与客房部是饭店经营管理中最为核心的两大部门，其中前厅部是其对外服务的窗口，客房部是其最为重要的创收部门。在日常的经营活动中，两部门之间又存在极为紧密的联系与沟通。本教材的编写，在兼顾该学科理论知识体系完整的同时，更加突出了其应用性强的特点，着力从实际、实用、实践的角度出发，突出对学生从事前厅、客房服务所必须具备的职业素养的培训与提升。在内容上，善于引入本学科最前沿的知识体系，突出项目式教学、案例式教学、双语教学等理念；在体例设计上，先有案例引入做启发，后有项目实训加以巩固，在提升学生专业技能水平的同时，也提高了学生思考问题、解决问题的能力。本书既可作为高职高专酒店管理专业、旅游管理专业等相关专业的教材，也可作为饭店前厅部、客房部人员日常培训和提高业务水平的参考用书。

图书在版编目（CIP）数据

饭店前厅与客房管理实务/马瑞，綦恩周主编. —3 版. —广州：广东高等教育出版社，2020.6

ISBN 978-7-5361-6822-0

Ⅰ. ①饭…　Ⅱ. ①马…②綦…　Ⅲ. ①饭店-商业管理②客房-商业管理　Ⅳ. ①F719.2

中国版本图书馆 CIP 数据核字（2020）第 137073 号

FANDIAN QIANTING YU KEFANG GUANLI SHIWU

出版发行	广东高等教育出版社 社址：广州市天河区林和西横路 邮编：510500　营销电话：（020）87553335 http://www.gdgjs.com.cn
印　　刷	江门市教育印刷厂有限公司
开　　本	787 毫米×1 092 毫米　1/16
印　　张	15.5
字　　数	358 千
版　　次	2012 年 9 月第 1 版　2020 年 6 月第 3 版
印　　次	2020 年 6 月第 4 次印刷
定　　价	38.00 元

前　言

目前，我国饭店业已经进入快速发展阶段，国际化发展趋势日趋凸显，培养适应21世纪饭店业发展需要的具有较强跨文化沟通能力的综合型管理人才已经成为一个十分紧迫的问题。

前厅部与客房部是饭店最重要的两大服务部门，其中前厅部是主要的直接对客服务部门，是饭店形象的窗口。客房部是饭店的重要组成部分，是饭店赢利的主要途径，是客人入住饭店期间所待时间最长的部门，客房部的管理水平和服务质量将直接影响到客人的住店感受。此外，前厅部与客房部在日常的经营和管理过程中又存在着紧密的联系和沟通。本教材在编写过程中，既注重两个部门的共性联系，也注重其个性化服务的特点，紧密结合行业人才需求现状与企业发展潮流，坚持适应高职院校教育改革和发展的需要，立足于提升学生的整体素质和综合能力，其主要特点有：

（1）精心设置教材内容，重点突出。本教材共分为11个模块。其中模块1和模块10的内容是对前厅部和客房部所具有的共性内容的系统论述，模块2、模块3、模块4、模块5、模块6侧重于对前厅部所提供的对客服务项目进行论述，模块7、模块8、模块9侧重于对饭店客房部主要对客服务项目的论述，模块11着重对前厅与客房部的发展趋势进行了相应的探讨。

（2）内容编排采用“项目式教学法”的模式。每个模块分成几个项目编写，每个项目都设有案例引入、提出问题、相关知识、项目实训等内容，突出对学生解决实际问题能力的培养。同时，每个模块还附有本模块小结和知识拓展。

（3）尝试“中英双语教材”的编写模式。结合当今饭店业对人才语言交际能力要求较高的特点，该教材在编写过程中突出对学生英语交际能力的培养。如每个项目的相关知识部分采用中英双语的形式编写，实战应用部分为学生提升口语交际能力提供了良好的素材。

（4）采用表格形式，使知识点更加突出。本教材使用了大量的表格，使全书内容更加清晰和直观，大大增强了可读性与实用性。

本教材的编写团队由国家骨干院校重点建设专业的教师和酒店行业专家组成，参加编写的人员有：马瑞（模块1），马瑞、袁博（模块2、模块4），綦恩周、和平（模块3、模块9），马瑞、储晶（模块5、模块6、模块7），区倩儿（模块10），区倩儿（模块11）。此外，顺德职业技术学院的马瑞、阳江职业技术学院的刘玲及广州花园大酒店的陈诗韵等对本书进行了统稿和修订。本教材在编写过程中参考了国内外同行的大量论著，并得到了许多业内人士的帮助，在此表示深切感谢！

由于编写时间紧、任务重，本教材难免有疏漏和不足之处，敬请广大读者批评指正！

编　者

2019年12月

目　　录

模块 1　走进饭店前厅部与客房部 (Introducing the Front Office and Housekeeping Department)

任务目标

了解饭店前厅部与客房部的地位和工作任务，掌握前厅部与客房部的组织机构设置、管理岗位工作职责及任职条件，熟悉前厅部与客房部服务人员应具备的素质，以及前厅环境与布局设计。

案例引入

某天下午，某饭店前台突然来了两位气势汹汹的客人，声称饭店前台员工不负责任，致使自己的隐私遭到侵犯，要求饭店对两位当事人做出经济赔偿。大堂副理经过仔细了解后得知，原来是前台员工在给客人分配房间的时候，因与客房部沟通失误，误将延迟结账的房间当成可出租房分配给了新来的客人，导致原来住在这个房间的客人产生极大不满。经过大堂副理的耐心劝解并提出为客人减免一定的房费后，这两位客人的怒气才算稍稍平息。

提出问题

根据此案例，谈谈饭店前厅部与客房部日常沟通和联系的重要性，并具体探讨这两个部门应如何加强部门间的联系和沟通。

我们小组的回答是：____

____

____

相关知识

前厅部与客房部隶属于饭店的房务部，两个部门有着紧密的联系和沟通。前厅部既是客人来到饭店后最先和最后接触的部门，也是给客人留下第一印象和最后印象的部门，其服务几乎涉及饭店提供的每项对客服务内容。客房部是客人住店期间接触时间最长的部门。

The rooms division is made up by the front office and the housekeeping department, these two departments communicate with each other closely in the daily operation. The front office is the first and last place with which the guests contact, and it gives the first and last impression on the guests. It provides almost all kinds of hotel services for nearly every guest. The housekeeping department is the place in which the guests stay longest.

一、前厅部与客房部的概念

前厅部（Front Office）也称客务部、前台部、大堂部，是饭店组织客源、销售客房商品、联络和协调各部门，并为宾客提供前厅系列服务的综合性部门。前厅（Lobby）又称大厅、大堂，是指从饭店大门到餐厅、客房等营业区前可供宾客活动的公共区域。

客房部（Housekeeping Department）又称为管家部，作为饭店营运中的一个重要部门，其主要的工作任务是为宾客提供一个舒适、安静、优雅、安全的住宿环境，并针对宾客的习惯和特点做好细致、周到、热诚的服务。

二、前厅部与客房部在饭店中的地位

前厅部与客房部是现代饭店的重要组成部分，在饭店经营管理中占有举足轻重的地位，其运转和管理水平将直接影响到整个饭店的经营效果和对外形象。前厅部和客房部在饭店中的重要地位主要体现在以下几个方面。

（一）饭店业务活动的中心

从客人抵店前的客房预订到客人离店后的建立客史档案，前厅部与客房部的服务贯穿了客人与饭店交易的全过程。前厅部是客人与饭店联系的纽带；同时，前厅部与客房部还要及时将客人的信息、需求及投诉等传递给上级及相关部门，共同协调全饭店的对客服务工作，确保服务工作的效率及质量，故前厅部与客房部通常被视为饭店的“神经中枢”，在饭店的经营活动中是联系内外、承上启下、疏通左右的枢纽。

（二）饭店的营业窗口

前厅部的主要服务机构通常设在客人来往最为频繁的大堂，任何客人一进饭店，就会对大堂的环境气氛、装饰布置、设施设备，以及前厅部员工的仪容仪表、服务质量、工作效率等产生深刻的第一印象。客人离店时，经由大堂，前厅部服务人员的服务会给客人留下最后印象，印象虽产生于一瞬间，却会长时间保留在人们的记忆中。作为客人产生第一印象和最后印象的前厅部，其管理水平和服务水准往往反映饭店的整体管理水平和服务质量，因此，前厅部不仅是饭店的“神经中枢”，还是饭店的“营业窗口”，代表着整个饭店的形象。

（三）饭店组织客源、创造经济收入的主要部门

在饭店的营业收入中，客房销售收入一般要高于餐饮、康乐及其他收入。据统计，目前国际上客房收入一般占饭店总营业收入的50%左右，而我国还高于这个比例。前厅部与客房部的有效运转是提高客房出租率、增加客房销售收入，提高饭店经济效益的关键之一。

（四）饭店管理的参谋和助手

作为饭店业务活动的中心，前厅部直接面对市场和客人，是饭店中最敏感的部门，而客房部是饭店设备设施最集中，住客居住时间最长的部门。两个部门通过接触、收集、加工有关客源市场、营业收入、客人需求及意见、饭店对客服务、经营管理的各种信息等，每日或定期将整理后的信息以数据报表、工作报告等形式传递给饭店决策管理机构，并提供咨询意见，作为制订和调整饭店计划及经营策略的参考依据。

三、前厅部与客房部的组织机构及工作职能

（一）组织机构设置原则

1. 结合自身实际，适合饭店经营发展需要

组织机构的设置应结合饭店的企业性质、规模、地理位置、管理方式、经营特色及宾

客需求等实际情况，规模大的饭店机构设置可精细一点，规模小的饭店可考虑简化机构。

2. 符合《旅游饭店星级的划分与评定》的要求

机构设置和岗位配置要参照《旅游饭店星级的划分与评定》中的各星级划分条件，尤其是必备项目这一块，它是饭店进入不同星级的基本准入条件，每一条必备项目均具有“一条否决”的效力。

3. 精简高效，分工合理

组织机构设置要“精兵简政”，而不能因人设岗，防止出现机构臃肿、人浮于事的现象。当然，精简并不意味着简单化，岗位不能出现职能空缺的现象，应做到“因事设岗，因岗设人，一岗多能”。

4. 任务明确，统一指挥，便于协作

组织机构设置必须明确上下级关系和平级关系，每个机构的职能及各岗位的职、权、责应分明，建立科学有效的工作流程，杜绝多头指挥而导致的内部沟通混乱和权责不分明，从而提高工作效率，更好地为客人服务。

（二）前厅部组织机构图

1. 大型饭店的前厅部组织机构图

大型饭店的前厅部通常采用部门经理、主管、领班及服务员四个管理层次，下设岗位较多。大型饭店前厅部组织机构图如图1－1所示。

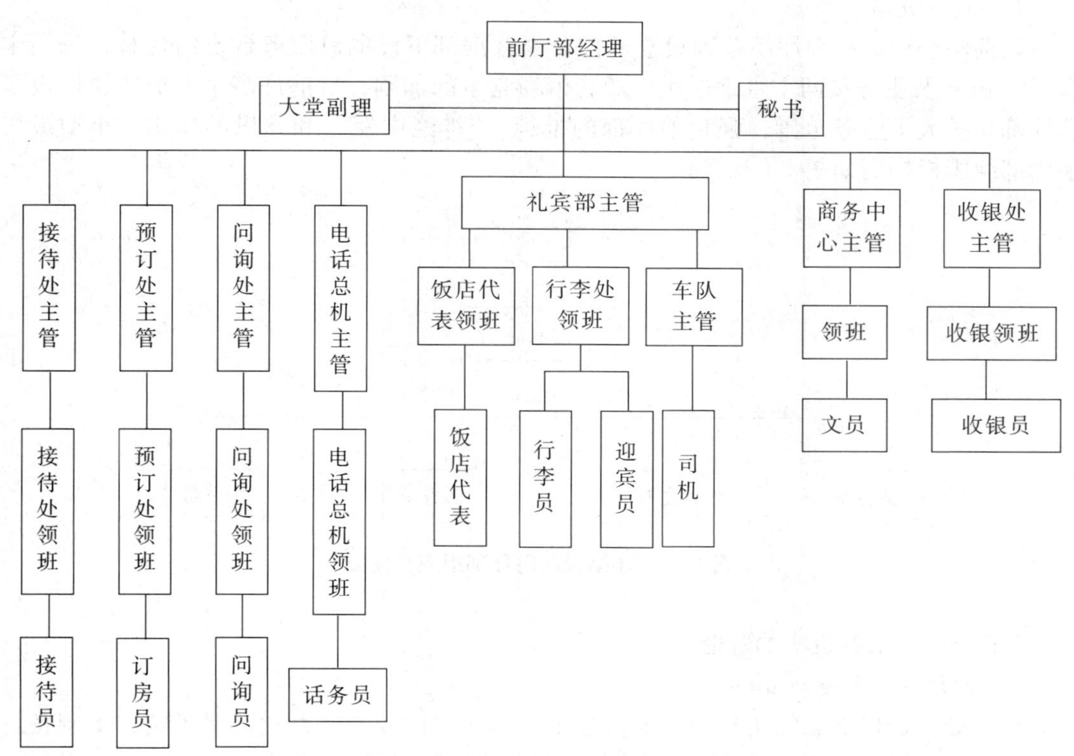

图1－1 大型饭店前厅部组织机构图

注：在某些大型饭店，预订处不再属于前厅部而直接归属于销售部。

2. 中型饭店

中型饭店的前厅部通常采用部门经理、领班及服务员三个管理层次，下设岗位较少。中型饭店前厅部组织机构图如图 1－2 所示。

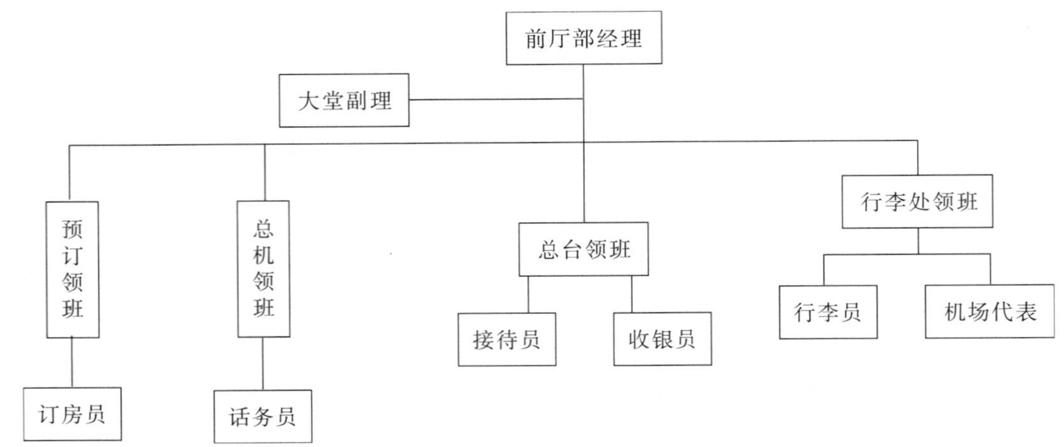

图 1－2　中型饭店前厅部组织机构图

3. 小型饭店

以前小型饭店的前厅不单独设立部门，由客房部下设的总服务台班组代替，采用主管（领班）及服务员两个管理层次。随着市场竞争的加剧，目前许多小型饭店也增设了前厅部，扩大了业务范围，强化前厅部的推销、“神经中枢”和参谋的作用。小型饭店前厅部组织机构图如图 1－3 所示。

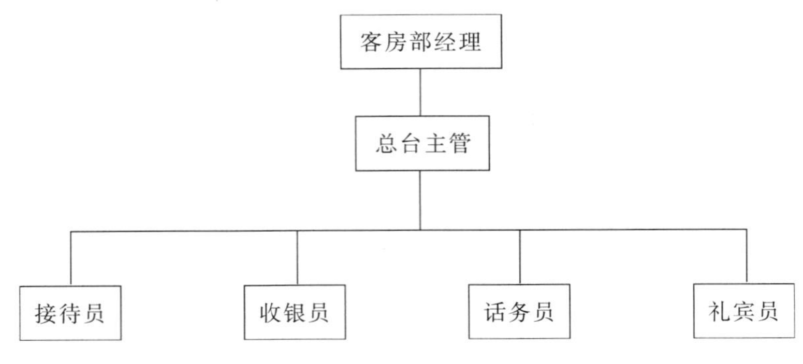

图 1－3　小型饭店前厅部组织机构图

（三）前厅部各机构的职能

1. 预订处（Reservation）

预订处负责接受、确认和调整来自各个渠道的房间预订，办理订房手续；编制预订报表，对客房预订工作进行计划、安排和管理；掌握并控制客房出租状况；负责联络客源单位；定期进行房间销售预测并向上级提供预订分析报告。

2. 接待处 (Reception)

接待处负责接待抵店入住的客人，包括团队、通过代理商或公司预订的客人、无预订的客人办理客人入住手续，分配房间；办理退房手续，通知客房检查，以防损失；与预订处、客户部保持联系，及时掌握客房出租情况，准确显示房态；编制客房销售情况报表，掌握住店客人动态及信息资料。

3. 问询处 (Information)

问询处负责回答宾客的询问，提供各种有关饭店内部和外部的相关信息；处理客人邮件、接待来访客人、保管所有客房钥匙等。

4. 礼宾部 (Concierge)

礼宾部负责在饭店门口或机场、车站、码头迎送宾客；调度门前车辆，维持门前秩序；代客卸送行李，陪客进房，介绍客房设备与服务，并为客人提供行李寄存和托运服务；为客人分送邮件、报纸，转送留言、物品；为客人代办委托书等各项事宜。

5. 电话总机或宾客服务中心 (Telephone Switch Board/Guest Service Center)

电话总机或宾客服务中心负责转接饭店内外电话，承办长途电话服务，回答客人的电话询问；提供电话找人、留言及叫醒服务；播放背景音乐；充当饭店出现紧急情况时的临时指挥中心。

6. 商务中心 (Business Center)

商务中心负责提供信息及秘书服务、上网、长途电话、收发传真、复印、打字、翻译及计算机文字处理等服务。

7. 收银处 (Cashier)

收银处负责饭店客人所有消费的收款业务，包括客房、餐厅、酒吧、康乐设施等各项服务费用；同饭店一切有客人消费的部门的收银员和服务员联系，催收、核实账单；及时催收长住客人或公司超过结账日期、长期拖欠的账款；夜间统计当日营业收益，制作当日营业报表。

8. 大堂副理 (Assistant Manager)

大堂副理代表总经理负责前厅服务协调、贵宾接待、投诉处理等服务工作，负责大堂环境及秩序的维护等事项。

(四) 客房部组织机构图

1. 大型饭店客房部组织机构图

如图1-4所示。

2. 小型饭店客房部组织机构图

如图1-5所示。

(五) 客房部各机构的职能

1. 客房楼面

客房楼面主要是由各种类型的客房所组成。每一层楼面设有工作间，便于服务员工作。客房楼面人员负责全部客房及楼层公共区域的清洁卫生，同时还负责客房内用品的更换、设备设施的维修和保养，为住客提供所需的服务。

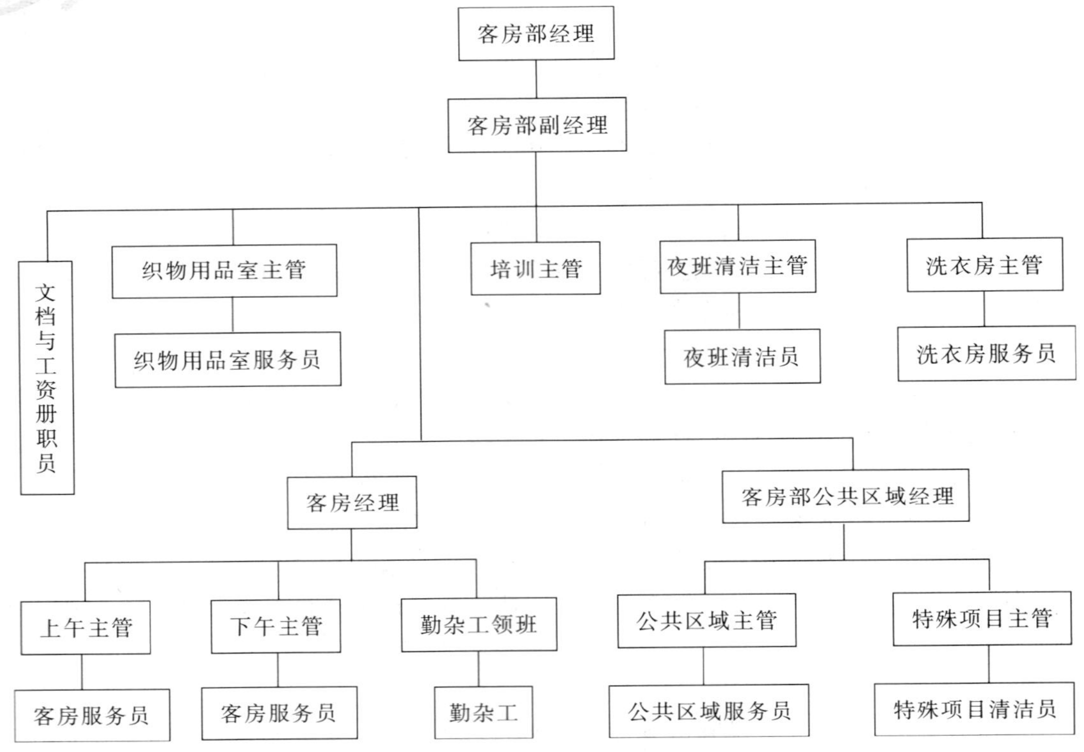

图 1－4　大型饭店客房部组织机构图

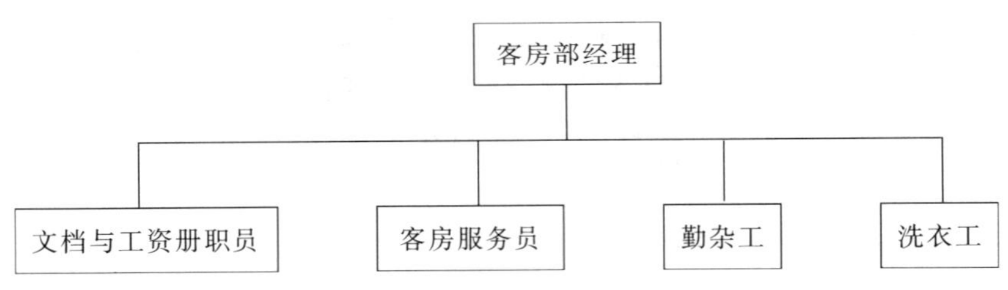

图 1－5　小型饭店客房部组织机构图

2. 公共区域

公共区域人员负责饭店各部门办公区域、餐厅面客区域（不包括厨房）、公共洗手间、大堂以及各通道、楼梯、花园和门窗等的清洁工作。

3. 制服室和布草房

制服室和布草房主要负责饭店所有工作人员的制服以及餐厅和客房部全部布草的收发、分类、储存和保养。

4. 洗衣房

洗衣房负责洗送客衣，洗涤工作服和其他棉织品。洗衣房的归属在不同的饭店有不同的情况。在一些大型饭店，洗衣房独立成为一个部门；而在有的饭店，洗衣房的工作则承包给洗衣公司，根据合同进行经营活动。

5．客房服务中心

客房服务中心设值班人员，主要负责安排、调度对住客的服务工作以及与客人的沟通与反馈，另外还负责失物招领等事宜。

四、前厅部与客房部的工作任务

（一）前厅部的工作任务

前厅部的基本任务就是推销客房商品及饭店其他产品，协调饭店各部门向客人提供优质服务，使饭店获得理想的经济效益和社会效益。

1．销售客房商品

销售客房商品是前厅部的首要任务，客房销售收入占总收入的结构比重大，业绩的好坏直接影响饭店整体营业收入。同时，客房商品具有价值不可储存的特点。因此，前厅部必须广开渠道，积极开展客房商品销售工作。

（1）参与饭店的市场调研、房价及促销计划的制订，配合营销部及公关部门对外联系，开展促销活动。

（2）开展客房预订业务。

（3）接待未预订和已预订而未抵店的客人，做好客房“一次销售”和“二次销售”工作。

（4）控制客房的使用状况。

2．控制客房状况

要想控制客房状况，就必须及时与相关部门沟通，并具备行之有效的、健全的管理制度，以保障前厅对客服务工作的正常运转。

（1）向销售部提供准确的客房信息，防止过度超额预订，避免工作被动。

（2）向客房部通报实时及未来的预订情况，便于其安排卫生计划或调整劳动组织工作。

3．调度饭店业务，协调对客服务

前厅部作为饭店的“神经中枢”，承担着对饭店业务安排的调度和对客服务的协调工作。

（1）将通过销售客房商品活动所掌握的客源市场、客房预订及到客情况及时通报其他部门，使各有关部门有计划地安排好各自的工作，互相配合，保证各部门业务均衡衔接。

（2）将客人的需求及接待要求等信息传递给各有关部门，并检查、监督落实情况。

（3）将客人的投诉意见及处理意见及时反馈给有关部门，以保证饭店的服务质量。

4．提供各种综合服务

前厅部作为对客服务的中心，除了开展预订、接待、客房销售业务、协调各部门对客服务外，还担负着大量对客服务的繁重工作，包括机场、码头、车站及饭店大门的迎送服务，进离饭店行李搬运服务、行李及贵重物品的寄存服务、问询服务、电话总机服务、商务中心服务、商务楼层服务、委托代办服务等。作为饭店中最敏感的部门，前厅部日常服务工作的质量、效率及每一个细节都显得非常重要。

（1）建立及管理客账。

前厅收银员为每一位入住客人建立客账，核算和整理各营业部门收银员送来的客人消费账单，同时编制各种会计报表，实时记录客人与饭店之间的财务关系，方便客人的同时也保障饭店声誉，并获得经济效益。客账一般包括每日房费、房间迷你酒吧消费、洗衣服务费、客房用餐服务费、电话费、餐厅消费、康乐消费等。

（2）建立客史档案。

前厅部是饭店的一线部门，每天除了要将大量信息加以处理，向饭店管理机构报告外，还要为住店客人建立客史档案，包括客人的姓名、身份、公司、抵离店日期、消费记录及特殊要求等，并定期统计分析，供饭店分析客源市场状况、客人消费项目及能力。通过已掌握的大量信息不断地改进饭店的服务工作，提高饭店的科学管理水平，从而为客人提供周到、细致、有针对性的服务。

（二）客房部的工作任务

客房部是饭店最重要的组成部分，是前厅部最重要的支援部门。客房部与前厅部之间的有效沟通，能使前厅部正确有效地掌握客房状态，从而提高对客服务质量。

1. 应在日常管理中抓好卫生工作

卫生工作直接影响到客房的出售质量与客人的满意程度。客房的卫生主要分为两大部分：一是环境卫生。环境卫生包括楼面卫生和公共区域卫生，它是宾客到达楼层所看到和感受到的第一印象。在平时的工作中应要求该区域员工做到常巡视、多擦拭、留意细节卫生，例如：大厅等公共区域的烟灰缸，要保证在其有两到三个烟头就将其换掉；楼面地毯及其他设施要保证每天至少有三遍以上的清理与擦拭，特殊情况时做的次数更多，保证楼面一尘不染；等等。二是房间卫生。房间卫生，顾名思义是客用房间的整体卫生情况。宾客入住宾馆，大部分时间是在房间度过的（尤其是商务客人），因此就要求房间清扫员对房间进行细致的清扫。在日常工作中，客房的各级管理人员要严格按查房程序逐级检查房间，保证房间卫生，并在工作中不断提高房间卫生质量。

2. 要搞好对客服务

在房间卫生质量有保证的情况下，对客服务是客房部的另一项工作重点，它包括擦鞋服务、会客服务、托婴服务、洗衣服务、夜床服务、叫醒服务、送餐服务等，不胜枚举。入住宾馆的宾客多种多样，每个人的习惯、爱好等也不一样，因此就要求客房部提供的服务也要有针对性。例如：对于团队客人，就要做到了解客人的日程安排，掌握其出行规律，以便为其提供相应的服务；对于会议客人和商务散客，就要求按照客人的需要及时地为宾客打扫房间，保证客人的会客等其他特殊需求，使客人有犹如回家的感觉，满意而来、高兴而归。

3. 安全工作

安全工作对于客房工作而言是不可轻视的，如果做不好安全工作，那么前面所提到的卫生工作与对客服务都无从谈起。因此，客房的安全工作就要从严、从细抓起。它要求客房部每个人员都要做到严格按照客房部所规定的安全操作制度、防火制度、钥匙卡管理制度、来客访问制度、开房门制度等来进行工作。例如：在平时工作中，见到陌生人员要细心询问、发现不良事件要及时报告、房间钥匙要随身携带、为客人开门要核对身份等，从多种渠道防止不安全因素的产生，保证宾客人身、财产及宾馆财产的安全，从而保证饭店的正常运营，促进饭店效益的提高。

五、前厅部和客房部的联系与沟通

在一些大型的饭店内，前厅部与客房部都隶属于房务部，两个部门在客房状态更新、客情互通等方面存在较为密切的联系与沟通。主要体现在以下方面：

（1）前厅部及时通报客人入住和结账离店情况。

（2）前厅部每天将必要的客情信息以书面的形式通报客房部，递交“一周客情预报表”“贵宾接待通知单”“次日抵店客人名单”“团队、会议用房分配表”等，以对客房进行布置及控制。

（3）前厅部递交“特殊要求通知单”，以便客房部提前做好准备工作，以满足客人的特殊要求。

（4）前厅部递交“客房、房租变更一览表”，以通知有关用房和变动情况。

（5）前厅部递交“客房状态报告”“客房状态差异表”等，以协调客房销售（前厅部职责）与客房管理（客房部职责）的关系。

（6）前厅部积极参加客房清扫、维修、保养的检查。

（7）客房部应及时将已走客房内所发现的遗失物品情况通知总服务台，以便进行处理。

（8）客房部应根据指令，派楼层服务员探视对叫醒无反应的客人。

（9）客房部应及时向总服务台通报客房异常情况，如双锁客房、紧急维修、在外过夜等。

（10）客房部应安排楼层服务员协助前厅行李员搞好团队行李的运送、收集等服务，尤其是当住客不在房内时。

（11）前厅部与客房部员工互相接受交叉培训。

六、前厅部与客房部服务人员的素质要求

前厅部与客房部是饭店最重要的对客服务部门，饭店的成功经营、客人对饭店的印象甚至在本店入住等往往取决于饭店前厅与客房服务员的素质，优秀的饭店服务人员应有以下基本素质。

（一）仪表、仪态

1. 面容

面容须整洁，男性员工不留胡子、大鬓角及长发，注意修剪鼻毛；女性员工不披发，不染怪异发色，化妆得体；口腔无异味，眼睛明亮。

2. 着装

工作服干净无污渍、无皱褶、无破损、无开线、无掉扣，美观合体；工号牌佩戴位置正确，整齐划一。穿黑色低跟布鞋或皮鞋，穿统一颜色的袜子。

3. 仪态

用语规范，表达得体；站姿自然，精神饱满；行走轻快，不急不躁；手势正确，稳重自然；微笑服务，分寸适度。

（二）从业心理

饭店行业是提供全方位服务、与人近距离打交道的行业，员工应当具备良好的从业

心理。

1. 真诚的微笑

这是饭店的服务业性质所决定的，也是人与人之间起码的表示尊重的方式。真诚的微笑能让客人在饭店有一种宾至如归的感觉，让客人感受到饭店对他的欢迎、态度的友好与热忱。

2. 热情接待每一位客人

客人之间不论背景、地位、经济状况、国籍、外观衣着，在人格上都是平等的，如果饭店员工在服务上厚此薄彼，那么受到轻慢的客人必然会对饭店留下不好的印象，使饭店的声誉蒙受损失。

3. 坚强的意志

意志是一个人在面对事物时所表现出来的克服困难、达到目标的决心，这是一种非常成熟的从业心理状态，饭店员工意志的培养主要表现在恒心、耐心、自律、自控等方面。

4. 成熟的情感

情感是一个人对所从事的工作以及与工作相关人和事的喜欢、厌恶等积极或消极的情绪。情感是坚定意志的基础，是紧紧联系员工与饭店的纽带，是促使员工忘我地投入工作的催化剂。作为一名饭店员工，首先应当充分地认识到自身职业的光荣、高尚；其次要热爱自己的同事，处理好与上下级的关系，与同事和上下级拥有良好的关系，有助于自己在工作中时时保持愉快、健康的心态，如果员工之间关系不和谐，则会影响对客人的整体服务，给客人留下不好的印象。

（三）从业观念

在饭店前厅的服务工作中，员工的一言一行都代表着饭店，处理工作中的问题时要约束好自己的一言一行，一切均从大局出发，不可因小失大。员工应当具备以下从业观念。

1. 把饭店的整体目标当作自己的目标

每位前厅员工应把饭店的整体目标当作自己的目标，努力在岗位上履行自己的职责，不仅使饭店整个服务链不在自己的岗位上出现问题，并要使自己的这一环为饭店的整体形象做出突出的贡献。

2. 想客人之所想

要想客人之所想，把客人所需要的服务及时、完善、高效地提供到位，使客人在饭店受到热情的礼遇和完满的接待，使客人慕名而来、尽兴而去。

3. 想客人之所未想

要想客人之所未想，把饭店所可能获得的和可能受到的损失都与自己的利益得失联系起来，在充分履行岗位职责的基础上，把那些饭店所没有想到的、规定所没有涉及的、别人所没有想到的或考虑不周的、客人所没有想到的等，都纳入自己的服务范围。

（四）从业能力

1. 驾驭自如的语言能力

语言，特别是服务用语，是提供优质服务的前提条件。前厅人员在使用规范服务用语服务时，要注意语气、语法、逻辑、身体语言的配合以及表达时机和表达对象等具体情况，采用适当得体的语言进行表达，使服务过程显得有生气。

2. 牢牢吸引客人的交际能力

服务人员应具备饭店经营服务与管理方面较丰富的专业知识和相关知识，以便与客人进行交流、沟通，给客人留下良好的印象；还应具备敏锐的观察能力，在接待客人的过程中善于留意客人身份、外貌、情绪，从中捕捉客人的服务需求，灵活机智地调整服务方式，并持之以恒地与客人建立良好的人际关系，切不可因自己一时的失误和思考的不周而使客人受到怠慢，从而断送自己以及其他员工与客人已建立的良好人际关系。

3. 业务操作技能

服务人员在对客服务过程中要勤于动手，反应敏捷，准确熟练地按操作程序完成本职工作，为客人提供满意周到的服务，使客人处处感到舒适、整洁、方便和安全。

项目实训

一、技能训练

（1）画出前厅部与客房部的组织机构图。

（2）讨论如何加强前厅部与客房部的联系与沟通。

（3）良好的形体礼仪训练。

二、实战应用

1. 对话

Dialogue 1

(R: Receptionist; W: Ms White)

R: Good morning, Ms White. Is there anything I can do for you?

W: Good morning. I want to delay the time of checking out.

R: OK, what time will you delay to?

W: My plane is 8:00 pm, so please delay till 6:00 pm.

R: Well, according to our regulation we have to charge you half day's room charge. Ms White, because you are a member of our hotel, we will charge you only RMB 180.

W: No problem.

R: Ms White, the distance between our hotel and airport is 8 kilometers and it is rush hour at 6:00 pm, do you need our reservation of a taxi?

W: Yes, urgently, you worth a star hotel, facilities and services are both excellent.

R: It is our honor to serve you, Ms White. Is there anything else I can do for you?

W: No, thanks.

R: Good-bye, Ms White.

（R：接待员；W：怀特女士）

R： 早上好，怀特女士。有什么我可以为您效劳的吗？

W： 早上好。我要延迟今天的退房时间。

R： 好的，请问延迟到几点？

W：我是晚上 8 点的飞机，延迟到下午 6 点吧。

R：好的，怀特女士。按照饭店的房价政策，下午 6 点退房需加收半天房费，因为您是我们饭店的会员，只需加收 180 元。

W：没问题。

R：怀特女士，饭店到机场的路程是 8 公里，6 点左右恰逢下班高峰期，请问需要先为您预约出租车吗?

W：非常需要！不愧是星级饭店，设施设备是一流的，服务也是一流的。

R：能为怀特女士服务是我们饭店的荣幸。请问还有其他可以为您效劳的吗?

W：不用了，谢谢。

R：再见，怀特女士。

Dialogue 2

(R: Receptionist; L: Mr Leo)

R: Good evening sir, welcome to Guangzhou Ruiyang Hotel.

L: Hi, I'd like to ask you a question.

R: Sir, I am at your service.

L: What departments do you have?

R: We have receptionist office, front office, housekeeping department, food and beverage, marketing management, human resources department, accounting department, engineering department, security department, purchase department, and washing department. Which department are you looking for?

L: I am from American, and come here to have some business negotiation. I know a little Chinese, but not enough to express myself. I need an interpreter. I don't know which department can provide this service.

R: The business center of front office can provide interpreter. When will you need?

L: Tomorrow, price is not a problem. When you settled, please contact me. I am in room 502.

R: OK, I will contact with you soon.

L: If so, I will not feel so strange to the city of Guangzhou.

R: Wish you a most pleasant stay in our hotel.

L: See you.

R: See you, sir.

（R：接待员；L：里昂先生）

R：晚上好，先生，欢迎光临广州瑞阳饭店。

L：你好，我想咨询一件事情。

R：先生，很乐意为您效劳。

L：你们饭店有哪些部门?

R：我们饭店有总办、前厅部、客房部、餐饮部、市场营销部、人力资源部、财务部、工程部、安保部、采购部及洗涤部等。请问您需要找哪一个部门?

L：我从美国来，到广州来洽谈业务。虽会说些中国话，但不太流利。我想找一位翻译，不知是哪一个部门在提供这项服务？

R：先生，前厅部下设的商务中心，有提供翻译服务。请问您是什么时候需要？

L：明天，价格不成问题。联系好了尽快通知我，我住在502号房。

R：好的，我马上为您联系。

L：谢谢，这样我在广州就没这么陌生了。

R：很荣幸为您服务，祝您在我们饭店过得愉快。

L：再见。

R：再见，先生。

2. 经典词汇及句型

front office 前厅部

housekeeping department 客房部

front desk 前台

reception 接待

concierge 礼宾服务

assistant manager 大堂副理

It is our honor to serve you. 很荣幸为您服务。

I am at your service. 随时为您提供服务。

Wish you have a good stay in our hotel. 祝您在我们饭店居住愉快。

三、习题与实践

1. 课堂讨论题

讨论大型饭店与中小型饭店前厅部机构设置的区别。

2. 自测题

（1）饭店前厅部的相关职能部门包括________________。

（2）前厅部把________________作为首要任务。

（3）客房商品具有________________的特征，是一种价值极易流失的商品。

（4）________________负责饭店员工制服以及餐厅、客房所有布草的收发、分类和保管。

（5）________________是饭店所经营的产品中最重要的产品之一，其收入在营业收入中所占的比例大都超过50%。

3. 复习思考题

如何理解饭店服务理念中的“100－1＝0”？

4. 综合实训题

实地参观本市一到两家四星级以上饭店，就其大堂环境、设计、前厅机构设置及前厅服务人员的服务，做一份书面报告。

本模块小结

前厅部是饭店最重要的部门之一，是饭店的“神经中枢”，是联系宾客的桥梁与纽带。客房部是饭店经济活动的枢纽，是饭店收入的重要来源。在饭店的日常经营管理中，前厅部与客房部存在较为紧密的联系。本模块介绍了前厅部与客房部的概念、地位、组织机构的设置与职责，对管理人员任职条件及服务人员基本素质的要求等，使学生能够认识并熟悉现代饭店的前厅部与客房部，具备能为饭店前厅部与客房部的实际运营情况提出问题和建议的能力。

知识拓展

前厅环境与布局设计

饭店的大门、大厅（大堂）以及楼梯、电梯和公共卫生间等，都属于前厅管辖范围。前厅是饭店建筑的重要组成部分，是客人进出饭店的集散地，是饭店文化的展示窗口，是给客人留下第一印象和最后印象的空间，故在建筑造型、空间布局、内外部交通流线设计、设施设备布置等方面要体现出科学性、功能性、合理性、艺术性与整体性。在此基础上，前厅各功能区域还要体现出方便性、舒适性与易识性。

一、前厅的分区布局

前厅是饭店的中心，是饭店中集交通、服务、休息等多种功能为一体的共享空间。所以，按功能划分，可将前厅分为正门入口处及人流线路、服务区、休息区和公共卫生间等主要区域。

（一）正门入口处及人流线路

正门入口处是人来车往的重要“交通枢纽”，其基本功能是保证饭店进出的通畅。厅门外有车道和雨搭，客人下车时能避风遮雨。正门前台阶旁还应设有专供残疾客人轮椅出入的坡道，以方便残疾客人出入店。大门有玻璃拉门、转门或自动门，门以双层为佳，以保持前厅空调温度调节的稳定，节约能源，并可减少尘土刮入，保持大厅清洁。

从入口处到饭店内各个目的地，便形成了人流线路。各条人流线路要经过装修或铺设条形地毯，以形成明确的人流走向，使具有动感的线路与相对平静的休息区和服务区互不影响。

（二）服务区

前厅的对客服务区主要包括总服务台、大堂副理处和行李处等。

总服务台（简称总台），也叫前台，应设在大堂中最醒目的位置。总服务台的功能有很多，其中接待、问询、收银三部分是总台的主体。其他如车（船、机）票预订、出租车、旅行社、邮电、外币兑换等服务，有的饭店设在总台内，也有的饭店在总台附近另设柜台。以团体客人为主要客源的饭店，在总台应另设团体接待处。

总服务台的柜台高度、长度和台内面积设置以方便客人住宿登记和员工接待服务工作为原则。通常情况下柜台的高度是120厘米至130厘米，宽约70厘米；柜台内侧设工作台，工作台高度为85厘米，宽约30厘米；柜台内侧与墙面之间，应有100厘米至150厘米的距离，以供总台员工活动之用；柜台长度视饭店的规模而定。从发展趋势看，开放式、小型化总台被越来越多饭店接受，有利于拉近饭店与客人之间的距离，使服务更周到。

总服务台的外观形状与整个大堂的建筑风格密切相关，较常见的是直线形、半圆形和L形等几种形状。在材料选择上，为了经久耐用、易于清洗和显示出高雅脱俗，主要采用大理石、磨光花岗岩和硬木等，星级越高，对材质要求越高。在布置上，各种标志牌，以及国际时钟、日历、天气预报牌、外币汇率牌等的外观选择与设计应注意规范、醒目、清晰、准确、安全、美观，要考虑与饭店整体风格的契合性、与建筑空间的整合性、与装修材料的一致性、与周边环境的协调性等。

大堂副理处应设在离总台或大门不远的某一视野开阔的安静之处。通常放置一张办公桌、一部电脑、两张座椅，供办公和接待客人使用。

行李处一般设在大门内侧，使行李员可尽早看到汽车驶进通道，及时上前迎接。柜台后设行李房。小型饭店行李处不单设，与总台合一。

前厅部办公室、电话总机室等机构，与前厅接待服务密切相关，但又不必直接与客人打交道，一般设在总台后面或侧面联络方便但又较为隐秘之处。

（三）休息区

大厅休息区主要供客人来往饭店时短时间等待、休息或交流使用，位置合理的休息区能够起到疏导、调节前厅人流的作用，故要求相对安静和不受干扰。休息区的主要家具是沙发座椅和配套茶几，可根据需要设计，在充满动感的大堂空间中，构筑一个个隔而不断的宁静舒适的小空间。

（四）公共卫生间

饭店大厅或大厅附近通常都设有供男女客人使用的公共卫生间，设施主要有便器、洗脸盆、烘手器、手纸、面巾纸、小毛巾、洗手液等器具和用品。公共卫生间要宽敞干净、设施完好、用品齐全。

在一定意义上，公共卫生间可以反映出饭店的档次和服务水准，是饭店的“名片”，所以，公共卫生间装饰材料的选择与大堂其他部分在规格和质地上要保持一致。大堂有众多的进出人流，要考虑公共卫生间的位置，既方便客人又能避开外人的直视，而且标志要明显。

二、前厅的氛围

前厅作为饭店的中心，其环境、氛围是非常重要的，前厅必须要有热情迎接客人的氛围，使客人一进大堂就有一种宾至如归的感觉，有一种享受高级消费、受人尊重的感觉。同时还要为前厅服务人员创造一个愉快的工作环境，使前厅的对客服务工作卓有成效。为了创造良好的气氛和环境，除了员工的素质外，还必须重视前厅的装饰美化。

（一）灯光与色彩

为追求热烈的气氛，大堂一般采用高强度的华丽吊灯。客人休息处设有便于阅读和交谈的照明灯，灯光略暗，形成舒适、安静和优雅的格调。而对总服务台的工作人员则要使用照明度偏高的灯光，创造一个适宜的工作环境。各种光色都应和谐、柔和而没有刺眼的感觉。灯具除用以照明外，其本身就是一种装饰品，所以大堂内的各种灯具必须配套，其造型应与大堂内的建筑风格互相照应。

在饭店前厅的装饰美化中，色彩的运用主要体现在两个方面：一是色调的确定，二是色彩的搭配。人们一进入饭店，第一印象是大堂的色调、气氛如何。因此，首先必须确定大堂的主色调。作为大堂环境色彩的主旋律，它决定着大堂环境的气氛和情调。为了给客人一种欢乐、热情、美观、大方、优雅的气氛，激发前厅工作人员的工作热情，前厅的色彩一般以红色或其他暖色调为主，同时大胆使用陪衬色调，形成色彩的对比，创造出和谐的整体效果。

（二）绿化

人们本能地喜爱自己赖以生存的阳光、空气和水，喜爱充满着生命力的自然界。在高度文明的现代社会，城市中大批的高层建筑拔地而起，人工造成“钢筋水泥的丛林”，阳光被阻挡，加之空气和水被污染，人与自然越来越远了，要求回归大自然的呼声越来越高。现代饭店设计中应尽可能在大堂内增加绿化布置，尤其是大城市中心的现代饭店，周围不一定有优美的花园风景，因而更加需要在大堂内设计花卉、树木、山石、流水等景观，使大堂内洒满阳光，绿荫丛丛，流水潺潺，一派生机，给人以亲切、爽适的自然美感。另外，绿化有调节大厅气温、湿度，减少噪声，净化空气的作用，还可以消除人们由于长时间在室内活动而产生的疲劳。

三、大堂气候与卫生的控制

为保持大堂舒适的环境和气氛，还要使温度、湿度、通风、噪声控制、自然采光光照度及空气卫生状况均处于正常状态。现代饭店需要建立大堂等公共场所环境质量标准体系，运用现代科学技术的手段，通过定量监测与控制，确保大堂环境的质量水平。

（一）温度、通风与采光

大堂适宜温度夏季为 22 ℃至 24 ℃，冬季为 20 ℃至 24 ℃。现代饭店普遍使用了冷气装置或中央空调系统，使温度得以有效控制。

湿度是与温度密切相关的一种环境条件，适宜的相对湿度应控制在 40% 至 60% 的范围内。湿度越大，人们的烦躁感越大，客人和员工都会感到不快，容易产生摩擦和发生事故。

通风是为了保持室内空气新鲜。新鲜空气中约含有 21% 的氧气，如果室内氧气含量降低到 14% 以下，就会给人体带来危害。大堂内新风量一般不低于 160 立方米/（人·小时），优质服务质量标准以不低于 200 立方米/（人·小时）为宜。

自然采光光照度应不低于 95 勒，灯光照明光照度应不低于 45 勒。

（二）环境噪声控制

噪声对环境是一种污染，会影响人们的休息，降低人们的工作效率。前厅是客人进出饭店的集散地，客人来往频繁，谈笑不断。为了创造良好的环境和气氛，必须采取措施，控制噪声。前厅内的噪声一般不得超过 50 分贝。为有效地控制噪声，大厅的天花板、墙面需使用隔音或吸音性材料；大厅内设施设备的选用和装饰美化（如瀑布、喷泉等）的设计都应注意控制噪声；对团队、会议等大批客人要尽快安置，尽快把人群疏散；员工要养成轻声说话的习惯，大厅内绝对禁止大声喧哗。另外，播放背景音乐也是控制噪声及减轻工作单调感的有效措施，悦耳的、分贝值低的背景音乐可以掩盖嘈杂的、分贝值较高的噪声，从而降低噪声给人们带来的疲劳感。背景音乐要保持在令人轻松愉快的程度，不影响宁静宜人的气氛，一般以 5～7 分贝为宜。

（三）空气卫生

大厅内的空气中含有一氧化碳、二氧化碳、可吸入颗粒物、细菌等空气污染物，有害人体健康，必须予以控制。我国《旅店业卫生标准》（GB 9663—1996）对星级饭店室内空气卫生质量标准做了具体规定，其中包括：

（1）一氧化碳含量不超过 5 毫克/立方米；

（2）二氧化碳含量不超过 0.1%（三星级以上饭店不超过 0.07%）；

（3）可吸入颗粒物均不超过 0.15 毫克/立方米。

模块2　前厅部的运转
(Front Office Operation)

任务目标

掌握前厅部对客服务的全过程及意义，了解酒店业信息技术的发展和在酒店业的应用。

项目1　前厅部对客服务环
(*The Guest Cycle*)

案例引入

经理的困惑：酒店前台这样的“带房服务”模式可取吗？

听说汕头金海湾大酒店创新了酒店前台的接待服务：接待员为客人提供“带房服务”。据说这是一项能充分调动客人参与的“关键时刻”服务，前台员工给客人办理完开房手续后，其服务并未就此终止，而是走出柜台，引领客人到房间。在陪同客人到达房间的过程中，员工可以根据不同的客人选择沟通内容，例如对于第一次入住酒店的客人，可以向客人介绍酒店的营业场所、服务实施等，而对于常熟客人，则可以和客人更多地沟通他此次入住的计划等。据说这种前台“带房服务”模式“自然而然地引领了客人的参与，客人受尊重的感觉油然而生，使酒店整体服务质量走入良性循环”。其他酒店也有意效仿，不知这种做法是否值得仿效？

提出问题

这种带房服务的优缺点分别有哪些？你是否赞成这种服务模式？

我们小组的回答是：____

____

____

相关知识

站在客人的角度为客人着想已成为酒店业的共识。对客服务环正是站在客人的角度划分整个对客服务过程。它可以帮助酒店更清楚地了解客人在每个阶段的需求，为客人提供更贴心的服务；它也可以让酒店员工更加清晰地了解自己的工作内容与工作职责，有利于提升服务质量；它还可以帮助酒店管理者明确各部门之间的联系与区别，更有效地管理前厅部的运营。

It has become the consensus of the hotel industry to stand in the perspective of guests. The guest service cycle is just to divide the whole service process from the point of view of guests. It can help the hotel to understand the needs of the guests in each stage more clearly, and provide more intimate services for the guests; it can also help the hotel staff to understand their work content and responsibilities more clearly, which is conducive to improving the service quality; it can also help the hotel managers to clear the contact and difference between various departments, and manage the operation of the front office more effectively.

一、对客服务环

对客服务环是站在客人的角度把客人从预订客房到离开酒店的过程分为四个阶段，即客人预抵店、到店、住店、离店，并描述了每个阶段酒店对客人的服务活动（如图2－1、表2－1所示）。

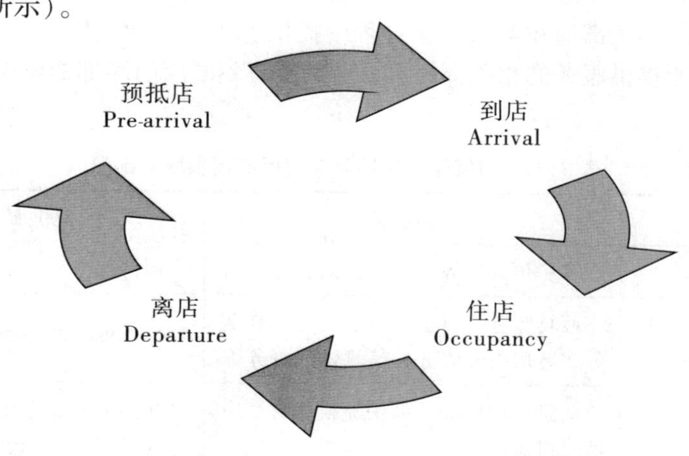

图2－1 前厅部对客服务环

表2－1 对客服务环四阶段及其主要服务项目

阶段	前厅部提供的主要服务
预抵店	客房预订服务、信息咨询服务
到店	迎宾服务、行李服务、登记入住服务、客房引领服务、信息咨询服务等
住店	信息咨询服务、外币兑换服务、电话总机服务等
离店	结账服务、行李寄存服务等

二、对客服务环四阶段对应的宾客账单情况

一般来说，前厅的工作可以大致分为“前台”与“后台”工作。“前台”工作是指面对客人所做的相关工作如办理入住登记、退房手续等；而“后台”工作则指非面对客人所做的相关工作如夜审、客账整理等。我们把“前台”工作称为宾客服务，把“后台”工作称为宾客财务。按照对客服务环的四个阶段可以进一步对宾客账单建立情况进行界定，如表2-2所示。

表2-2 对客服务环四阶段宾客账单建立情况

阶段	对客服务	宾客账单情况
预抵店	客房预订服务、信息咨询服务	无（或支付定金）
到店	迎宾服务、行李服务、登记入住服务、客房引领服务、信息咨询服务等	建立客账
住店	信息咨询服务、外币兑换服务、电话总机服务等	挂房账及夜审
离店	结账服务、行李寄存服务等	结账

三、对客服务环四阶段前厅部提供服务的部门

前厅部下属的相关部门在客人入住过程中提供着不同方面的服务，根据对客服务环罗列出每个阶段所提供服务的相关部门可以清楚了解到酒店前厅部的整个对客服务过程，具体见表2-3。

表2-3 对客服务环四阶段前厅部提供服务部门

阶段	对客服务	提供服务部门
预抵店	客房预订服务、信息咨询服务	预订部
到店	迎宾服务、行李服务、登记入住服务、客房引领服务、信息咨询服务等	礼宾部、前台部或行政楼层
住店	信息咨询服务、外币兑换服务、电话总机服务等	礼宾部、商务中心、宾客服务中心（总机）、前台部、行政楼层
离店	结账服务、行李寄存服务等	礼宾部、前台部、行政楼层

四、对客服务环四阶段

（一）预抵店

当客人产生住店需求时，实际上就属于对客服务环的第一个阶段——预抵店。不同的客人对于酒店的需求有所不同，商务客人在选择酒店时更多地考虑酒店的地理位置是否方便，而旅游客人在选择酒店时更多地考虑酒店的价格、相关的设施设备等。而且客人对于酒店的选择也会受到朋友或者网络评价的影响。

预订部作为客人预订酒店的渠道之一，其职责不仅是为客人做预订和生成预订单，为客人到店做好相关入住依据；而且，预订员需要对酒店有全面详细的了解和一定的销售能力，根据客人的需求为客人推荐最优选择，达到双赢的目的。

礼宾部则为客人到店当天提供有偿交通服务。客人可以提前要求酒店安排不同档次的车到相关地点接客人到店。有一些酒店会在城市的交通枢纽如机场火车站设立机场代表处，为预订的客人提供相应服务，也为未进行预订的客人推荐自己的酒店，争取未预订客人。

（二）到店

当客人来到酒店大门口就进入了对客服务环的第二个阶段——到店。礼宾部同事需要对客人进行迎客服务如拉车门、护顶等。进行行李服务如帮助客人把行李从车上卸下，用行李车运送行李并指引客人到前台办理相关的入住登记手续。在前台员工办理完入住手续之后，则由礼宾部员工指引客人到客房并介绍相关的客房设施设备的使用。

前台部的同事接待到店的客人。首先要对客人的到访表示欢迎，询问客人的预订信息；对于有预订信息的客人，前台员工需要准确快速地在系统上找到相关预订单，并完成入住登记手续；最后还要就相关入住信息与客人核对。而对于没有预订的客人，前台员工需要根据客人的需求为其提供最适合的方案。

行政楼层是酒店针对 VIP（贵宾）客人或者入住行政楼层的客人专门设立的全面快速的综合服务部门。对于 VIP 客人或者预订了行政楼层的客人应由礼宾部的员工指引客人到达行政楼层并且由行政楼层的员工进行接待，办理相关入住登记手续，介绍行政楼层的服务与行政客房的设施设备。

（三）住店

在客人入住酒店之后就进入了对客服务环的第三个阶段——住店。在这个阶段中，前厅部的多个部门同时为客人提供多种服务，客人可以根据自己的需求去选择相应的服务。

礼宾部为住店客人提供收发快递包裹、传递城市交通旅游信息、租车叫车、报纸派送等服务。商务中心为客人提供复印、打印和扫描文件，制作名片，租用会议室等服务。宾客服务中心是客人住店期间咨询以及提出要求的重要途径，该部门也是协调联系其他部门服务客人的重要部门。他们主要的工作是接听客人电话，根据客人需求提供相应的服务或者针对提问进行回复并提供客房点餐服务。前台部也为客人提供外币兑换与贵重物品保管服务。而行政楼层则针对相关客人提供餐饮服务、商务会议服务、休闲服务等。

（四）离店

当客房状态变为预退房状态，客人处于预离店的状态时就进入了对客服务环的最后一个阶段——离店。在这个阶段，前厅的很多部门都要为客人的离开提前做好准备以及相关收尾的工作。

首先礼宾部需要应客人的要求收取行李并进行看管与移交行李，为需要的客人提供租车叫车服务，最后送别客人。前台部针对离店客人进行离店手续的办理，包括与客人核实住店费用，完成结账并与客人道别等。在客人离开之后还需要补充更新客史档案，方便客史档案的管理以及为再次更好地接待该客人做准备。行政楼层针对行政待遇的客人进行相关退房及欢送的服务。

项目实训

一、技能训练

以图表形式展示前厅部对客服务环的四个阶段及其提供服务的部门、服务项目与客账生成的情况等。

二、实战应用

经典词汇

guest cycle 对客服务环

pre-arrival 预抵店

arrival 到店

occupancy 住店

departure 离店

三、习题与实践

1. 课堂讨论题

(1) 什么是传统对客服务环的四个阶段?

(2) 前厅如何使用宾客住店期间的资料?

2. 自测题

(1) 宾客抵店前，前厅部主要提供的服务为（　　）。

(2) 当客人来到酒店大门口就进入了对客服务环的第二个阶段——（　　）。

(3) 在客人入住酒店之后就进入了对客服务环的第三个阶段——（　　）。

(4) 当客房状态变为预退房状态，客人处于预离店的状态时就进入了对客服务环的最后一个阶段——（　　）。

(5) 针对 VIP 客人而专门设立的全面快速的综合服务部门为（　　）。

3. 复习思考题

在对客服务环的离店阶段包括哪些对客服务和客账结算工作内容?

4. 综合实训题

实地调查当地酒店近年来的前厅档案管理系统的变革。

项目 2　前厅电脑管理系统
(*Property Management System*)

案例引入

经理的困惑：酒店销售必须依靠在线旅游（OTA）吗?

进入 21 世纪，网络订房似乎已经成为一种发展趋势，除了携程、艺龙等知名公司以外，还有上百家网络订房公司为社会公众提供订房服务。这一方面为酒店提供了一种预订渠道，增加了酒店的客源；但另一方面，这些公司又开出了非常苛刻的条件，有的甚至提出要2～3折的房价，极大地压低了酒店的利润空间。此外，有些顾客订了房又不来，增加了管理的难度。但如果不接受这些网络中介订房，酒店又少了一个预订渠道，影响开房率。

提出问题

面对这种情况，酒店到底应该如何选择？

我们小组的回答是：____

____

____

相关知识

各个酒店的电脑管理系统并不相同，但大多包含了一整套电脑软件来支持前后台的各种经营活动。前厅部员工日常用到的电脑管理系统主要包括预订管理模块、客房管理模块、宾客账目管理模块、综合管理模块，具体见表2－4。

表2－4 前厅部电脑管理系统模块及其功能

模　块	功　能
预订管理模块	可售房预测、预订记录、预订确认、房价制定、收入管理
客房管理模块	客房状态、入住登记、排房、房价信息
宾客账目管理模块	账单管理、信用监控、交易跟踪
综合管理模块	收入分析、营收统计、财务分析、客史档案

一、预订管理模块软件

该模块使酒店能快速处理宾客的订房要求，并及时准确地生成客房出租、营业收入和预测报告。大部分连锁集团都参与远程网络预订系统。远程网络预订系统主要接收第三方预订平台的订房要求，而中心订房系统是由酒店集团自身管理的，主要用来沟通订房资料，跟踪预留房的信息，按客房类型、房价控制已收到订房的数量。由因特网订房系统受理的宾客基本的订房资料，经过远程网络预订系统或中心订房系统会自动与饭店的订房系统连接。

饭店使用的店内订房模块能直接接收由任何远程订房系统输入的资料。饭店的电脑订房记录、档案和营业收入预测会因接收到预订资料而瞬间更新。资料的即时更新能使电脑系统保持最新的订房状态以及控制订房作业。有时系统还允许远程订房系统与饭店电脑之间进行同步双向沟通，能够做到瞬间更新客房和宾客信息。这种方法能够实现系统之间共享正确的房态和房价信息。

另外，收到的订房资料能自动记录在抵店前备好的入住登记表上，一系列报表也能自动生成。很多种预订管理的报表，如预订资料分析、宾客账务状况资料都能立即生成，同时系统还能为已受理的订房自动生成订房预订确认文件。

当前的预订管理软件还包括客房升等的控制功能，客史档案模型，以及更为详细的饭店信息如床的类型、客房的朝向和景色、房内客用品以及其他客房特征。预订管理软件还能追踪定金是否到期，提出应付定金的要求和记录定金收到的资料。

二、客房管理模块软件

客房管理模块软件用来维护即时的客房状态，提供房价信息，在入住阶段便于分房工作，帮助前厅员工协调对客服务，同时还能用来迅速提供预订阶段的可出租房信息，这方面的信息对近期预订确认和客房营收预测很有用处。客房管理模块软件还能向总台接待员提供客房状态的汇总。总台接待员只需输入房号，在电脑屏幕上马上就会出现现时的客房状态。有了客房管理系统，房态的变化能瞬间传送给前厅系统。总台的员工还能把宾客的一些特殊要求输入电脑，来寻找一间使宾客满意的客房。有些客房管理系统还具有接受和满足一些专项要求的功能。例如有间客房的空调有问题或有间客房要增加毛巾，这些要求输入到客房管理系统，然后饭店的总工程师或管家会去提供相应的服务。

客房管理系统还能对预订功能给予帮助。当客房暂时停止出租处于维修或清扫状态时，那么预订部的可租房数量会自动减少。这一功能有助于控制房间数的总量，保证所有抵店宾客有房可住。

三、宾客账目管理模块软件

宾客账目管理模块软件增加了饭店对客人账目的管理能力，对监控前厅审计工作十分有用。宾客账目由电脑自动管理，省却了对账单、账单架和收款机的需求。宾客的账务软件系统监控着预先确定的宾客信用额度，并给予形成多个账单的灵活性。到了结账阶段，以前批准的累计挂账额能自动转成不同形式的应受账单以备转账及收款。大型酒店的信用经理能通过电脑系统监控所有住店客人的信用额度，当出现接近或超出额度的情况时能及时报告。

当饭店各营业点与前厅系统实现了连接，即使营业点相隔较远，营业点的电脑终端也能把宾客消费情况传输到饭店电脑管理系统。这些消费记录会自动登入相关的客账上。自动登入的程序提高了效率，减少了诸如宾客已离店账单才到前厅的情况的出现。

四、综合管理模块软件

综合管理模块软件不能离开其他管理模块软件独立运行，它在集中预订管理、客房管理和宾客账目管理系统的资料基础上形成综合性报告。如，综合管理模块软件可以形成一个显示当日预期抵店宾客名单和可出租房数量的报告——这是一份结合预订管理系统和客房管理系统资料的文件。另外，为了形成综合性报告，综合管理模块软件还能起到联系前台和后台系统的作用。后台的主要应用软件有综合分类账务软件系统、人力资源软件系统、财务报表软件、财务清单控制软件等。

项目实训

一、技能训练

（1）掌握前厅部的订房操作系统。

（2）掌握前厅部的登记入住操作系统。

二、实战应用

经典词汇

guest folio 客账

guest history file 客史账单

house limit 饭店信用额度

information list 问询目录

property management system 酒店物业管理系统

三、习题与实践

1．课堂讨论题

（1）哪四个前厅管理模块软件最常用？

（2）综合管理模块软件与其他三个模块软件的区别是什么？

2．自测题

（1）前厅部员工日常用到的电脑管理软件主要包括（　　）、（　　）、（　　）、（　　）。

（2）（　　）系统有助于控制房间数的总量，保证所有抵店宾客有房可住。

3．复习思考题

酒店的预订管理模块软件是如何实现与第三方预订平台的合作的？

4．综合实训题

通过对当地酒店的实地调研，谈谈酒店如何使用新的技术来提供更多的服务。

本模块小结

前厅所有的功能、活动和区域的设置都是为了对客服务和销售。宾客住店期间所发生的交易记录显示了饭店经营活动的流程。这一流程可以分为四个阶段：抵店前、到店、住店和离店。在每一个阶段，前厅都担负着重要的对客服务和客账管理的责任。抵店前，宾客做出选择一家饭店的决定。抵店阶段包括入住登记和分房的功能。在住店阶段，前厅员工为宾客提供各种服务、信息和用品。其他对客服务和客账方面的工作在离店结账阶段完成。前厅的许多功能都在总台得以完成。一个饭店管理系统所包含的软件能对饭店前后的各种活动起到支持作用。另外，许多由宾客操作和非宾客操作的系统也能与饭店电脑管理系统连接。

知识拓展

Opera 酒店管理系统介绍

20 世纪 70 年代以前，信息技术在酒店前厅的应用几乎不存在，手工操作是当时住宿业运行管理的惯例。始于 70 年代早期的半自动操作系统为 80 年代的全自动操作系统的发展奠定了坚实的基础。90 年代之后，全自动计算机操作系统得以全方位应用。现在酒店普遍采用多种酒店物业管理系统（Property Management System，PMS）来管理酒店的运行。物业管理系统是一个由人、计算机及其他外围设备等组成的能进行信息的收集、传递、存储、加工、维护和使用的系统。从企业管理角度看，物业管理系统是企业或组织对要管理的事务、流程、产品等生产要素进行信息化处理，通过程式化、架构化的程序从各种相关的渠道收集相应的信息，为企业的运作提供各层次需要的功能和信息；从更高的层面来定义，物业管理系统是以人为主导，利用计算机硬件、软件、网络通信等资源，进行信息的收集、传输、加工、存储、更新和维护，以提高企业效率和效益，增强企业市场竞争力。酒店物业管理系统帮助酒店进行客人的入住登记、结账退房、总台现金交易、餐饮营业点和其他营业点的交易、客房预订、客房管理、夜审和其他工作。在客人抵店前、抵店接待过程中以及住宿期间，酒店物业管理系统始终影响着酒店房务系统的工作。

现在大多数酒店集团和规模较大的酒店企业都采用 Opera 系统，下面以 Opera 系统为例介绍一下其主要功能。

1. Opera 物业管理系统概述

在 Opera 企业级软件解决方案中，Opera 物业管理系统是其核心部分，简称 Opera PMS。Opera PMS 系统在设计上迎合了不同规模的酒店以及酒店集团的需求，为酒店管理层和员工提供了全方位的系统工具，使其能够快速高效地处理客户预订、入住客房、房间分配、房内设施管理、客户膳宿需求以及账户账单管理等日常工作。

Opera PMS 可以根据不同酒店之间运营需求的多样性来合理地设置系统，以贴合酒店的实际运作，并且除单体酒店模式外，还提供多酒店模式，通过一个共享的数据库为多个酒店进行数据存取和相互访问。Opera PMS 和其他系统可以实现完美结合，共同构成 Opera 企业软件解决方案，如 Opera 销售宴会系统（Opera S&C）、Opera 质量管理系统（Opera QMS）、Opera 外接接口系统（Opera OXI）、Opera 中央预订系统及 Opera 中央客户信息管理系统（Opera OCIS）。

2. Opera 酒店管理系统的主要功能

（1）客房预订功能。

此模块为建立、查询、更新客人预订、团队预订以及商务团体预订等操作提供了完善的功能，并提供了房量控制、取消预订、确认预订、等候名单、房间分配、押金收取以及房间共享等功能，是对客个性化服务的好帮手。

（2）房价管理功能。

此模块可以对房价以及不同类型房间的销售进行实时监控和策略调整，并在系统中提供收入的预测以及统计分析等功能，还可以为其他主流收益管理应用软件提供接口。

（3）客户资料管理功能。

此模块可以全面记录统计客户、合作伙伴、集团、旅行社等资料，还可以针对客人的住店历史、收入详情分析、客户喜好等相关数据，使预订及其他操作完成得更快捷、更精确。

（4）前台服务功能。

此模块不仅可以处理个人客户、集团客户以及未预约客户的入住服务，还可以进行房间分配、客户留言、叫醒服务及各部门间内部沟通跟进服务等。

（5）财务功能。

此模板可以处理客人的账单录入调整、结算退房、账单打印、挂账、佣金管理等。在多酒店模式下，还可以支持各营业场所跨酒店相互入账。

（6）客房管理功能。

此模块可以有效监督房态，在系统中对人员进行分配管理，通过系统安排打扫次序等。还可以针对客人对房间的要求，通过系统通知客房服务人员提前准备。

（7）报表功能。

此模块可以为酒店提供超过360个标准报表；可以根据酒店的需求调整报表设置，并在系统中提供内置报表模块；还可以依据客户要求，创建全新格式的报表。

（8）接口功能。

此模块可以与上百个第三方系统设置对应接口，如收益管理、房卡系统、叫醒服务等系统。

模块3 客房预订服务
(Room Reservation Services)

任务目标

掌握常见的房型种类，掌握预订的种类，掌握各种房态及其英语表达，熟悉预订的渠道和预订的方式，掌握预订的服务程序和标准，熟悉预订取消和变更的处理程序，了解超额预订的控制方法，掌握预订失约的原因及订房纠纷的处理方法。

项目1 客房预订概述
(*About Room Reservation*)

案例引入

某日，章先生打电话到某饭店订房处："我是你们饭店的一名常客，我姓章，想预订10月1日至10月4日3天的标准间。"预订员小李查阅了10月1日至10月4日的预订情况，表示饭店将给他预留2210房间至10月1日下午18:00。10月1日下午13:00，章先生来到前厅，看到公告牌上显示饭店标准间客满，还是不慌不忙地出示证件，要求办理入住手续，并说明自己办理了预订。接待员小何查阅了预订后抱歉地说："对不起，章先生，你没有预订啊?""怎么可能，我明明在9月25日预订了2210房间。""对不起，我已经查阅了，2210房间已经出租，入住的是一位张先生，请您再回想一下，好吗?""不可能，我预订好的房间，你们也答应了，为什么不讲信誉?"接待员小何一听，赶紧又仔细核查预订记录。后来发现，原来预订员小李一时粗心，没有和客人核实是"张"还是"章"。而在章先生到来之前正好有一位张先生入住，小何以为就是预订人，就把张先生安排到2210房间入住。章先生知道情况后很愤怒，立即要求向大堂副理投诉。

提出问题

预订员提醒客人客房的截房时间是正确的，但是没有听清楚客人的姓氏，也没有和客人核对，才导致章先生在规定时间内到达，而饭店却无法提供房间的情况。面对客人的愤怒，小何应该如何处理?从这个案例中，前厅预订员应该汲取什么教训?

我们小组的回答是：____

____

____

相关知识

客人为了保障自己的住宿需求，会提前预订客房。预订是指客人在抵店前，要求饭店为其保留客房的预先约定。客人可以通过直接渠道或间接渠道进行预订，预订的种类有保证类预订和非保证类预订。

To guarantee their accommodation needs, guests will make a reservation. Reservation refers to that guests ask the hotel to reserve rooms for them before they arrive at the hotel. They can make the reservation via a direct channel or an indirect one. There are two kinds of reservations, guaranteed reservation and non-guaranteed reservation.

一、客房预订的作用

随着现代社会生活和工作节奏的加快，从客人的角度看，预订客房能够使客人节约宝贵的时间，有效地计划和安排旅程，来到饭店时有理想而舒适的下榻场所，免遭客满的麻烦，保证旅行活动的质量。因此，对客人来说，预订的最大好处是抵达饭店时就有准备好的客房，这里指的不是一般的客房，而是最能满足客人顺利开展旅行活动要求的客房。

对饭店来说，开展订房业务，不但能保证客人预先得到所需要使用的饭店设施，而且对饭店自身的经营管理也有十分重要的意义。

1. 完善对客服务

开展客房预订业务，客人无论何时、何地都可以将自己的预订要求知会饭店，大大拓宽了对客服务在时间、空间和内容等方面的范围，形成了更完整的为客人提供全面服务的概念。

2. 开拓客源，稳定市场，提高客房出租率

饭店客源可以分为两类：一类是预订客人，包括团队客人和预订散客；另一类是未经过预订而临时光临的散客。预订客房对饭店来说是对预客房产品的预销售，预订实际上大大延长了饭店客房产品的销售时间，只有预订客人达到一定的数量，饭店的正常经营活动才能得以保证。如果一家饭店预订客人很少，只靠随机而来的零散的客人，其经营必然陷入不稳定的状态。特别是目前饭店业务的竞争加剧，各饭店为了稳定客源，都开展了客房的预订业务，并力求完善，除了接受客人的订房要求外，还采取灵活的推销技巧，如饭店主动打电话、发信函或亲自上门拜访客户，争取更多确定的预订，使客房达到最佳的出租率。在这种态势下，不重视预订业务，就会在市场竞争中处于劣势，饭店将难以生存。

3. 掌握客源动态，预测饭店未来业务

通过开展客房预订业务，饭店可以取得客人的订房信息资料，将这些资料集中起来

进行分析研究，可以清楚地了解顾客的动态，把握市场动向，并预测未来一段时间内饭店客源的流动情况，以及时调整营销对策。

4. 协调各部门业务，提高工作效率和服务质量

开展客房预订业务，客人的基本情况，如姓名、职业、抵离饭店时间及其他要求等得以确认。预订处将这些信息资料传递给有关部门，可协调各部门的经营活动，准备好人力、物力和财力，共同安排好接待工作，提高工作效率，保证服务质量。例如，接受一个团队的预订后，预订处及时通知接待处、客房部、餐饮部等有关部门。接待处可根据预订资料，事先安排房间，准备好住房卡和钥匙，从而简化入住登记的过程；客房部可根据组织好的人力及时清理客房；餐饮部可为该团队准备饮食；等等。这样，才能保证饭店的整体对客服务质量。

因此，现代饭店有无客房预订系统，客房预订系统运行状况的好坏，关系到饭店产品经营成功与否。

二、饭店的房型、房价和计价方式

1. 熟悉房间类型（如表 3－1 所示）

表 3－1 不同房型的基本情况

<table>
<tr><th colspan="2">房间类型</th><th>基本情况</th></tr>
<tr><td colspan="2">单人间
(Single Room)</td><td>又叫单人房。房间内放一张单人床，房间面积较小，适合经济型的单身客人使用</td></tr>
<tr><td colspan="2">双人间
(Double Room)</td><td>又叫大床间。房内放一张双人床，一般夫妻和高档的商务客人都会选择这类客房</td></tr>
<tr><td colspan="2">标准间
(Twin Room)</td><td>又叫双床间。房内放两张单人床（有的饭店放两张加大的单人床，适合两位商务客人使用），可供两个客人入住，同样也可供一人居住，带有卫生间；一般旅游团队、会议客人是这类客房的主要入住对象</td></tr>
<tr><td colspan="2">三人间
(Triple Room)</td><td>可供 3 位客人同时住宿的房间。房内放置 3 张单人床，属经济型客房，在中高档饭店很少见。如果客人要求 3 个人同住一间时，中高档的饭店会提供加床服务，即在标准间内加一张折叠床</td></tr>
<tr><td rowspan="3">套间
(Suite)</td><td>双套间
(Standard Suite)</td><td>又称普通套间。一般是 2 间相通的客房，一间做卧室，一间做会客厅。卧室中放一张大床或 2 张单人床，配有卫生间，客厅也设有盥洗室，一般供访客使用</td></tr>
<tr><td>商务套房
(Business Suite)</td><td>面积一般比普通套间略大，卧室中放 1～2 张大床，设有标准的办公桌和充足的照明设施，有的还带传真、电脑接口专线等</td></tr>
<tr><td>豪华套间
(Deluxe Suite)</td><td>可以是双套间，也可以由 3～5 间或更多客房组成，各带卫生间，房内设有大号双人床，按功能可以分为卧室、会客厅、书房、娱乐室、厨房及餐厅或酒吧。室内设施设备即房内用品的档次都比较高</td></tr>
</table>

续上表

套间 (Suite)	立体套间 (Duplex Suite)	亦称双层套间或复式套间，由两层楼组成，会客室要在下，卧室在上
	总统套间 (Presidential Suite)	总统套间简称总统房，面积比豪华套间更大，通常由5间以上的房间构成，设有2间主人卧室及豪华浴室，男女卫生间分用，还有客厅、餐厅、厨房、书房、侍从房等，还有的设室内花园。它在饭店内独一无二。因房价昂贵，出租率低，一般四星级以上的饭店才设有总统房，它标志着该饭店已经具备了接待总统的条件和档次，但并非只有总统才能入住

【特别提示】

根据客房的特殊功能还有“商务房”“残疾人房”“无烟客房”“女士客房”“儿童客房”等；根据客房窗口朝向景物又可分为“外景房”“内景房”“海景房”“湖景房”等。

2. 了解房间价格

饭店的房价依其接待对象、时间等的不同，分为多种类型，它们一起构成饭店客房的价格体系。常见的房价如表3－2所示。

表3－2 房间价格表

房价类型	基本情况
标准价 (Rack Rate)	又称为“客房牌价”“门市价”“散客价”，即在饭店价目表上明码公布的各类客房的现行价格。该价格不含任何服务费或折扣等因素
商务合同价 (Corporate Rate)	饭店与有关公司或机构签订房价合同，并按合同规定向对方客人以优惠价格出租客房，以求双方长期合作
团队价 (Group Rate)	针对旅行社、航空公司、会议团队等团体住店客人提供的折扣价格。团队价格可根据合作单位的重要性和所能组织客源的多少以及饭店淡、旺季客房利用率的不同加以确定。可以确保饭店有长期、稳定的客源，保持较高的客房出租率
旺季价 (Busy Season Rate) 和淡季价 (Slack Season Rate)	在营业旺季，为了最大限度地提高饭店的经济效益，将房价在标准价的基础上，上浮一定的百分比。在营业淡季，为了刺激需求，提高客房利用率，为普通客人提供折扣价
小包价 (Package Plan Rate)	小包价是饭店为客人提供的一揽子报价，其中包括房费及餐费、交通费、游览费（或其中的某几个项目）等
折扣价 (Discount Rate)	对于常客、长住客及有特殊身份的客人，饭店通常为之提供优惠房价

续上表

房价类型	基本情况
白天租用价 (Day Use Rate)	客人白天租用房间，饭店一般按半天房费收取，有些饭店也按小时收取；对凌晨抵店、结账超过了规定的时间、入住与离店发生在同一天的客人，饭店一般会按白天租用价收取房费
免费房 (Complimentary)	由于种种原因，饭店有时需要对某些特殊身份的客人免收住店房费，如会议主办人员、旅行代理商等。按惯例，对16名的团队客人，也要免费提供一张床位，即16免1。但要注意免收房费应该按规定要求，一般只有饭店总经理才有权批准

3. 国际饭店计价方式（如表3-3所示）

表3-3　国际饭店计价方式

计价方式	基本情况
欧式计价 (European Plan，简称EP)	只计房租，不含其他费用，为世界上大多数饭店所采用
美式计价（American Plan，简称AP）	客房价格不仅包括房租，还包括一日三餐的费用，多为远离城市的度假型饭店或团队（会议）客人使用
修正美式计价 (Modified American Plan，简称MAP)	客房价格包括房租和早餐费用，还包括一顿正餐（午餐、晚餐任选其一），这种计价方式比较适合普通旅游客人或旅行社组织的旅游团队
欧陆式计价 (Continental Plan，简称CP)	此种计价包括房租和欧陆式早餐（Continental Breakfast）。欧陆式早餐比较简单，一般提供冷冻果汁、烤面包（配黄油、果酱）、咖啡或茶
百慕大式计价 (Bermuda Plan，简称BP)	客房价格中包括房租和美式早餐（American Breakfast）。美式早餐除包括欧陆式早餐的内容外，通常还提供火腿、香肠、咸肉等肉类和煎（煮）鸡蛋、牛奶、水果等

三、客房预订的方式、渠道和种类

1. 客房预订的方式

客房预订的方式即订房人向饭店传递订房要求时采用什么样的信息载体。客房预订的方式多种多样，各有不同的特点，客人采用何种预订方式，受其预订设备条件和预订紧急程度的制约。客人通常采用的预订方式有以下几种（如表3-4所示）。

表3－4 客房预订方式

预订方式	基本情况
电话预订 (Telephone)	订房人通过电话向饭店订房，这种方式应用得最为广泛。预订员和客人通过电话进行沟通，客人可以充分地了解饭店是否能满足其订房要求，价格是否合适；预订员也可以全面了解客人的订房要求，付款方式，抵、离店时间，是否需要提供特殊服务，等等。特别是提前预订的时间较短时，这种方式最为有效，可以当场回复和确认客人的订房要求。 受理电话订房时应注意： ①与客人通电话时要注意使用礼貌用语。与客人的交流不是面对面进行，预订员要通过声音让客人感受到热情、有礼貌。 ②不能让客人久等。预订员要事先做好订房的准备工作，十分熟悉饭店客房的预订情况。如因某些原因不能马上答复客人，应请客人留下电话号码，待查清预订情况后，再通知客人是否可以接受预订。 ③复述客人的订房要求。由于语言沟通障碍、电话的清晰度及受话人的听力水平等因素的影响，电话订房容易出错。因此，预订员一定要根据饭店订房规定，全面记录客人的订房要求。记录完毕后，应向客人重复其订房要求，得到客人的确认，以避免出错
面谈预订 (Verbal)	客户本人或委托代理人直接到饭店总台，与订房员面对面地洽谈订房事宜。这种订房方式能使订房员有机会详尽地了解客人的需求，并当面解答客人提出的问题，有针对性地采取相应的推敲技巧进行适时销售。 与客人面谈订房时应注意： ①仪表端庄、举止大方，讲究礼节礼貌，态度热情。 ②把握客户心理，运用销售技巧，灵活地推销客房和饭店其他产品。必要时，还可向客人展示房间及饭店其他设施与服务，以供客人选择
传真预订 (Fax)	传真是一种现代通信技术，一般为旅行社、团队等单位和订房组织所采用，是一种较为正式的订房方式。它既具备电话订房的快捷，又具有信函订房可以作为资料保存、查对的优点，不易发生订房纠纷，是一种与客人进行订房联系的理想通信工具，正得到越来越广泛的使用
网络预订 (Internet)	网络订房是目前最先进，也是今后订房方式的发展趋势。一方面，互联网上的信息资料图文并茂，客人可以对饭店有更多的了解；另一方面，实现了饭店与客人的双向沟通，具有信息传递快、可靠性高等特点。通过网络订房系统，可以将饭店预订系统与航空公司、各大旅行社等机构联网，使各系统紧密联系起来。目前，越来越多的客人乐于使用这种方便、廉价、快捷又具有个性化的预订方式
信函预订 (Letter)	客人以明信片或信件等方式预订客房，这是最古老的一种订房方式。信函订房较适合于提前预订时间较长的客户和以接待度假或会议为主的饭店客人。这种订房方式的优点是订房内容完整、准确，客人还可以写明特殊要求。而且，信函犹如一份订房协议，对饭店和客人双方起到一定的约束作用。但是这种订房方式传递速度慢，往往需要往返联系几次才能最后得到双方的认可，目前较少使用

2. 客房预订的渠道

掌握客人的订房渠道对于促进饭店客房产品的销售、提高客房出租率具有重要的意义。客人在饭店订房主要通过两大类渠道：一类为直接渠道，另一类为间接渠道。直接渠道是指客人不经过中介直接与饭店预订处联系，办理订房手续。间接渠道则是订房人由旅行社等中介机构代为办理订房手续。从饭店方面看，总是希望把自己的产品和服务直接卖给消费者，以期能获得最大利润。但由于人力、财力所限，饭店不可能拥有足够的资源直接向所有的客源市场进行推销，因此可以借助中间商，并利用他们的网络、专业特长及规模等优势，来帮助推销饭店产品，扩大客源。随着预订业务的开展，预订渠道会更加多样化。

除客人直接与饭店订房外，饭店客源主要来自以下几个渠道（如表3-5所示）。

表3-5　饭店客源渠道

间接渠道	基本情况
旅行社订房	旅行社通常与饭店签订合同，负责为饭店提供客人，并按房价的一定比例收取佣金。传统上旅行社向酒店订房大多是团队订房。现在，散客小包价、散客委托旅行社订房的情况越来越多。旅行社订房可以保证饭店有一定数量的稳定客源，对酒店入住率，尤其是淡季入住率的提高有很大作用，因此酒店给予旅行社订房的优惠也比较大，这种优惠对团队尤其明显
航空公司订房	随着航空事业的发展，由航空公司代为订房的客人越来越多，主要包括乘客、团队客人、机组人员、本公司职员外出订房等
与饭店签订合同的单位订房	对许多商务型酒店来讲，这是它们最重要的客源渠道。许多公司、厂矿、企业和商社为发展业务，都同酒店签有订房合同为本单位的客人或职员外出预订房间，酒店则会保证给这些签订订房合同的单位比较大的优惠。酒店还会与政府机关、事业单位签订订房合同，争取客源，既可以提高酒店住客率，增加收入，又可以提高、改善酒店的知名度
会议组织机构订房	与各种会议组织建立良好的联系对酒店营销工作十分重要。会议订房往往具有以下特点：一是订房量大，大型会议订房动辄几百间是常有的事。二是综合消费能力高，绝大多数会议除了租用酒店客房以外，还会租用酒店的会议、康乐、车辆、商务中心等酒店设施和服务，有些会议给酒店餐饮带来的收入甚至会超过客房
中心订房系统	中心订房系统分为直属订房系统和非直属订房系统两种。 直属订房系统是一个酒店连锁集团的订房系统，集团旗下的所有酒店通过契约形式加入。世界上著名的酒店集团都在运作自己的预订系统，或将预订功能外包给预订服务供应商。集团内部的各个酒店也可以相互介绍客源。这是连锁酒店在营销上具有的明显优势。 非直属订房系统是由自主经营的不属于任何连锁集团的酒店联合起来的订房系统。这使得那些自主经营的单体酒店也能享有连锁酒店集团的许多有利条件。大多数非直属订房系统在同一地区只接纳少数酒店加盟，这样做是为了保证加盟者都能得到和提供高品质的服务

续上表

间接渠道	基本情况
专业的酒店订房代理机构	著名的全球分销系统（Global Distribution System，GDS）提供全世界范围内的酒店订房信息并能向全世界销售客房。全球旅游行业的饭店预订 GDS 的占有率为 50%，加入 GDS 等于直接与全球 50 万家旅行社签订了订房合作协议。国内著名的专业订房代理商有携程、艺龙、去哪儿等网站。很多酒店都与专业的订房代理机构签订了订房协议，这类订房在酒店销售中所占的比例越来越大，呈逐年上升的趋势

3．客房预订种类

客房预订的种类是指饭店在接受和处理客人预订时对客人预订的确认程度。根据不同情况，可以将预订分成两大类型：非保证类预订和保证类预订。保证类预订是指饭店保证在有效期内为客人保留订房，而客人则保证即使未使用客房也同样支付房费，除非该订房已根据饭店的取消程序做了预订取消安排。保证类预订既保证了满足宾客对住房的需求，维护了客人的利益，同时也维护了饭店的经济利益，因此，对双方都是有利的。

预订员在为非保证类客人提供服务时应提醒客人截房时间（Cancellation Hour）是抵达日的当天 18:00，超过截房时间客人还没有抵店，也未事先和饭店联系，饭店有权将房间租给其他客人。保证类预订的截房时间由客人与饭店自行约定，一般是抵店日次日的中午 12:00。客房预订种类如表 3－6 所示。

表 3－6 客房预订种类

预订的种类	表现形式	基本情况
非保证类预订（Non-guaranteed Reservation）	临时性预订（Advanced Reservation）	临时性预订是指客人的订房日期与抵店日期非常接近，甚至在抵达饭店当天才进行订房。因此，由于时间紧迫，只能进行口头确认，而无法进行书面确认，饭店无法要求客人预付定金，这种预订通常由总台接待处受理。接受此类预订时，要问清客人抵店航班、车次及时间，重复客人的订房要求，让客人核对
	确认类预订（Confirmed Reservation）	确认类预订是指客人提前较长时间向饭店提出订房要求，饭店以口头或书面方式给予确认，并答应为订房客人保留房间至某一事先声明的时间。确认类预订一般不要求客人预付定金，但如果订房客人到了规定时间仍未抵店，也未与饭店联系，饭店有权将客房出租给其他客人。 确认预订的方式有两种，一种是口头确认，另一种是书面确认。如果时间允许，应尽可能采用书面确认，口头确认一般只用于客人的订房时间与抵达饭店的时间很接近或没有条件进行书面确认时

续上表

预订的种类	表现形式	基本情况
非保证类预订（Non-guaranteed Reservation）	等候类预订（On-wait Reservation）	饭店的订房，总有一定数量的“水分”，如取消、变更或提前离店等。为避免客房闲置，饭店在预订客满时往往仍接受一定数量的等待类订房。在处理这类订房时，饭店不发给确认函，也不做口头保证，预订员应征求订房人意见，是否可将其列入等候名单，并向客人讲清楚，在其他客人取消变更预订或提前离店的情况下，给予优先客房安排，以免日后发生纠纷。对未接到通知就来店的客人，饭店可以根据房源情况尽量安排，如无法安排，可介绍到档次相当的附近饭店住宿，但不必为这类客人支付房费、交通费和其他费用
保证类预订（Guaranteed Reservation）	预付定金担保（Deposit Guarantee）	这种担保方式对饭店来说是最理想的保证性预订。客人在抵店前付给饭店一笔指定的款额，一般不少于一天的房费，以获得饭店的订房保证。支付了定金的客人没入住饭店又没取消预订，饭店可以没收定金，并取消客人原先订房的整个安排
	信用卡担保（Credit Card Guarantee）	这种担保是指客人将所持信用卡的种类、号码及持卡人姓名、有效期等以书面形式通知饭店，饭店要验证其信用卡的有效性。即使因各种原因客人不能按时抵店，饭店仍可通过银行或信用卡公司收取客人的房费
	合同担保（Contract Guarantee）	这种担保指饭店与有关合作单位就客房预订事宜签署合同，以此确定双方的利益和责任。合同的主要内容包括签约单位的地址、账号、签约单位通知取消订房的最后期限和同意为未按预订日期抵店入住的客人承担付款责任的声明等

【事后提示】

饭店在受理保证类预订时，既要坚持原则，按饭店的有关规定执行，又要视具体情况灵活变通。否则，处理不好的话，不仅饭店得不到应有的收益，还会影响与客人关系的处理，给饭店的声誉造成不良影响。

项目实训

一、技能训练

（1）演示如何用不同的预订方式给客人提供预订服务。

（2）演示向客人介绍房间类型及房内设施。

二、实战应用

1. 对话

Dialogue

(R: Reservation agent; G: Guest)

R: Jun Yi Hotel. Room Reservations. Can I help you?

G: I'd like to reserve a twin room for three days from January 20th to 23rd.

R: That's fine, sir. Could you hold the line a moment, please? Let me check the room's availability for those dates... I'm sorry, sir. We're fully booked up on these dates. Would you like us to put you on our waiting list just in case we have a cancellation or recommend you another hotel?

G: Oh, that's too bad. We prefer one in the city center.

R: OK. I would suggest you try the Garden Hotel.

G: Can you tell me the phone number of Garden Hotel?

R: Of course. The phone number of Garden Hotel is 0871 – 5265478.

G: I really appreciate your help. Good-bye.

R: Good-bye.

（R：预订员；G：客人）

R：君怡饭店，预订处，请问有什么可以帮助您的？

G：我想订个从1月20日到23日的标准间。

R：好的先生，请在线等待，我查询一下这几天是否有空房……对不起先生，这几天的标准间已经全部被预订了。您是否愿意让我们把您列进等候名单里呢？因为有可能有取消预订的客人，或者给您推荐其他饭店。

G：哦，太糟糕了。我们想住在市中心。

R：好的，我建议您去花园饭店。

G：你能告诉我花园饭店的电话吗？

R：当然可以。花园饭店的电话是0871 – 5265478。

G：非常感谢你的帮助。再见。

R：再见。

2. 经典词汇及句型

reservation 预订

guaranteed reservation 保证类预订

non-guaranteed reservation 非保证类预订

What can I do for you?

我有什么可以帮助您的吗？

Hold on line, please. /Could you please hold on?/Could you wait a minute, please?

请稍等（电话中）。/请稍等，好吗？

May I know your departure date?
请问您的离店日期是哪天？
How long will you stay with us?
请问您住几天？
How many people are there in your party?
你们一共几个人？
May I know the arrival date, please?
请问哪天入住？
Is it just for tonight?
请问只住今天一晚吗？
When will you check in?
请问您什么时候入住？
Would you like a single room or a double room?
请问您想订单人间还是双人间？
What kind of room would you like/prefer?
请问您喜欢什么样的房间？
Would you please tell me your full name, please?
请问您的全名叫什么？

三、习题与实践

1. 课堂讨论题

（1）饭店的房间类型有哪些？

（2）预订的种类可分为哪几种？

2. 自测题

（1）饭店标出的客房价格若是只计房租而不含餐费，这种计价方式是______。

（2）保证类订房包括______。

（3）目前应用最广泛的预订客房的方式是______。

（4）按照国际惯例，饭店对于非保证类预订客人的取消预订时限即截房时间一般是指______。

（5）按照国际惯例，饭店对于保证类预订客人的取消预订时限即截房时间一般是指______。

3. 复习思考题

（1）常见的饭店客房房价有哪些？

（2）国际饭店的计价方式有哪些？

4. 综合实训题

对当地四星级及以上的饭店进行调查，统计目前采用的共有几种计价方式，分别是哪几种。

项目2 客房预订的受理服务
(*Room Reservation Acceptance Services*)

案例引入

一天下午6：00前，一位客人找到端坐在大堂一侧的值班经理，显得有些生气的样子做自我介绍："我是从美国来的詹姆斯。"原来，这位客人在3天前给饭店客房预订部打过电话，要求预订一间高层向阳的标准间，当时预订部人员按客人要求为其办理了预订手续，但当客人到店办理入住手续时，接待人员却告诉他向阳的标准间已经全部出租了，问客人是否可以更换一间别的房间。客人当即表示，既然在3天前做了预订，就不应该出现此类情况，于是进行投诉。值班经理很快查明原因：原来，当日上午一位未办理预订手续的客人也提出要高层向阳的房间，接待人员未见詹姆斯先生到店，以为他不会来了，便将此房间安排给了这位客人。值班经理知道上述情况后，提出了相应的补偿措施，平息了客人的怒气。

提出问题

站在服务员面前的没有预订的散客，确实能给饭店带来最实在的利益，但是既然詹姆斯先生3天前就预订了房间，并且詹姆斯先生没有失约，饭店就应该按照约定给客人提供房间，所以客人的心情是可以理解的。试讨论值班经理是如何处理这件事的。

我们小组的回答是：____

____

____

相关知识

一旦预订成功后，客人和饭店之间就形成了一种合同关系，饭店就应该按照事先约定的条件为客人提供客房。客人在抵店前可以取消和变更其预订要求。也可能出现饭店因为超额预订导致客人无法正常入住的情况。

Once the reservation is made, a contractual relationship is formed, so the hotel should provide room service in line with the predetermined conditions. Guests can cancel or amend their reservation before their arrival. The situation that the hotel is overbooking so that guests can't check in as they quest may occur.

一、预订前的准备工作

在预订前做好准备工作，才能给订房客人一个迅速而准确的答复，提高预订工作水准和效率。

（一）检查仪表仪容

按饭店规定着装，服装熨烫平整、洁净无污渍，纽扣齐全，鞋袜洁净。左胸端正佩戴服务牌，面容清洁，发型美观大方。不戴戒指、项链、手镯、耳环等饰物（结婚戒指除外）。身上及口腔无异味。手部清洁，不留长指甲，不涂有色指甲油。

（二）做好交接班

交接班时查看一下上一个班次的预订情况，掌握需要处理的事项。

（三）整理环境

按岗位职责、卫生制度及卫生责任区的划分进行整理、清扫，并达到饭店和有关部门的卫生标准。

（四）备好报表、表格、收据

将所需要的各种报表、表格、收据等分门别类，整齐有序地摆放在规定的位置。

二、散客预订客房的受理程序与标准

【事前提示】

a. 决定是否受理客人的预订客房的要求，需要考虑四个方面的因素：预期抵店日期、预住天数、所需客房数量、所需客房类型。

b. 在接受客人预订时，应该边听边做记录，并在最后向客人核对主要订房内容，以免出现差错。

散客预订客房的受理程序与标准如表 3－7 所示。

表 3－7　散客预订客房的受理程序与标准

程　序	标　准
1. 通信联系，问候客人	（1）客人通过电话预订客房时，要在三声内接起电话，向客人问好，并自报部门。 （2）注意礼貌用语，语调应诚恳热情
2. 询问客人订房要求	（1）问清客人姓名（中文要确认是哪个字，英文要确认拼写方法），用姓氏称呼客人。 （2）询问客人的预抵店日期、预住天数、所需房间数量、房型及有无特殊要求，边听边在预订单（散客预订单见附录）上做相关记录，并将客人的订房内容向客人复述一遍，以确保无误
3. 介绍房型与价格、设施设备等	请客人稍等，查询房态，向客人介绍符合客人要求的房型、房间及房内的设施设备。注意采用一定的销售技巧，一般情况是从高价向低价介绍房型
4. 询问客人的付款方式	（1）询问客人的付款方式，在预订单上注明。 （2）公司（单位）或旅行社承担费用者，要求在客人抵达前电传书面信函，做保证类预订
5. 询问客人的抵达方式及时间	（1）询问客人抵达航班（车/船）次及时间，是否需要接车或接机服务。 （2）如无明确的抵达时间，向客人说明预订房保留时间，或建议客人做担保预订

续上表

程 序	标 准
6. 询问客人的联系方式	询问客人的联系方式，以便日后联系
7. 复述预订内容，告知注意事项	（1）复述客人的预订信息：预抵店日期、预住天数、所需房间数量、房型、房价及付款方式。 （2）提醒客人如果抵店前有什么变更，要提前告知饭店
8. 道别、致谢	结束预订，向客人致谢，期待客人的光临

当客人的订房要求不能满足时，预订员应该向客人积极介绍其他与客人要求相近的房间类型，切不可直接拒绝。如果客人还是不能接受，则应想办法与客人协调，主动提出一系列可供客人选择的建议，建议客人重新选择来店日期或改变住房类型、数量。

三、团队预订客房的受理程序与标准

【事前提示】

团体预订资料应至少提前一天交到接待处，以便接待员提前进行分房。

团队预订客房的受理程序与标准如表3－8所示。

表3－8 团队预订客房的受理程序与标准

程 序	标 准
1. 收到预订要求，明确团情	（1）客人可以通过电话、网络、传真等方式向饭店提出预订要求。 （2）预订员明确团名、团员人数、抵离店时间、房间种类和数量，边听边在预订单（团队预订单见附录）上做相关记录，并将客人的订房内容向客人复述一遍，以确保无误
2. 查看房态，接受或婉拒预订	查看房态，确认是否有符合客人要求的房型，如果有就接受客人的预订，如果客人需要的房型不足，可以推荐其他房型，如果实在满足不了客人的需求，则诚恳地向客人道歉，婉拒预订
3. 确定价格与付款方式	按照团队价格报价，明确付款方式、自理项目等并记录在预订单上，请预订人做保证性预订，在团队客人抵店前发送客人资料，以便分配房间
4. 核查信息	核查预订人身份、联系电话、单位名称、团队是否用餐，餐食类别、时间和标准等，以及团员中有无其他特殊要求和注意事项、客人抵店所乘交通工具和时间、是否需要接车和接机服务、所需车辆类型和数量等信息，并做好记录
5. 复述预订内容，告知注意事项	（1）复述客人的预订信息：预抵店日期、预住天数、所需房间数量、房型、房价及付款方式、客人用餐情况等信息。 （2）提醒客人如果抵店前有什么变更，要提前告知饭店及饭店为其保留房间的最后时间
6. 道别、致谢	结束预订，向客人致谢，期待客人的光临

四、预订的变更与取消

【事前提示】

a. 客人在抵店前可能会对其预订信息进行更改或取消预订，服务员对此依旧要热情服务，感谢客人的来电并询问客人信息变更或取消预订的原因，调查表明，90%取消预订的客人，在后来的旅行中还会选择之前预订过的饭店。

b. 原始订单不能涂改和丢弃，填写预订变更或取消的通知单后和原始订单钉在一起。

预订变更的服务程序与标准如表3-9所示。

表3-9 预订变更的服务程序与标准

程序	标准
1. 问候客人、核实客人身份、询问客人预订变更的原因和要求	(1) 向客人问候，核实客人身份，只有预订人才可以更改预订信息。 (2) 询问客人预订变更的原因和要求
2. 查看房态	查看房态，核实是否可以接受客人的变更要求，如果满足则予确认，重新填写一张散客或团队预订单（预订单见附录），注意写明更改日期，在更改一栏打钩或注明，时间允许的话重新发放预订确认函。如果房态不允许，客人同意就列入等候名单；如果是担保型预订则要根据担保协议来处理
3. 复述更改信息	在预订单上记录好并同时向客人复述核对订房变更细节，并告知已经更改
4. 更改并存储信息，通知相关部门	(1) 及时更改电脑上的预订信息，注明变更申请人的姓名、变更预订的原因和时间，经办人签名，填写预订变更单后和原始订单钉在一起，变更单放在上面。 (2) 如果变更的信息涉及其他部门（礼宾处、餐饮部等），应及时通知相关部门变更的信息

取消预订的服务程序与标准如表3-10所示。

表3-10 取消预订的服务程序与标准

程序	标准
1. 问候客人、核实客人身份、询问客人取消预订的原因	(1) 向客人问候，核实客人身份，只有预订人才可以更改预订信息，问清是预订取消还是预订未到。 (2) 询问客人取消预订的原因，询问客人是否要做下一个阶段的预订
2. 查看客人的预订信息	查看客人的预订信息，如果是担保型的预订，要根据担保协议来处理

续上表

程　　序	标　　准
3. 更改电脑资料并存档，向客人道别、致谢	（1）更改电脑的预订资料。 （2）抽出原始订单，加盖“取消”图章，注明取消申请人、取消原因和取消时间，经办人签名并存档，将取消预订单放置在原始预订单之上，钉在一起。同时感谢客人通知
4. 通知相关部门	如果变更的信息涉及其他部门（礼宾处、餐饮部等），应及时通知相关部门客人已取消预订，并收回发放到各部门的订单

有关团队的变更和取消，要按合同办理。一般合同规定，旅行社要求取消订房至少应在原定团队抵店时间的前 10 天通知饭店，否则按合同收取损失费。

五、预订的核对

为及时获知客人抵店前取消或更改订房的情况，以保障双方的利益，预订处需要和客人核对预订信息，一般分三次进行，分别为客人到店前一个月、一周和前一天。

第一次核对安排在客人抵店前一个月进行。预订员以打电话、发传真、发邮件等方式与订房人联系，核对原有订房信息，如果没有变化，按准确订房处理；如果客人要求取消或变更预订，则按预订的取消和变更的程序进行处理。此次核对主要针对重要客人和重要团队。

第二次核对安排在客人抵店前一周进行。程序和方法与第一次核对相同。此次核对主要针对重要客人、重要团队和第一次核对时要求变更预订的客人。

第三次核对安排在客人抵店前一天进行。主要采用打电话的方式与客人联系，对预订的内容要仔细核查，如果没有变动，就要把准确的订房信息传达给前厅接待处；如果有取消预订的，立即通知接待处将这些取消预订的客房重新出租。

若重要客人或人数比较多的团队，提前预订的时间又很长，还应增加核对的次数。

预订处与客人核对信息以确认预订的方式有两种：口头确认和书面确认。口头确认主要是通过打电话的方式和客人核对预订信息；书面确认要发送预订确认函（见附录）到客人手中。当客人的订房要求与实际入住时间相差较长时，通常要发确认函，进行书面确认。持有确认函来店的客人，可以给予较高的信用。对于团体客人至少应在客人动身前一周把确认书寄到客人手中。遇有大团或特别订房时，订房确认书要经前厅部经理或总经理签署后发出。

项目实训

一、技能训练

（1）演示散客预订服务。

（2）演示团队预订服务。

（3）演示为客人办理取消预订服务。

（4）演示为客人办理预订变更服务。

(5) 讨论超额预订导致饭店失约而采取的补救措施。

二、实战应用

1. 对话

Dialogue

(R: Reservation agent; G: Guest)

R: Good morning reservation, the New Age Hotel. Lily's speaking.

G: I'd like to book a single room for Wednesday next week.

R: That's fine, sir. A single room for Wednesday, March 21st, with a front view or rear view?

G: What's the price difference?

R: A single room with a front view is RMB 268 per night; one with a rear view is RMB 218 per night.

G: I think I will take the one with a front view then.

R: How long will you be staying?

G: I will be leaving on Sunday afternoon.

R: That will be four nights, sir. And your name please?

G: I'm Jams. J-a-m-s.

R: Thank you very much. What time do you expect to arrive, sir?

G: Oh, around 5 pm, I suppose.

R: I would like to confirm your reservation. A single room with a front view at RMB 268 per night for four nights from Wednesday, March 21th to Sunday, March 25th. My name is Lily and we look forward to seeing you next Wednesday.

G: Good. That has been settled then. Good-bye.

R: Thanks for calling and best wishes.

(R：预订员；G：客人)

R：早上好，新时代饭店预订处，预订员 Lily 为您服务。

G：我想订个下星期三的单人间。

R：好的，先生，3 月 21 日，星期三的单人间，您想要外景房还是内景房?

G：价格有什么区别吗?

R：外景房的单人间每晚 268 元，内景房的单人间每晚 218 元。

G：我想我要个外景房好了。

R：您要住多长时间?

G：住到星期天下午。

R：总共四晚，请告诉我您的名字好吗?

G：Jams。J-a-m-s。

R：非常感谢！您预计什么时候抵店，先生?

G：哦，我想大约下午 5 点就到了。

R：我将复述一下您的预订信息。外景房的单人间，每晚 268 元，从 3 月 21 日星期三到3月25日星期天，总共4天。我的名字是Lily，下星期三我们期待您的光临。

G：好的，没问题了，再见。

R：非常感谢您的来电！

2. 经典词汇及句型

reservation 预订

room rate 房价

single room 单人房

double room 双人房

suite 套房

view 景观

And your address, please?

请问您的地址？

May I know your company name and how would you like to settle your payment?

请问您的公司全称及付款方式？

We have a single room available for those dates.

在那个时间段我们还有一个可以出租的单人间。

I'm afraid we won't be able to guarantee you a room after the 16th. We usually have high occupancies in the peak seasons.

恐怕16号之后我们不能保证有房间提供给您，那段时间是我们的入住高峰期。

I'm sorry, but we're fully booked for single rooms. Would you like to have a double one?

很抱歉我们的单人间已经订满了，给您订双人间怎么样？

I'm sorry, but the hotel is full on that date.

很抱歉，那天我们饭店的客房已经住满了。

I'm sorry, we don't have any room available for that week.

很抱歉，我们那周的客房预订已经全满了。

Service is not included in the room rate.

服务费不包含在房费里。

Above rate is subject 15% service expense.

以上报价需另付15%的服务费。

We offer 10% discount for group reservation, sir.

先生，团队预订可以打九折。

Mr Smith, let me repeat your reservation to ensure it is correct. You will arrive before…

史密斯先生，我跟您确认一下您的预订内容：您的抵达日期是……

三、习题与实践

1. 课堂讨论题

（1）散客的预订程序是什么？

（2）团队的预订程序是什么？

(3) 如何为客人办理预订的变更和取消业务?

(4) 超额预订导致饭店失约而采取的补救措施有哪些?

2. 自测题

(1) 在控制超额订房的幅度时，若当天意向性预订多而准确订房少，超额订房的幅度应________。

(2) 决定是否受理客人的预订客房的要求，需要考虑 4 个方面的因素：________、________、________、________。

(3) 一般合同规定，旅行社要求取消订房至少在原定团队抵店时间之前________天通知饭店，否则按合同收取损失费。

(4) 超额预订的控制比例一般是________。

3. 复习思考题

(1) 超额预订导致订房纠纷的原因有哪些?

(2) 饭店接受了客人的电话订房，但事后未邮寄订房确认书，客人抵店后，饭店无房为其提供，这是不是超额订房?

(3) 客人的抵店时间超过了规定的截房时间，或者未按照原定的车次、航班抵达，事先又未和饭店联系，抵店后饭店无法为其提供客房，这是不是超额订房?

4. 综合实训题

调查本市各五星级饭店预订处的工作内容，并对其进行打分，比较各饭店的营销策略各有什么优势。

本模块小结

预订处的主要任务是销售客房，预订处的工作效率直接影响着饭店的效益。预订处负责接受、确认、调整来自各个渠道的房间预订，扩大客源市场。本模块全面讲述了客房预订的管理和受理服务等内容，客房预订的管理包括预订的渠道、预订的方式、预订的类型、常见的房价和国际饭店的计价方式等；客房预订的受理包括预订的接受、核对与确认，以及预订的变更和取消，超额预订的控制方法，出现订房纠纷时的弥补措施，等等。

知识拓展

超额订房的控制方法和出现订房纠纷的原因及处理对策

客人在抵店前可能会因为天气情况、行程改变、健康问题等原因，预订未到或临时取消预订，导致客房空缺。饭店为了追求较高的出租率，获得最大的经济利益，往往会采取超额预订。

超额预订（Over Booking）是指在饭店客房预订已满的情况下，再适当增加订房数量以弥补客人预订未到或临时取消预订产生的缺额所造成的空房损失。

超额预订应该有个“度”的限制，以免出现因过度超额而不能让客人入住，对饭店的经营管理及信誉产生不可忽视的负面影响，或超额不足而使部分客房闲置。对饭店经营管理者来说，这是胆识与能力的体现，但同时又是一种冒险行为。具体而言，各饭店应根据各自的实际情况，合理掌握超额预订的“度”。因此，一定要做好超额订房管理，即对超额订房实施有效控制，避免或最大限度地降低由于决策失误而造成的经济损失和客人的不满。这要解决好两个问题：一是如何确定超订数量，二是一旦超订过度怎么补救。

（一）超额订房数量的确定

超额预订计算公式：$X = Qr - Df$

式中：X 为超额预订房间数，Q 为预订房间数，D 为预期离店房间数，r 为临时取消率（%），f 为延期离店率（%）。

（二）其他影响因素

1. 掌握好团队订房与散客订房的比例

由于团队订房是事先计划和安排好的，对方与饭店签订订房合同，所以这类订房预订不到和临时取消的可能性不大。即使有变动，也会按合同条款及时通知饭店。而散客订房则具有较大的随机性，预订不到和临时取消的概率较高。所以，如果饭店的团队订房比例较高，则超额订房的数量不宜过多；如果散客订房的比例较高，则超额订房数可适当增多。

2. 不同销售季节的差别

旺季时各饭店订房都比较紧张，客人取消订房的可能性较小，因此超额订房数应较少；在平季，可供选择的饭店较多，客人有可能改住其他饭店，临时取消或预订不到的可能性大，所以超额预订房数可适当增多；淡季时则很少出现超额订房的情况。

3. 预订类别的比例

对于保证类预订，饭店应确保其用房，所以如果保证类订房较多，超额订房数应少些，反之，超额订房数应多些。

4. 本地区有无其他同等级、同类型饭店

如果本地区还有其他同等级、同类型饭店，可以适当提高超订额度，万一因超订数量过大而无房提供，可以介绍客人到其他饭店。

5. 饭店在市场上的信誉程度

一般来说，在社会公众中影响力不大的饭店超订的幅度可适当放宽些，而声誉较高的饭店超订的幅度应小些。

总之，通过对上述几个方面因素的分析，各饭店可根据自己的实际情况，做好收集、积累工作，认真总结经验，合理确定超额订房的数量和幅度，既使饭店最大限度地销售产品，增加收益，又能满足客人的订房要求，不至于产生订房纠纷。根据国际饭店的管理经验，超额订房的比例一般在5%~10%。

（三）预订失约行为产生的原因、补救措施及控制方法

1. 预订失约行为产生的原因

（1）未能准确掌握可售房的数量。主要表现为：客房预订处与接待处、营销部的沟通不畅；客房预订处与预订中心系统、预订代理处的沟通不良；客房预订处与客房部有

关客房状态显示出现差异等。

（2）预订过程中出现差错。具体表现为：姓名拼写错误、日期出错、项目遗漏、存档顺序搞乱、变更及取消处理不当等。

（3）未能真正领会宾客的预订要求。如：对前厅术语理解不一致，业务素质不高或因疏忽未能最终落实宾客的预订要求。

（4）部门间沟通协调不畅。饭店内部缺少沟通环境，饭店服务人员缺乏沟通意识和合作精神。

（5）预订员对销售政策缺乏了解。

（6）未能精确统计信息数据或超额预订过“度”。

2. 预订失约的补救措施

对于确认类订房，如果因为饭店疏忽或超额订房而导致客人到店后无房，应采用以下方式进行处理：

（1）诚恳地向客人道歉，请求客人的谅解。

（2）在饭店客房允许的情况下，视情况给予客人免费升级待遇；如条件不允许，应立即与另一家同等级饭店联系，请求援助。同时，派车免费将客人送往这家饭店。如果找不到相同等级的饭店，可安排客人住在另一家稍高等级的饭店，高出的房费由饭店支付。登记客人相关情况以提供邮件及查询服务。

（3）免费为客人提供1至2次长途电话或传真服务，以便其将地址变更情况通知相关方面。

（4）如属连住，则本饭店一有空房，在客人愿意的前提下，接回客人，并对其表示欢迎，客人在店期间享受贵宾待遇，事后向援助饭店致谢。

对于保证类订房的客人，除采取以上措施以外，还应视具体情况为客人提供其他帮助如支付其在其他饭店的第一夜房费，或在客人搬回本饭店后免收一夜房费。

对于无预订的散客到店后无房的情况，应礼貌地向客人说明情况，并帮助客人联系其他饭店，同时欢迎客人在有空房时入住本饭店。

3. 失约行为控制的方法

（1）完善各项预订政策，健全预订程序及其标准。

（2）加强与预订代理处的沟通。

（3）建立良好的沟通制度。如：前厅部接待处应正确统计出可售房数量、预订未到者、临时取消者、提前抵店者、提前离店者、延期住店者的用房变化数，并按时将上述统计数字通知预订处等。

（4）注重培训、督导预订员，加强其预订业务素质。

（5）由专人负责将预订信息按要求输入计算机或标注客房预订汇总表。

（6）注意预订细节。如果是电话或面谈预订，则应复述宾客的预订要求，解释前厅专业术语的确切含义及相关规定，避免产生误解。

（7）加强对预订工作的检查，避免出现差错、遗漏。

（8）合理配置部门人力资源，做到人尽其用。

模块4 礼宾服务 (Concierge Services)

任务目标

了解机场接送服务的内容，掌握宾客迎送服务程序和标准，学习行李服务程序和标准，熟悉委托代办服务程序和标准，掌握问询服务的程序和标准。

项目1 机场接送服务 (*Airport Pick-up Services*)

案例引入

在首都机场一号航站楼，M饭店的机场代表小孙见到两位刚下飞机的美国客人很焦急的样子，正巧这时机场广播小孙所接的航班预计延误2小时，他略加思索，便主动上前用流利的英语了解情况。原来他们要去三号航站楼转机飞广州，可是由于上一航班延误一个多小时，而现在离下一航班起飞的时间只有40分钟了，现在要赶往三号航站楼就快来不及了！小孙告诉美国客人自己是北京M饭店的机场代表，自己接的客人还没到，因此可以为他们提供无偿的送行服务。他先请他们将大件行李集中，清点数目，然后迅速推来行李车把行李一一搬上，并陪同这两位美国客人急忙向停车场走去。美国客人看着小孙这么热心地帮助他们，心里热乎乎的，随即跟他要了一张M饭店的名片。几日后，当两位美国客人再返回北京时，直接入住M饭店，因为那天小孙的义举打动了他们。

提出问题

在饭店预订客房时有些商务型客人会声明需要接车服务，并事先告知航班号、到达时间、接车车辆的类型等。机场代表在掌握店外接车技能的同时，还应具备利用一切机会争取未预订客人入住本饭店的意识和能力。作为饭店机场代表，应该如何确保接待好有预订的客人，同时又能争取到更多的客源呢？

我们小组的回答是：____

____

____

相关知识

机场接送服务主要由机场代表负责，机场代表是代表饭店在机场为客人提供有效接送服务的员工，他在一定程度上能代表饭店的服务水平，对客人第一印象和最后印象的形成起着重要作用。机场代表必须具有强烈的责任心、自觉性、灵活性及独立工作能力和较强的业务推销能力，要着装整洁，仪表端庄，形象、气质优良。

Airport representative who is assigned by the hotel is responsible for airport pick-up service. The person shows the service level of the hotel and plays an important role as the first impression and the last impression to the guests. The airport representative should have strong responsibility, self-consciousness, flexibility and independent working ability and sales ability. The person should be well dressed with elegant appearance and fine image.

一、机场接机服务的程序与标准

机场接机服务的程序与标准如表 4－1 所示。

表 4－1　机场接机服务的程序与标准

程　　序	标　　准
1. 准备工作	（1）定时从预订处取得需要接站的客人的名单（Expected Arrival List，EAL）。 （2）掌握客人姓名、航班（车次）、到达时间、车辆要求及接待规格等情况。 （3）根据预订的航班、车次或船次时间提前做好接站准备，写好接站告示牌，安排好车辆，整理好仪表仪容，提前半小时至 1 小时到站等候。 （4）备好接机牌，正面刻有饭店的中、英文名称，反面是客人的姓名，牌子手把的长度在 0.5 米左右
2. 到达机场迎接客人	（1）注意客人所乘航班、车（船）次到站时间的变动，若有延误或取消，应及时准确通知饭店总台。 （2）站立在显眼位置举牌等候、主动问好、介绍自己、代表饭店欢迎客人。 （3）根据预抵店客人名单予以确认。 （4）帮助客人搬运行李并确认行李件数，挂好行李牌，引领客人前往接站车前
3. 送客人上车	（1）开车前 10 分钟应将客人送到开车地点，引导客人上车，协助客人将行李装上车。 （2）向客人道别，开车时站在车右前方 2 米左右，微笑着挥手向客人道别。 （3）如果需要随车同行，在行车途中，可以根据具体情况，或简要介绍饭店的服务项目和城市风貌，或陪同客人聊天，或放音乐让客人自便。 （4）将客人接到饭店后，引领客人到总台办理入住手续，并询问客人是否需要提供离店服务；VIP 客人到店后，请客务联系经理或大堂副理为客人办理入住登记手续
4. 通知客人抵店信息	（1）电话通知大厅值班台客人到店的有关信息：客人姓名、所乘车号、离开车站时间、用房有无变化等。 （2）若没有接到 VIP 客人或指定要接的客人，要立即与饭店接待处取得联系，查找客人是否已乘车抵达饭店。返回饭店后，要立即与前台确认客人具体情况并弄清事实及原因，向主管汇报清楚，并在接站登记簿上和交班簿上写明事情原委

【事后提示】

a. 如果客人属贵宾，则应通知饭店大堂副理或饭店高层，并告知该客人飞机到达的时间；或者在客人上车后通知抵店的时间，请有关部门做好迎接工作。

b. 饭店机场代表除迎接客人和推销饭店产品外，还应向抵店客人提供送行服务，为客人办理登机手续等。

c. 饭店机场代表如果陪同客人乘车回饭店，应注意观察客人的神态，不是所有客人都喜欢听机场代表介绍的。另外，还要注意控制说话的音量，以免打扰其他客人。

二、争取未预订客人的程序与标准

【事前提示】

a. 机场代表要随时掌握客房利用信息，准确掌握各种交通工具到站时间。

b. 对无预订的散客，主动同客人联系，介绍饭店产品和服务，推销客房。

c. 在接近客人时，要运用感情上的交流、沟通，设身处地为客人着想，以热情、真诚的服务取得客人的信赖。

争取未预订客人的程序与标准如表4－2所示。

表4－2 争取未预订客人的程序与标准

程序	标准
1. 推销准备	（1）准确掌握当日和近期客房出租情况。 （2）熟悉饭店餐饮、会议等服务特色和标准。 （3）熟悉饭店周围环境，包括交通、购物、旅游、区位优势等
2. 确定潜在客人	（1）首先使用观察法，在接待中寻找潜在客人，并将其作为产品销售的重要对象，注意捕捉客人对饭店主要服务项目的价格、种类、优惠附加值等信息的敏感程度。 （2）采用连锁介绍法，将饭店其他相关服务项目连带介绍，尽量吸引客人的兴趣和注意力
3. 倾听回答	（1）热情、耐心地回答每一位客人的咨询。 （2）认真倾听客人要求，恰当地提出建议供客人参考和选择。 （3）根据客人年龄、职业、身份等特点有针对性地介绍和推销饭店服务产品特色
4. 办理手续	（1）及时、迅速地办理预订手续。 （2）安排车辆，主动扶老携幼、提拿行李，引领客人上车，并通知饭店总台做好接待准备

【事后提示】

a. 饭店代表除迎接有预订的客人外，还应积极向未预订客人推销本饭店，主动介绍本饭店的设备设施情况，争取客人入住。

b. 在主动推销、争取客源的过程中，若提出过服务承诺，则应尽快促成交易并信守承诺。

三、送站服务的程序与标准

送站服务的程序与标准如表4－3所示。

表4－3　送站服务的程序与标准

程　序	标　准
1. 店门恭候	（1）准确掌握VIP客人和其他需送站客人的离店时间。 （2）确认所乘交通工具的航班（车次）和离站时间。 （3）主动安排好车辆，提前10分钟在饭店门口恭候客人
2. 在路途中	（1）主动征求客人的意见。 （2）陪同客人聊天，或放音乐让客人自便
3. 机场送别	按时将客人送到机场、车站或码头，主动热情地向客人道别，并祝客人一路平安，使客人有亲切感、惜别感

【事后提示】

a. 如果客人属贵宾，则应通知饭店大堂副理，并告知其客人离店及飞机起飞的时间，请他安排有关部门做好送行工作。

b. 饭店机场代表除迎接客人和推销饭店产品外，还应向本饭店已离店客人提供送行服务，为客人办理登机手续，提供行李服务，等等。

四、常见问题处理

问题一：机场代表按客人预订时所报的航班去接客人，但是客人一直没有出现

（1）确认该航班是否已抵达，有无其他特殊情况而引起晚到。若已抵达，则应向民航有关部门了解客人是否已乘该航班到达。若查明确有该客人，则应询问客人是否因某种原因在机场内受阻。

（2）联系前台接待处，看客人是否已经到店。若客人还未到店，则应请订房中心员工根据客人留下的联系方式与客人取得联系，以确认客人是否改变了行程。

问题二：已订房客人要求接机员先将其行李送回饭店

（1）了解行李情况，提醒客人贵重物品或现金请客人自己携带，并向客人询问是否有易碎物品。

（2）检查行李的破损情况，并向客人说明；填写行李寄存卡，寄存联挂在行李上，提取联交给客人；提醒客人妥善保管行李提取联，凭行李提取联提取行李。

（3）将行李运回饭店寄存，并做好交接。

问题三：填写接机单时，发现航班号与时刻表不符

（1）查询机场问询处，核实是否有此航班及抵达时间。

（2）与客人联系，请其再次确认所乘的航班；如与客人联系不上，应根据其可能乘坐的航班派车到机场等候。

问题四：客人的航班临时更改又未通知饭店，造成接机接空

（1）由于天气等不可抗拒因素造成航班无法正点抵达，接机费用由饭店承担。

（2）如客人自己临时更改航班，又未及时通知饭店而造成接机接空，费用由客人承担。

（3）客人抵店时，通知大堂副理，由其出面向客人收取接机费用。

项目实训

一、技能训练

（1）演示机场接机服务的程序与标准。
（2）演示机场送机服务的程序与标准。
（3）演示争取未预订客人的服务程序与标准。
（4）讨论机场代表常见问题处理方法。

二、实战应用

1. 对话

(A: Airport Representative; G: Guest)
(Wang Yang is an airport representative in Nansha Grand Hotel. Rose Brown walks towards him.)
G: Excuse me. Are you a clerk of Nansha Grand Hotel?
A: Yes, I'm Wang Yang from Nansha Grand Hotel. Are you…
G: I am Rose Brown from New York.
A: Mrs Brown, hope you had a good trip. I'm here to meet you. Welcome to Guangzhou.
G: Thank you. Glad to see you.
A: Glad to see you, too. Let me help you with luggage cart.
G: Thank you.
A: How many pieces of luggage do you have?
G: Five.
A: This way, please. We have a car in the airport parking lot to take you to our hotel.
G: OK.
（A：机场代表；G：客人）
（王阳是南沙大饭店机场代表，露丝·布朗向他走来。）
G：打扰了，请问是南沙大饭店的职员吗？
A：是，我是南沙大饭店的王阳。您是……
G：我是来自纽约的露丝·布朗。
A：布朗夫人，一路顺利吧。我是来接您的，欢迎您到广州。
G：谢谢。见到你真高兴。
A：见到您我也很高兴。我来推行李车。
G：谢谢你。
A：您一共有多少件行李？
G：5件。
A：请这边走。接您到饭店的车已停在机场的停车场。
G：好的。

2. 经典词汇及句型

airport representative 机场代表

Is it your first visit to Guangzhou?

这是您第一次来广州吗?

Hope you will have a very pleasant time in Guangzhou.

祝您在广州度过美好的时光。

I really appreciate your kindness.

不胜感激。

Are you a clerk of...Hotel?

你是××大饭店的职员吗?

What about the weather today?

今天的天气怎么样?

三、习题与实践

1. 课堂讨论题

(1) 机场代表按客人预订时所报的航班去接客人,但是客人一直没有出现,机场代表该怎样处理?

(2) 客人的航班临时更改又未通知饭店,造成接机接空,机场代表该怎样处理?

2. 自测题

(1) 接机员根据预订的航班、车次或船次时间提前做好接站准备,写好________,安排好车辆,整理好仪表仪容,提前________到站等候。

(2) 接机牌正面刻有________,反面刻有________,牌子手把的长度在________米左右。

3. 复习思考题

接机时常发生哪些问题?该如何处理?

4. 综合实训题

分别演示机场接机服务程序与标准及机场送机服务程序与标准,熟练后两组角色交换演练。

项目2 店门迎送服务

(*Greeter Services*)

案例引入

一辆高级轿车向饭店驶来,停靠在饭店门前,迎宾员小李看清车上有三位欧美客人,其中两位男士坐在车后排,一位女士坐在前排副驾驶位上。小李上前一步,以麻利、规范的动作,为客人打开后门,做好护顶,并向客人致意问候。关好后门后,小李迅速走到前门,准备以同样的礼仪迎接那位女士下车,但那位女士满脸不快,小李感到茫然不知所措。

提出问题

优先为重要客人提供服务是饭店服务程序的常规。一般情况下，轿车的后排座为上座，但女士优先又是西方国家社交场合应遵循的礼仪与习惯。作为门童应灵活执行服务程序，正确处理服务规范与文化传统的关系。那么，门童应该如何做才能更好地体现饭店的形象呢？

我们小组的回答是：____

____

____

相关知识

店门迎送服务主要由门卫负责，门卫也称迎宾员或门童，一般穿着比较高级华丽、标志醒目的制服，站在正门处，代表饭店欢迎来店客人并送走离店客人。门童工作责任重大，他象征着饭店的礼仪，代表着饭店的形象，起着“仪仗队”的作用。所以，门童在岗时要着装整洁，精神饱满，思维敏捷，动作迅速，姿势规范，语言标准，同时，要热情、讲礼貌，营造一种热烈迎送客人的气氛，满足客人受尊重的心理需求。门童通常由高大英俊的青年男子担任（所以被称为“Doorman”），这样才可以与高档雄伟的饭店建筑和门面相融合。但也有些饭店启用气质好、仪表端庄的女性或具有绅士风度的中年男子做门童，标新立异，受到客人的欢迎。

Bellman who is also called doorman or bellboy is responsible for greeter services. Normally, he dresses tailor-made uniform standing at the hotel entrance to welcome and see-off guests. The doorman is the symbol and image of the hotel as a “guard of honor”. The doorman should dress neatly, full of spirit and energy, quick in mind. At the same time, the doorman should create a kind of enthusiastic and polite atmosphere in which the guests can feel to be respected. The doorman is normally tall and handsome young man (so he is called “Doorman”) who is matched with the magnificent hotel. But sometimes, doormen are replaced with some female or gentlemen in middle-age, which way is a new style, welcomed by the guests.

一、迎接宾客的程序与标准

【事前提示】

a. 在为客人护顶时，要注意伊斯兰教徒、佛教徒无需护顶；无法判断客人身份时，可将手抬起而不护顶。

b. 关车门时，也要小心，注意勿夹、碰伤客人的手或脚，同时要注意扶老携幼。

c. 行李员未能及时到场时，应先将行李从后备厢中拿出、清点；如果客人行李较多，应主动提醒客人清点件数、带好个人物品，然后用手势提示行李员为客人运送行李。

迎接宾客的程序与标准如表4－4所示。

表 4－4　迎接宾客的程序与标准

程　　序	标　　准
1. 站立等候	(1) 门童通常要穿着高级华丽、有醒目标志的制服，在岗时要精神饱满、热情有礼、动作迅速。 (2) 门童通常站于店门一侧或台阶下、车道边，站立时应挺胸、手自然下垂或下握，两脚与肩同宽
2. 引导停车	在客人乘车抵达饭店时，使用规范手势示意（切忌大喊大叫），指挥车辆停到方便客人进饭店的位置，同时不影响交通
3. 开、关车门	(1) 用左手拉开车门成 70°左右，右手挡在车门上沿，为客人护顶，防止客人碰伤头部。 (2) 欢迎客人光临（对重要客人和常客要努力记住客人的姓名，以示尊重）
4. 站回原位	(1) 若客人行李较少，在进入大厅前将行李交给行李员，由行李员引领客人到总台。 (2) 客人如乘坐出租车，应迅速记下车牌号，站回原位，继续迎候新客人

【事后提示】

a. 开车门时，原则上先女宾后男宾、先外宾后内宾、先老人后小孩。

b. 客人乘坐出租车抵达时，应等客人付完车费后再把车门打开。

c. 如遇雨天，应打伞为客人服务，并礼貌地请客人擦干鞋底后再进入大厅，客人随身携带的雨伞，也应锁在伞架上。饭店应向客人提供交押金免费使用雨伞的服务，以方便客人。

d. 团体客人到店前，应做好迎接的准备工作，团体大客车到店时，应维持好交通秩序，迎接客人下车。对一般客人要点头致意并问好，对行动不便的客人要扶助他们下车，对随身行李较多的客人应帮助提行李。客人下车完毕后，要示意司机把车开走，或停在饭店附近适合停车的地方。

二、送别散客的程序与标准

送别散客的程序与标准如表 4－5 所示。

表 4－5　送别散客的程序与标准

程　　序	标　　准
1. 叫车服务	客人离店时，主动热情地为客人叫车，并把车引导到合适的位置
2. 送车服务	(1) 等车停稳后，拉开车门，请客人上车，并向客人道别，感谢客人的光临，预祝客人旅途愉快，然后，等客人坐稳后再关上车门。 (2) 客人如果有行李，应协助行李员将行李装好，并请客人核实。 (3) 当客人的汽车启动时，挥手向客人告别，目送客人，以示礼貌和诚意。 (4) 如果是出租车，记录车牌号，以防客人有物品遗留在车上

【事后提示】

a. 送别客人时应真诚热情。

b. 如发现有行动不便的客人，应扶助其上车。

c. 注意提醒客人确认行李数量。

三、送别团队客人的程序与标准

送别团队客人的程序与标准如表4－6所示。

表4－6 送别团队客人的程序与标准

程序	标准
1. 引车服务	团队客人离店时，主动热情地为客人引车，并把车引导到合适的位置
2. 送车服务	（1）等车停稳后，应站在车门一侧，向客人点头致意，并注意客人的上车过程。 （2）向客人道别，感谢客人的光临，预祝客人旅途愉快。 （3）客人如果有行李，应协助行李员提前将行李装好，并请客人核实。 （4）当客人的汽车启动时，挥手向客人告别，目送客人，以示礼貌和诚意

【事后提示】

a. 送别团队客人时，如发现有行动不便的客人，应扶助其上车。

b. 等客人都到齐后再示意司机开车。

c. 注意不要影响其他车辆通行。

四、其他日常服务

（一）安全服务

与保安部人员一起，注意出入者的动向，保持高度的警惕性，对个别精神病患者或形迹可疑者应谢绝入内，必要时通知保安部甚至公安部门处理，确保饭店安全。对于衣冠不整者，应尽可能地劝其穿戴整齐后再进入大厅。

随时注意饭店大门上所有部件的完好程度，如发现故障，随时排除或迅速通知维修人员修理，确保无碰撞、挤压客人及行李等现象发生。

（二）回答客人问询

因门童工作岗位所处的特殊位置，经常会遇到客人问询，对此，要以热情的态度，准确地答复客人。如果对客人的问题没有把握，应向客人表示歉意，并礼貌地请客人到问询处询问。要注意，绝不可用“不知道”“不清楚”这样简单生硬的否定性语言答复客人。

（三）调度门前交通

掌握饭店门前交通、车辆出入以及停车场的情况，准确迅速地指示车辆停靠地点，确保饭店门前车道通畅。

项目实训

一、技能训练

（1）演示如何在店门迎接散客。

（2）演示如何在店门迎接团体客人。
（3）演示如何在店门送别散客。
（4）演示如何在店门送别团队客人。
（5）演示门童其他工作的程序与标准。

二、实战应用

1. 对话

Dialogue

(D: Doorman; G1: Guest 1; G2: Guest 2)

(A car pulls up in front of Nansha Grand Hotel. A doorman goes forward to meet the guests, and opens the door of the car for them.)

D: Good evening, Sir and Madam. Welcome to our hotel.

G1: Good evening.

D: (Opening the trunk, taking out the luggage and looking at the name on the luggage tags.) I'm the doorman, Sir. So, you have got altogether four pieces of luggage.

G1: Oh, no. May be five.

D: Five? Oh, sorry. Let me have a check again.

G2: Oh, no. Always poor memory! We've got only four.

G1: I see. (To the doorman) Sorry, boy. You're right. Four pieces.

D: Never mind, Sir. The Reception Desk is straight ahead. After you, please.

G1: Yes, thank you.

（D：门童；G1：客人1；G2：客人2）

（一辆小轿车在南沙大饭店门前停下，门童上前迎接客人，并为客人打开车门。）

D：晚上好，欢迎先生和女士光临饭店。

G1：晚上好。

D：（打开后尾厢，拿下行李，查看行李标签上的姓名。）先生，我是门童，您的行李一共有4件。

G1：哦，5件吧。

D：5件？不好意思，我再检查一次。

G2：不用了，看我这糟糕的记忆，是4件。

G1：（面向门童）不好意思，是4件。

D：没关系，先生，入住登记处请直走，您请。

G1：好的，谢谢。

2. 经典词汇及句型

doorman 门童

elevator/lift 电梯

Welcome to our hotel. May I help you with your luggage in the trunk?

欢迎光临。我可以取下后尾厢的行李吗？

Let me take your suitcases to the Front Desk for you, Sir.
先生，我会带着行李陪您到前台的。
We can take care of your luggage until you are back.
在您回来前，我们会照看您的行李。
We'll send a bellboy up to your room right away.
我们会马上安排行李员送到您的房间的。

三、习题与实践

1. 课堂讨论题

当团队客人乘大客车到店时应如何接待？

2. 自测题

（1）开车门时，原则上______女宾______男宾、______外宾______内宾、________老人______小孩。

（2）客人乘坐出租车抵达时，应等________再把车门打开。

3. 复习思考题

门卫除提供迎送客人服务外还有哪些日常服务？

4. 综合实训题

做一个精神帅气的门童，演练店门迎接、送别散客和团队客人的服务。

项目3　行李服务
(*Bell Services*)

案例引入

一天上午，上海一家五星级饭店大堂，各国客人来来往往，熙熙攘攘。一位新加坡客人提着旅行箱走出电梯准备离店，实习生小徐见行李员都在忙着为其他客人服务，便热情地迎上前去，帮新加坡客人提起旅行箱往大门走去。快到行李服务台时，他发现电梯口又有离店客人需要帮助，就把行李提到行李服务台处放下，即回电梯口为其他客人服务。这时，又有一批日本客人离店，他们的行李就放在新加坡客人旅行箱旁。由于陪同的疏忽，既未指定服务员照看这批日本客人的行李，又没有拿行李牌注明，就去收款处结账，因此，当他们离店时，就“顺手牵羊”地把那位新加坡客人的旅行箱一起带走了。当新加坡客人在为寻找自己的行李急得团团转时，离其乘坐的赴苏州的火车的开车时间只有55分钟了。

面对这突如其来的紧急情况，大堂副理当即安慰客人请客人放心，一定设法找回失物，不误火车，并马上向饭店有关方面了解日本团队的去向。当得知日本客人即将乘火车离沪去杭州时，便当机立断派小徐随新加坡客人一起乘坐饭店的轿车去火车站寻日本客人。结果不到半小时就在候车室找到了日本客人。新加坡客人拿到失而复得的旅行箱后转忧为喜，连声称谢。

提出问题

实习生小徐主动帮助客人搬运行李，这种精神值得肯定。他为了进一步为其他客人服务，半途将手头客人行李转交给行李服务台处理，这种做法虽说出于工作热情，无可厚非，但从严密的工作程序上推敲，似有不妥，最好将客人的行李一手处理完毕再去为别的客人服务，这样较为稳妥。日本团队的行李放在新加坡客人行李旁，以致造成错觉，固然是由于陪同的疏忽，但饭店行李处也负有一定责任。试探讨实习生小徐在处理散客行李服务方面、饭店在办理团队行李服务方面都存在哪些严重的问题。

我们小组的回答是：______________________________

____

____

相关知识

行李服务由前厅部的礼宾处负责提供，饭店将礼宾处设立在既能使客人很容易发现又能使行李员便于观察到客人进出情况的位置，还方便其与前台接待协调联系。由于散客与团队客人有许多不同的特点和要求，因此，行李服务规程也具有不同的要求。

Luggage service is offered by concierge of the front office with the location visible and remarkable, convenient to communicate with the reception. Due to the different enquiry of the individual and the groups, the procedures of the luggage services are different.

一、散客入住时行李服务的程序与标准

【事前提示】

a. 行李服务由前厅部的礼宾处负责提供。

b. 饭店一般将礼宾处设在客人很容易发现的位置，所处位置也可以使行李员便于观察到客人抵店、离店的进出情况，便于与总台协调联系。

散客入住时行李服务的程序与标准如表 4－7 所示。

表 4－7　散客入住时行李服务的程序与标准

程　序	标　准
1. 迎接客人	客人抵店时，行李员主动上前迎接，向客人表示欢迎
2. 卸放行李	客人下车后，迅速卸下行李，请客人清点行李件数并检查行李有无破损
3. 引导客人进入前厅接待处	（1）引领客人时，要走在客人的左前方，距离两三步远，步伐节奏要与客人保持一致，在拐弯处或人多时，要回头招呼客人。 （2）途中可视情况询问客人姓名、有无预订、是否初次到达本店
4. 等候客人	（1）引领客人到接待处后，行李员放下行李，行李放在行李员前面。 （2）站在总台边侧客人身后 1.5 米处，等候客人办理住宿登记手续

续上表

程　序	标　准
5. 引领客人至客房	（1）客人办完入住登记手续后，主动上前从接待员手中接过房间钥匙，帮助客人提行李，并引领客人到房间。 （2）途中要热情主动地问候客人，向客人介绍饭店的服务项目和设施
6. 乘电梯	（1）引领客人到达电梯口时，放下行李，按电梯按钮。 （2）当电梯门打开时，用一只手扶住电梯门，请客人先进入电梯，然后进梯靠边侧站立并按楼层键。 （3）出梯时，请客人先出，然后继续引领客人到房间
7. 敲门进房	（1）到达客房门口时，先按门铃或敲门，然后再打开房门。 （2）客房设有节电钥匙控制开关时，迅速将钥匙牌（卡）插入槽内（晚间进房间应开灯），退到房门一侧，示意客人先进房间。 （3）将行李物品放在行李架上或按客人吩咐放好
8. 介绍房间设施及使用方法	（1）放好行李后，简要介绍房内的主要设施及使用方法。 （2）如果客人以前曾住过本店，则不必再介绍
9. 退出房间	（1）房间介绍完毕，询问客人是否还有其他吩咐，在客人无其他要求时，即向客人道别，并祝客人在本店住得愉快。 （2）面朝客人退出房间，将房门轻轻拉上
10. 返回礼宾部	（1）离开房间后迅速走员工通道返回礼宾部。 （2）填写散客入住行李搬运记录

行李服务过程中还应注意以下事项：

（1）在卸放行李的程序中，当客人行李件数少时，可用手提；行李件数多时，要使用行李车。对客人的贵重物品及易碎品，如相机、手提包等，不必主动提拿；如果客人要求行李员提拿，则应特别小心，防止物品丢失和破损。装行李车时，注意大件行李和重的行李要放在下面，小的轻的行李放在上面，并要注意易碎及不能倒置的行李的摆放。

（2）在敲门进房程序中，如果进房后发现房间有客人的行李或房间未整理，或是客人对房间不满意，要立即向客人致歉，并与前台联系，为客人换房。

（3）进房前简短地向客人介绍紧急出口、客人房间在饭店的位置；进房时向客人介绍钥匙的使用方法及电源开关；进房后有选择地向客人介绍电视的收看、电话的使用、小酒吧的收费及主要电话号码等。

二、散客离店时行李服务的程序与标准

散客离店时行李服务的程序与标准如表4－8所示。

表4-8 散客离店时行李服务的程序与标准

程　　序	标　　准
1. 接到通知	（1）当客人用电话通知礼宾部要求派人运送行李时，应有礼貌地问清房号、姓名、行李件数及搬运时间等，并详细记录。 （2）按时到达客人所在的楼层
2. 进房	（1）进入房间前要先按门铃，再敲门、通报“行李服务”。 （2）征得客人同意后才能进入房间
3. 问候客人	（1）进行自我介绍。 （2）与客人共同清点行李件数，检查行李有无破损。 （3）确认客人离店时间，以及是否需要寄存行李，是否需要叫车服务。 （4）与客人道别，迅速提着行李（或用行李车）离开房间。 （5）如果客人要求和行李一起离开，要提醒客人不要遗留物品在房间，离开时要轻轻关门
4. 等待结账	（1）来到大厅后，要先到收银处确认客人是否已结账，如客人还未结账，应有礼貌地告知客人收银处的位置。 （2）客人结账时，要站在客人身后1.5米处等候，待客人结账完毕，将行李送到大门口
5. 送客	（1）送客人离开饭店时，再次请客人清点行李件数后再装上汽车，提醒客人交回房间钥匙。 （2）向客人道谢，祝客人旅途愉快
6. 回行李台	（1）完成行李运送工作后，将行李车放回原处。 （2）填写散客离店行李搬运记录

注意：

站在大门口两侧及前台边侧的行李员遇到有客人携带行李离店时，应主动上前提供服务。

三、团队抵店时行李服务的程序与标准

【事前提示】

a. 团队行李一般是由接待单位从车站、码头、机场等地装车运抵饭店的。

b. 团队离店时的行李也是由接待单位运送。

c. 饭店的工作是按团队名清点行李件数，检查行李有无破损，并做好交接手续，做好店内的行李运送工作。

团队抵店时行李服务的程序与标准如表4-9所示。

表 4－9 团队抵店时行李服务的程序与标准

程 序	标 准
1. 准备应接	根据团队抵店时间安排好行李员，提前填好进店行李牌，注明团队名称和进店日期
2. 确认	（1）团队行李到达时，负责交接的行李员应与送行李的人一起清点行李件数，检查行李的破损及上锁情况。 （2）在该团的团队行李记录表（见附录）上写上行李到店的时间、件数，按编号取出该团的订单。 （3）核对无误后，请送行李的来人签名
3. 分拣行李	（1）清点无误后，立即在每件行李上系上行李牌。 （2）如果该团行李不能及时分送，应在适当地点码放整齐，用行李网将该团所有行李罩在一起，妥善保管
4. 分送行李	（1）在装运行李之前，再次清点检查一次，无误后才能装上车，走行李通道送行李上楼层。 （2）行李送到楼层后，应将其放在门一侧，轻轻敲门三下，报称“行李员”。 （3）客人开门后，主动向客人问好，把行李送入房间内，等客人确认后，热情地向客人道别，迅速离开房间。 （4）如果客人不在房间，应将行李先放进房间行李架上
5. 行李登记	（1）行李分送完毕，经员工通道迅速回到礼宾处。 （2）填写团队行李进出店登记表

服务过程中还要注意以下事项：

（1）在确认程序中，如果发现行李有破损、无上锁或异常情况（提手、轮子损坏，行李裂开、弄湿等），须在记录表及对方的行李交接单上注明，并请来人签字证明。

（2）在分拣行李程序中，要注意将入店行李与出店行李，或是几个同时到店的团队行李分开摆放。

（3）在分送行李程序中，装行李时应注意同一楼层的行李集中装运。送两个以上团队行李时，应由多个行李员分头负责运送或分时间单独运送。

（4）在行李登记程序中，若没有客人的行李或行李少缺、破损，则婉转地请客人稍等，并立即通知领班查询解决。

四、团队离店时行李服务的程序与标准

团队离店时行李服务的程序与标准如表 4－10 所示。

表 4－10　团队离店时行李服务的程序与标准

程　序	标　准
1. 准备收行李	（1）根据团队接待计划和当日领队或陪同的通知，安排次日团队预离店的行李运送事宜，确定收取行李时间。 （2）带上该团队订单和已核对好待登记行李件数的记录表，取行李车，上楼层运行李
2. 收取行李	（1）上楼层后，按已核对的团队订单上的房号逐间收取行李，并做好记录。 （2）收取行李时还要辨明行李上所挂的标志是否一致。 （3）行李装上行李车后，立即乘行李专梯将行李拉入指定位置，整齐排好。 （4）找陪同（或领队）核对行李件数是否相符，有无错乱，如无差错，请陪同在团队订单上签名，行李员同时签字
3. 看管行李	行李离店前，应有人专门看管，如行李需很长时间才离店，须用绳子把它们拴起来
4. 交接行李	（1）团队接待单位来运行李时，须认真核对要求运送的团名、人数等，确认无误后才交行李给来人。 （2）请来人在团队订单上签名
5. 存档	行李完成交接后，将团表交回礼宾部存档

在收取行李程序中，若按时间到楼层后，行李仍未放出房间门口，要通知该团陪同，并协助陪同通知客人把行李拿出房门口，以免耽误时间。对置于房间内的行李不予收运。

五、客人换房时行李服务的程序与标准

【事前提示】

了解行李情况，提醒客人贵重物品或现金请客人自己携带，并向客人询问是否有易碎物品；在搬运宾客私人物品时，除非经客人授权，应坚持两人（大堂副理等）以上在场。

客人换房时行李服务的程序与标准如表 4－11 所示。

表 4－11　客人换房时行李服务的程序与标准

程　序	标　准
1. 问清房号	接到总台换房通知时，要问清客人房间号码，并确认客人是否在房间
2. 敲门入房	到客人房间时，要先敲门，经过客人允许方可进入
3. 点装行李	（1）与客人一起清点要搬的行李及其他物品。 （2）将行李小心地装上行李车

续上表

程　　序	标　　准
4. 进行换房	（1）带客人进入新房间后，帮助客人把行李放好。 （2）收回客人原房间的钥匙和住房卡，将新房间的钥匙和住房卡交给客人。 （3）如果客人没有其他服务要求，向客人道别，离开房间
5. 交还钥匙	（1）将客人原房间的钥匙和住房卡交给总台服务员。 （2）做好换房行李记录（见附录），并及时在电脑上更改房态

六、客人存行李时的服务程序与标准

【事前提示】

a. 行李房不寄存现金、金银首饰、珠宝、玉器、护照以及宠物等。上述物品应礼貌地请客人自行保管，或放到前厅收款处的保险箱内免费保管。已办理退房手续的客人如想使用保险箱，须经大堂副理批准。

b. 饭店及行李房不得寄存易燃、易爆、易腐烂或有腐蚀性的物品；不得存放易变质食品及易碎物品。如客人坚持要寄存，则应向客人说明饭店不承担赔偿责任，并做好记录，同时在易碎物品上挂上“小心轻放”的标牌。

c. 如发现枪支、弹药、毒品等危险物品，要及时报告保安部和大堂副理，并保护现场，防止发生意外。

d. 提示客人给行李上锁，对未上锁的小件行李须在客人面前用封条封好。

客人存行李时的服务程序与标准如表4－12所示。

表4－12　客人存行李时的服务程序与标准

程　　序	标　　准
1. 礼貌迎接	（1）客人要求寄存行李时，要礼貌地向客人询问所住房号、姓名等。 （2）原则上只为住店客人提供免费寄存服务，若团队行李需要寄存，应了解团号、寄存日期等信息
2. 弄清情况	（1）弄清客人的行李是否属于饭店不予寄存的范围。 （2）问清行李件数、寄存时间、宾客姓名及房号。 （3）请客人填写一式两份的行李寄存收据（见附录），或由客人口述、行李员代为填写，请客人过目后签字；行李寄存收据的形式通常是由两份相同的表格组成，下面的一份交给客人，作为取行李的凭证，上面的一份系在所寄存的行李上。 （4）做好行李暂存记录（见附录）
3. 存放行李	（1）短期存放的行李放置于方便搬运的地方。 （2）一位客人有多件行李，要用绳系在一起，以免错拿。 （3）行李房要上锁，钥匙由行李领班或礼宾主管亲自保管
4. 进行登记	（1）经办人须及时在行李寄存记录本上进行登记，并注明行李存放的件数、位置及存取日期等情况。 （2）如属非住客寄存、住客领取的寄存行李，应通知住客前来领取

【事后提示】

a. 行李寄存及领取的类别有三种：住客自己寄存，自己领取；住客自己寄存，让他人领取；非住客寄存，让住客领取。

b. 饭店礼宾部为方便住客存取行李，保证行李安全，会有专门的行李房并建立有相应的制度。

c. 行李房是为客人寄存行李的重地，严禁非行李房人员进入。

d. 行李房钥匙由专人看管，做到“人在门开，人离门锁”。

e. 行李房内严禁吸烟、睡觉、堆放杂物。

f. 行李房要保持清洁。

g. 寄存行李要摆放整齐。行李员在工作时应经常对行李进行整理，以便及时发现问题。

h. 寄存行李上必须系有行李寄存收据。行李寄存收据、行李寄存记录本的使用要保证规范、正确。

七、行李领取时的服务程序与标准

行李领取时的服务程序与标准如表 4 – 13 所示。

表 4 – 13 行李领取时的服务程序与标准

程　　序	标　　准
1. 签名询问	(1) 客人来领取行李时，收回行李寄存收据的下联，请客人当场在寄存单下联上签名。 (2) 询问行李的颜色、大小、形状、件数、存放的时间等，以便查找
2. 核对记录	(1) 核对行李寄存收据上、下联的签名是否相符，如相符则将行李交给客人。 (2) 在行李寄存记录本上做好记录

领取行李时还要注意以下事项：

(1) 如住客寄存，他人领取，需请住客把代领人的姓名、单位或住址写清楚，并请住客通知代领人带行李寄存收据的下联及证件来提取行李。行李员须在行李寄存记录本的备注栏内做好记录。

(2) 当代领人来领取行李时，请其出示存放凭据，报出原寄存人的姓名、行李件数。行李员收下行李寄存收据的下联并与上联核对编号，然后再查看行李寄存记录本上的记录，核对无误后，将行李交给代领人。请代领人写收条并签名（或复印其证件）。将收条和行李寄存收据的上、下联钉在一起存档，最后在记录本上做好记录。

(3) 如果客人遗失了行李寄存收据，需请客人出示有效身份证件，核查签名，请客人报出寄存行李的件数、形状特征、原房号等。确定是该客人的行李后，需请客人写一张领取寄存行李的说明并签名（或复印其证件）。将客人所填写的证明、证件复印件、行李寄存收据上联钉在一起存档。

(4) 来访客人留存的物品让住店客人提取的寄存服务，可采取留言的方式通知住客，并参照寄存、领取服务的有关条款进行。

(5) 客人的行李寄存时间早已过期但无人领取时，行李员应及时汇报领班或大堂副理，并做好登记，由领班或大堂副理查找后联系客人，通知客人及时领取行李。

八、常见问题处理

问题一：行李破损

（1）在饭店签收前发现破损的行李，饭店不负任何责任，但必须在团体行李进店登记簿上登记。

（2）行李签收后在运往客房的途中，或从客房送至饭店大门的途中破损，应由饭店负责。饭店首先应尽力修复，如果实在无法修复，则应与导游或领队及客人协调赔偿事宜（赔钱或物）。

问题二：团队中个别房间的行李搞错

（1）向客人了解行李的大小、形状、颜色等特征，与陪同的最新排房名表核对，查是否有增房。如有，查对增加房间的行李，检查客人不在的房间，务必尽快将行李调整好；若没有，请陪同人员协助查找客人所在的房间，予以调整，做好记录。

（2）本批团体行李中若多出一件或几件行李，应把多余的行李存放在行李房中，同一批多余的行李应放在同一格内，用行李标签写一份简短的说明，注明到店时间及与哪个团体行李一起送来，然后等候旅行社来查找。同批团体行李中若少了一件或几件行李，亦应在签收单上加以说明，同时与旅行社取得联系，尽快追回。

（3）若有行李错送的情况，应把非本团行李挂上行李标签，做一个简短的说明后，存放于行李房的一格中，等候别的旅行团来换回行李，或通过旅行社联系换回行李。

问题三：行李丢失

（1）行李到店前丢失，由旅行社或行李押运人员负责；如果饭店押运的行李是在去饭店的途中丢失的，饭店应负责任。但因客人尚未办理入住手续，还不是饭店的正式客人，饭店的赔偿责任应轻于住店客人的行李丢失情况。已订房客人的行李，如果由饭店的行李员负责接送，在运往饭店的途中行李丢失，其处理方法同上。未订房客人的行李，饭店原则上不予运送，可暂时看管（指在饭店大门口以外的范围），如果客人再三要求，饭店人员可以答应为其运送或暂时看管行李，但必须再三声明，如果行李丢失饭店不负责任。

（2）客人到达饭店后，在办理入住登记手续之前，或办理退房手续之后丢失的行李，饭店原则上不必赔偿，因为未入住或已离店的客人，不是饭店的正式客人，饭店没有义务负责其行李的安全。但为了饭店的长远利益，遇到此类情况时，饭店也可以酌情适量予以赔偿。

（3）已寄存的行李丢失，饭店应予以赔偿，但赔偿应有一个限额。

注意：

过于贵重的物品本不应放在行李寄存处寄存。

问题四：多位客人需要提供行李服务

（1）行李员请客人先办理入住登记手续，手续办完后，请每位客人逐件确认行李。

（2）迅速在行李牌上写清客人的房间号，请客人在房间等候。

（3）迅速将行李送入客人房间。

问题五：客人早到，暂无房间

（1）行李员首先应询问接待员何时能为客人安排房间。

（2）若所需时间较长，则行李员首先请客人在大堂休息或请客人有事要办的话先办事情，建议客人先将行李寄存，待客人入住后再送行李。

（3）办理客人行李寄存时必须在行李牌上注明“入店未知房号”字样；行李员要时刻关注该客人的入住情况，以便及时将行李送到客人的房间。

（4）若所需时间较短，则应将行李放在行李台旁代客人保管，并注明“入店”字样，待客人房间安排好后再送入房间。

问题六：行李上没有名字，无法标上房号

（1）先清点行李件数，集中在大堂指定位置，请团队陪同人员核对行李，通知客人前来认领。

（2）待客人前来认领后，主动帮客人将行李送进房间。

（3）做好记录，以备查核。

项目实训

一、技能训练

（1）演示散客入住时的行李服务。

（2）演示散客离店时的行李服务。

（3）演示团队抵店时的行李服务。

（4）演示团队离店时的行李服务。

（5）演示客人换房时的行李服务。

（6）演示客人存行李时的服务。

（7）演示行李领取时的服务。

（8）讨论对常见问题的处理。

二、实战应用

1．对话

Dialogue

(R: Receptionist; D: Mr Dawkins)

R: Would you like your bags taken to your room?

D: Yes, please.

R: OK. I'll get the bellman to take them up. Which bags are yours?

D: My luggage is in the corner over there. It's the leather suitcase, the canvas holdall and the blue backpack.

R: OK.

D: Please be careful with the suitcase, it's very heavy.

R: I'll let the bellman know. Don't worry, he's very strong.

D: And the holdall has some fragile items inside, so please be careful with that too.

R: Of course.

D: Don't worry about my laptop case, I can carry that. Is it customary to tip the bellman in this country?

R: You only have to tip him if you want to.

D: OK, thanks. If he does a good job he might be in luck.

（R：接待员；D：道金斯先生）

R：您想让人把行李包送到您的房间吗？

D：是的。

R：好的，我会让门童给您拿上去的。哪些是您的包？

D：我的行李在那边的拐角处，皮箱、帆布袋和蓝背包。

R：好的。

D：小心那个皮箱，很沉。

R：我会告诉门童的。别担心，他很强壮。

D：帆布袋里面装了一些易碎的东西，也请小心点。

R：当然。

D：不用麻烦拿我的笔记本电脑包，我可以自己拿。你们国家一般给门童小费吗？

R：如果您想给的话，就可以给他小费。

D：好的，谢谢。如果他做得好可能会走运的。

2. 经典词汇及句型

bellman 门童

luggage/baggage 行李

suitcase 皮箱

escort 陪护

remote control 遥控器

mini bar 迷你吧

I'll get the bellman to take them up.

我会让门童把它们拿上去。

I can take my own bags.

我能拿自己的包。

The leather bags are mine.

这些皮包是我的。

There's no need to tip the bellboy.

不需要给门童小费。

We'll take your bags to your room as soon as it's ready.

如果准备好了，我们就会把您的包拿到您的房间。

Your bags will be waiting for you.

您的行李会先到。

Would you like us to take your briefcase as well?

您也打算让我们拿您的公文包吗?
Hold the elevator.
按住电梯。
Which floor do you need?
您需要去几层?
Mind the closing doors.
注意门要关了。
I can press the buttons for you.
我能为您按下按钮。
Going up.
上升。
Going down.
下降。
I can hold the door for you.
我能为您按住门。
Don't use the elevator if there's a fire.
如果发生火灾，不要使用电梯。
The elevator is out of order.
电梯出故障了。
The emergency button is the red one.
应急按钮是那个红色的。
Let me escort you to your room.
让我带您回房间。
Please follow me.
请跟着我。
This way, please.
这边走。
Don't worry, it's not far.
别担心，不远。
After you.
您先请。
The lights turn on automatically when you put your keycard here.
当您把门卡放在这时，灯会自动打开。
Your TV is here and this is the remote control.
您的电视在这，这是遥控器。
This is your mini bar.
这是您的小吧台。
Anything you use will be added to your bill.

您使用的东西都会记在账单上。

Your bags will be here shortly.

您的包马上会送到这里来。

Your towels are here.

您的毛巾在这。

There is a deposit box in the wardrobe.

在衣柜里有一个保险箱。

三、习题与实践

1. 课堂讨论题

散客行李服务的程序是什么？

2. 自测题

（1）行李房不寄存________、________、________、________等。上述物品应礼貌地请客人自行保管，或放到________免费保管。

（2）行李员引导客人进入前厅接待处时要走在客人的________，距离两三步远，步伐节奏要________保持一致，在拐弯处或人多时，要回头招呼客人。

（3）行李员引领客人到达客房门口时，要________，然后再打开房门。

（4）团队行李一般是由接待单位从车站、码头、机场等地装车运抵饭店的。团队离店时的行李也是由接待单位运送。而饭店的工作是按团队名清点________，检查行李有无________，并做好交接手续，做好店内的________工作。

（5）在分拣行李程序中，要注意将入店行李与出店行李，或是几个同时到店的团队行李________。

（6）团队离店在收取行李程序中，若按时间到楼层后，行李仍未放出房间门口，要通知该团陪同，并协助陪同通知客人________，以免耽误时间。对置于________不予收运。

3. 复习思考题

行李服务中的常见问题有哪些？遇到这些问题时该如何处理？

4. 综合实训题

到市内几家星级饭店大堂，仔细观察各饭店的行李服务，按服务规范给各家饭店的服务打分，并写出书面报告。

项目4　问询服务与委托代办服务
(*Information and Concierge Services*)

案例引入

某日上午9810房间的M先生在礼宾柜台旁吸烟，礼宾部小唐立即递上烟灰缸，客人表示感谢并和小唐攀谈起来。客人是第一次来北京，小唐简单地向客人介绍了饭店的情况及北京的风景名胜，与客人聊得很开心。客人讲他年前在伊朗认识了一位冯先生并结下了深厚的友谊，这次到北京来想亲自拜访一下老朋友，试着拨打名片上的电话，但无人接听，可能电话改了。因名片上有公司的名称，小唐通过“114”电话查询台帮客人查找到此公司新的电话，结果还是无人接听。客人表示十分遗憾，但还是非常感谢小唐，并说：“我回房间再试一试。”客人回房间了，但小唐并没有放弃为客人寻找，工作之余仍不断地为客人拨打电话。功夫不负有心人，电话终于有人接听了，经过询问之后，对方果真就是饭店客人要找的老朋友冯先生，小唐向冯先生说明了事情的经过后，冯先生很高兴。小唐把客人的房号、饭店地址和电话告诉了冯先生，约定了见面的时间，然后马上给客人房间回电话，给客人一个惊喜，客人听到此消息后，又激动又高兴，亲自到大堂来表示感谢。

提出问题

小唐在对客服务中能主动为客人服务，急客人之所急，想客人之所想，为客人带来了满意加惊喜的服务。请问，同学们从这个案例中得到了哪些启发和收获呢？

我们小组的回答是：____

____

____

相关知识

住店客人来自世界各地，往往对当地情况不太了解，这就要求饭店能够为其提供咨询服务和委托代办服务。饭店的每一位员工都应随时回答客人的询问，协助解决客人的困难。除了对饭店内服务项目的详细介绍，还包括当地旅游、交通、购物等方面大体情况的介绍，还可为客人提供订票、预订出租车等服务。

The guests from all over the world not familiar with the local conditions, so the hotel should offer information and concierge services for them. The hotel staff is supposed to answer the guests' questions and help them to solve the problems. The services should include offering the introduction of the hotel, the local tour, transportation, shopping as well as ticket booking and car renting.

一、问询服务的程序与标准

【事前提示】

a. 客人要询问的问题很多，包括饭店内部信息和饭店外部信息。

b. 问询员要做出使客人满意的答复，必须熟悉本饭店所有的服务设施、服务项目和经营特色，以及饭店的各项有关政策，并积极、热心地向客人宣传和推销饭店产品。

（一）饭店内部信息的问询服务

有关饭店内部信息的问询通常涉及以下几个方面：中西餐厅、酒吧、商场、商务中心所在的位置及营业时间；宴会、会议、展览会举办场所及时间；饭店提供的其他服务项目、营业时间及收费标准，如健身服务、娱乐服务、洗衣服务等。

（二）饭店外部信息的问询服务

客人对饭店外部信息的问询涉及面非常广，这就要求问询员必须有较广的知识面，掌握大量的信息。但是，即使是最优秀的问询员，也不可能完全答出客人的问题，也不可能把客人所需的资料全部记忆在脑子里。因此，问询处还必须准备大量的书面资料，并根据客人的需求和具体情况的变化，不断对资料加以更新补充。问询处应准备的书面资料主要有：

（1）国内、国际航线的最新时刻表和票价，以及航空公司名称。

（2）最新铁路和轮船时刻表、里程表和票价。

（3）饭店所在地至周围主要城市的距离及抵达方式。

（4）饭店所在地的市内交通情况，主要银行、医院、政府各部门的名称、地址、电话号码。

（5）饭店所在地包括近郊著名名胜的距离、特色、开放时间。

（6）介绍本地风景名胜点的宣传册。

（7）饭店所在地著名餐馆、商场、购物中心的经营特色、地址及营业时间。

（8）全国、全省及本市的电话号码簿及邮政编码簿。

（9）世界地图、中国地图、本省和本市地图。

问询服务的程序与标准如表4－14所示。

表4－14 问询服务的程序与标准

程　序	标　准
1. 聆听	（1）仔细听清楚客人的需求。 （2）必要时重复客人的意思
2. 回答	（1）在回答客人的询问时，问询员要接待热情、主动、耐心，做到百问不厌。 （2）答复要肯定而准确，语言流畅，简明扼要，不能做出模棱两可的回答，更不可推托、不理睬客人或简单回答“不行”“不知道”。 （3）对不能回答或超出业务范围的问题，应向客人表示歉意或迅速查阅有关资料、请示有关部门后回答
3. 落实	（1）询问客人是否现在预订，如果客人需要，立刻联系相关部门。 （2）将落实情况及时通知客人

为了准确、圆满地回答客人的询问，问询员应具备较高的职业素质，包括善解人意、和蔼可亲的态度，较宽的知识面、流利的外语以及较强的应变、沟通、协调能力等。对于当时不能回答的问题，问询员应向客人致歉，然后迅速查阅有关资料，给客人一个满意的答复。

二、查询服务的程序与标准

【事前提示】

这里的查询是指非住店客人查找住店客人的有关情况，对此应在不触及客人隐私的范围内予以回答。

（一）查询住店客人的有关情况

查询住店客人情况的主要内容有：客人的房号；客人是否在饭店；有无他人来访问客人。对这些查询，问询员应先问清来访者的姓名、与住店客人的关系等，然后打电话到被查询者的房间，经该客人允许后，才可以让来访者去找住店客人；如果住客不在房内，切不可将住客的房号及电话号码告诉来访者，也不可以让来访者到房间找人，以保护客人的隐私权，避免出现差错和纠纷。

如果查明客人尚未抵店，请对方在客人预订抵店的日期再来询问；如果查明客人已退房，则向对方说明情况。除已退房客人有委托外，一般不可把客人离店后的去向和地址告诉来访者。

（二）电话查询住店客人的情况

接到店外打来的查询住店客人的电话时，问询员必须注意以下几点：

（1）问清客人姓名。中文名字要问清楚每一个字的发音；英文名字的查询应更加仔细，认真地区别易读错的字母。要特别注意普通话拼音与粤语拼音的区别，以及华侨、外籍华人使用英文名字、汉语拼音姓氏的情况。

（2）如果查到了客人的房号，应征求客人意见，看客人是否愿意接听电话，客人同意后，才可将电话接到房间。

（3）如果房间没有人接听电话，可建议打电话者留言或稍后再打电话来查询，不可将住客房号告诉他。

（4）团队客人的查询电话，要问清客人的国籍、旅行团名称、何时到店等，具体查询要求与散客相同。

有时住店客人由于某种原因，会要求饭店对其房号进行保密。做好这项服务工作，小则可防止住客受到不必要的干扰，大则可以保证客人的住店安全和预防各类案件的发生，因此，问询员在未征得客人同意时，是不可泄露其房号的。具体处理办法如下：

（1）接受房号保密要求时，要问清楚客人的保密程度，例如是绝对保密，还是只接听某些电话、只接待某位客人的来访等。

（2）准确记录需保密的房号、起止时间和特殊要求。

（3）通知电话总机做好保密工作。例如来电话查询要求保密的客人时，接线员应告诉来电话者该客人未住本店。

（4）在电脑上设保密标记。

（5）当有人来访问要求保密的客人时，一般以客人没有入住为理由予以拒绝。

（6）当客人要求解除保密或改变保密程度时，要认真做好记录，取消或更改电脑上的标记，并通知电话总机。

查询服务的程序与标准如表4－15所示。

表4－15 查询服务的程序与标准

程　序	标　准
1. 聆听	（1）仔细听明白客人的需求。 （2）必要时重复客人的意思
2. 回答	（1）在回答客人询问时，问询员要接待热情、主动、耐心，但应该以不违背饭店、住店客人利益为原则。 （2）对于可以回答的问题，回复要肯定而准确，语言流畅、简明扼要。 （3）对于不可以回答的问题，回复要有一定技巧
3. 结束	表示感谢客人的来电，礼貌结束交谈

三、留言服务的程序与标准

（一）访客留言服务的程序与标准

【事前提示】

来拜访住客的来访者未见到住客，或者住客外出前未见到约定的来访者，都可以通过问询处的留言服务，及时帮助他们传递信息，保证客人活动的正常安排。

访客留言服务的程序与标准如表4－16所示。

表4－16 访客留言服务的程序与标准

程　序	标　准
1. 建议	当被访的住店客人不在饭店时，问询员应主动向来访者建议留言
2. 留言	（1）如果客人愿意留言，将访客留言单（见附录）交给客人填写。 （2）由问询员过目后签名。 （3）也可由客人口述，由问询员记录，客人过目后签名
3. 落实	访客留言单一式三联，填好后留言单的第一联放在钥匙架上；第二联送电话总机，由接线员开启客房电话机上的留言指示灯；第三联交行李员从客房门下送入客房

留言具有一定的时效性，所以留言服务的基本要求就是传递迅速、准确。有的饭店规定问询员每隔一小时打电话到客房通知客人，这样可以保证客人在回房间一小时内得知留言的内容。为了对客人负责，对不能确认是否住在本店的客人，或是已退房离店的客人，不能接受访客留言，除非离店客人有委托。

（二）住客留言服务的程序与标准

住客留言服务的程序与标准如表4－17所示。

表 4－17　住客留言服务的程序与标准

程　序	标　准
1. 建议	当住客离开房间或饭店时，问询员得知其有来访者时，应主动建议其留言
2. 留言	(1) 如果客人愿意留言，将住客留言单（见附录）交给客人填写，由问询员过目后签名。 (2) 也可由客人口述，问询员记录，客人过目后签名
3. 落实	留言单存放在问询架内，如客人来访，问询员可将留言的内容转告来访者

四、邮件服务

邮件的种类很多，包括信件、电传、传真、电报、包裹等。处理进出店的邮件也是问询处的一项服务工作。

（一）进店邮件的处理程序与标准

【事前提示】

处理进店邮件的基本要求：细心、准确、快捷、保密。特别是商务客人的商务信函、邮件等，直接关系到客人的生意进展，处理得正确与否关系重大。

进店邮件的处理程序与标准如表 4－18 所示。

表 4－18　进店邮件的处理程序与标准

程　序	标　准
1. 清点并登记	(1) 收到邮局送来的当日邮件时，应仔细清点。 (2) 在邮件收发簿上登记
2. 分类	将邮件分为饭店邮件和客人邮件两类
3. 分发	(1) 饭店邮件请行李员送到有关部门。 (2) 对寄给住店客人的邮件，应根据邮件上的信息查找客人，按客人房号发一份住客通知单（见附录），通知客人来取。 (3) 对电传、传真等，应立即通知客人，或立即请行李员送到客人房间，客人接受时，请客人在邮件收发簿上签字，表示收到。 (4) 对查无此人的邮件，应根据不同情况进行处理

对查无此人的邮件有以下几种处理方法：

(1) 对寄给已离店客人的一般邮件，如果客人离店时留下地址，并委托饭店转寄邮件，饭店应予以办理，否则应按寄件人的地址退回。

(2) 预订但尚未抵店客人的邮件，应与该客人的订房资料一起存档，待客人入住时转交。

(3) 如果客人订房后又取消了订房，除非客人有委托，并留下地址，一般要将邮件退回。

(4) 对收件人姓名不详或查无此人的邮件，急件应立即退回，平信可保留一段时间，经过查对，确实无人认领后再退回。

（二）出店邮件的处理程序与标准

出店邮件的处理程序与标准如表4－19所示。

表4－19 出店邮件的处理程序与标准

程　序	标　准
1. 检查邮件	（1）接受客人交来准备寄出的邮件时，应首先仔细检查邮件的种类，对确认难办理的邮件应礼貌地向客人解释，并委托代办代表处理。 （2）检查邮件是否属于禁寄物品，不能邮寄的要耐心解释。 （3）检查邮件是否超重，字迹是否清楚，项目是否填全，请客人当面处理好
2. 确定寄出方式	礼貌地询问客人邮件的寄出方式，并在邮件上注明
3. 邮件分类	（1）将所有要寄出的邮件进行分类。 （2）每日在指定时间前送邮局统一办理邮寄。 （3）认真做好记录
4. 送交收据	将邮局开出的收据送交客人
5. 清点	每班结束工作时，清点邮票数目和现款

项目实训

一、技能训练

（1）演示问询服务。

（2）演示查询服务。

（3）演示留言服务。

（4）演示如何处理进店邮件。

（5）演示如何处理出店邮件。

二、实战应用

1. 对话

Dialogue 1

(W: Mrs Wright; C: Concierge)

W: Hi, there. We've just arrived and we'd like to explore the city. How do we get to the city center?

C: I can order you a taxi or you could walk.

W: How long would it take to walk there?

C: It's not too far. It would take you about 15 minutes.

W: OK. I think we'll walk. Could you give us directions?

C: Yes, of course. Let me show you on the map. Turn right when you leave the hotel and follow the main road until you see the park. Turn right opposite the park and go straight for about 5 blocks. Turn left onto River Street and that will take you to the city center.

W: Thanks. We want to go to the Lakes tomorrow. How do we get there?

C: OK, that's too far to walk so you'll need to take a taxi. If you have a car you could drive there. It's 7 kilometres from here, just past the ring road. If you come and see me tomorrow I can order a taxi for you.

W: Thanks, we'll do that.

C: Have a nice day.

W: Thanks, you too.

(W：塔特夫人；C：礼宾部服务员）

W：嗨，你好。我们刚到，想在城里逛逛。我们怎样才能去市中心?

C：我能给你们叫一辆出租车，或者你们走过去。

W：走过去要多久?

C：不太远。您大概需要 15 分钟。

W：好的，我想我们走过去。你能告诉我们方向吗?

C：当然可以。我在地图上指给你们看。离开饭店后右转，沿着主路一直走到可以看到公园为止。在公园对面向右转，直走大约 5 个街区。走到河街向左转就能到市中心了。

W：谢谢。我们明天想去湖区，怎么到那呢?

C：好，走过去的话太远了，你们要乘出租车。如果您有车，可以自己开车去。那里距离这里大约 7 公里，刚过环路。如果你们明天来找我，我会给你们安排一辆出租车的。

W：谢谢，我们会来找你的。

C：祝您一天愉快。

W：谢谢，也祝你愉快。

Dialogue 2

(E: Mrs Evans; C: Concierge)

E: Hello. We'd like to go on a day trip.

C: OK. Do you know which one you'd like to go on?

E: What are our options?

C: Would you prefer a trip in the city or in the countryside?

E: We'd prefer a trip to the countryside.

C: OK. If you like history you could have a day trip to the castle. It's in the mountains, so the landscapes are beautiful. The tour guides are very knowledgeable so you can learn a lot about our history.

E: Oh, no. I hated history class at school. What else is there?

C: You could go on a boat ride on the lake. You would be picked up by a coach at 7:00 am. and taken to the lake. A tour guide will take you on a nature walk and show you the local

wildlife. Then you'll be taken onto a boat to have lunch on the lake. How does that sound?
E: That sounds much better.

（E：埃文斯夫人；C：礼宾部服务员）
E：你好，我们想去一日游。
C：好的，你们想好了要去哪里一日游吗？
E：我们都有些什么选择呢？
C：你们喜欢城市游还是乡村游？
E：我们喜欢去乡村郊游。
C：好，如果喜欢历史，你们可以去城堡一日游。城堡在山中，风景很美。导游的知识非常渊博，你们会对我们的历史有不少了解。
E：哦，不。我以前上学时就讨厌历史课。还有什么其他的吗？
C：您可以在湖面划船。早上7点有汽车接你们去湖边。导游会带你们漫步大自然，给你们看当地的野生动植物。然后你们会坐着船在湖面上吃午餐。觉得怎么样？
E：听起来好极了。

2. 经典句型

I'd like to ask you a few questions about the city.
我想问您几个关于这座城市的问题。
Where is the best place to go?
最好的去处是哪？
I would recommend the mall.
我推荐购物商场。
It has a wide range of shops and restaurants.
那有很多的商场和饭店。
We'd like to do some sightseeing while we're in town.
我们在城里的时候喜欢去观光。
Can you recommend some local attractions?
您能推荐一些本地的旅游胜地吗？
I would recommend a day at the zoo.
我建议在动物园玩一天。
It's fun for all the family.
对家庭来说，那很有趣。
We have a selection of leaflets about local tourist attractions.
我们有许多关于本地旅游胜地的传单。
I can arrange transport for you.
我可以给你们安排交通工具。
You could have a night at the theatre.
你们可以在剧院待一晚。
The local food is very tasty.

当地的食物非常可口。

This city has some world-class restaurants.

这座城市有一些世界级的饭店。

A walk around the parks is a must.

至少应该去公园周围走走。

How do we get to the city center?

我们怎么才能去市中心？

How much will it be?

费用是多少？

It's just past the ring road.

刚过环路。

It will take 10 minutes in a taxi.

坐出租车大约10分钟。

It's easy to find.

容易找到。

You can't miss it.

你们不会错过它的。

The park is just up the road.

公园就在路上。

It's 3 blocks east of here.

往东3个街区。

Which show would you like to see?

你们想看哪场表演？

How can we get tickets?

我们怎样能弄到票？

I can have tickets delivered.

我能让人把票送过来。

You can pick them up from reception.

您可以从接待处拿到它们。

I can get you a 10% discount.

我会给你们打九折。

Shall I add the cost to your bill?

我可以把这些费用都加到您的账单里吗？

Would you like to pay separately?

您愿意分开结账吗？

That's no trouble at all.

那根本没问题。

You can have 15% off the face value.

您可以得到票面价八五折的优惠。
Do you have any special offers?
你们有什么特别优惠吗？
Do they have a matinee for children?
他们有一场专门给孩子们的日场吧？
What time is the performance?
演出是在什么时候？
Who stars in the show?
这场演出由谁主演？
Two adults' tickets and two children's tickets, please.
请拿两张成人票和两张儿童票。
Can you reserve us four places for tomorrow, please?
请给我们订 4 个明天的位置，好吗？
Do you have a family ticket?
您有家庭票吗？
Will we get back late?
我们会回来得很晚吗？
Do the tours run every day?
每天都有游览吗？
I don't know where to find you.
我不知道在哪能找到你。
How do I get there?
我怎么去那？
Where are you now?
你现在在哪？
We're easy to find.
我们很容易找到。
Take the highway from the airport to the city center.
从机场出来，上公路到市中心。
Follow the signs to the museum.
顺着去博物馆的标记走。
Take the first left after the Microsoft building.
过了微软大厦，第一个路口左转。
We're just on the right after the park.
我们就在过了公园的右侧。
It should take you about 20 minutes if the traffic is good but longer during rush hour.
如果交通顺畅大约会花费 20 分钟，但在交通高峰期时间会长些。
Do you have a map?
您有地图吗？

You can find directions on the internet.

您能在网上找到方向。

三、习题与实践

1. 课堂讨论题

(1) 问询员要怎样做才能使客人得到满意的答复?

(2) 如何处理电话查询住店客人的情况?

2. 自测题

(1) 处理进店邮件的基本要求是________。

(2) 查询是指________查找________的有关情况，对此应在不触及________的范围内予以回答。

3. 复习思考题

如何处理住店客人对房号保密的要求?

4. 综合实训题

假设自己是一名问询处服务员，演示各种各样的查询服务，如留言服务，处理进店、出店邮件等。

本模块小结

前厅部除了销售客房外，还担负着大量的其他多项直接对客服务工作，而且是以饭店形象代表的身份进行的，因此，其质量、效果显得尤为重要。本模块具体讲述了机场接送服务、店门迎送服务、行李服务、问询服务和委托代办服务的基本内容、服务规程和基本要求。通过本模块的学习，对前厅部的功能及其在现代饭店中的地位将有进一步的认识。

知识拓展

金钥匙服务

一、金钥匙概述

金钥匙的全称为“国际饭店金钥匙组织”(UICH)，它是一个国际性的饭店服务专业组织。金钥匙服务，最早是法国在1929年率先提出的，他们将客人委托、饭店代办式的个性化服务上升为一种理念。1952年，在此基础上成立了饭店业委托代办的组织——金钥匙组织。经过几十年的发展，国际饭店金钥匙组织已有34个国家和地区的4 500多名成员。1997年1月，在意大利首都罗马举行的第45届国际饭店金钥匙年会上，中国饭店金钥匙被接纳为国际饭店金钥匙组织第31个成员团体会员。

金钥匙的英文为Concierge，词义为门房、守门人、钥匙看管人，其原型是19世纪初期欧洲饭店的“Concierge”(委托代办)。而古代的Concierge是指宫廷、城堡的钥匙保管人。从委托代办的含义可以看出，金钥匙的本质内涵就是饭店的委托代办服务机构，演变到今天，已经是对具有国际金钥匙组织会员资格的饭店的礼宾部职员的特殊称谓。“金钥匙”已成为世界各国高星级饭店服务水准的形象代表，一家饭店若是加入了金钥匙组织，就等于在国际饭店行业获得了一席之地；一家饭店若是拥有了金钥匙这种首席礼宾司，就可显示不同凡响的身价。换言之，大饭店的礼宾人员若获得金钥匙资格，他也会倍感自豪。因为他代表着全饭店的服务质量水准，甚至代表着饭店的整体形象。金钥匙也是现代饭店个性化服务的标志，是饭店内外综合服务的总代理。它的服务理念是在不违反当地法律和道德观的前提下，使客人获得满意加惊喜的服务，让客人从进入饭店到离开饭店，自始至终都感受到一种无微不至的关怀和照料。

金钥匙是饭店综合服务的总代理，被誉为“万能博士”，其佩戴的两把交叉的金钥匙，意味着尽善尽美的服务，也象征着为客人解决一切难题。金钥匙的服务内容涉及面非常广泛，能够充分满足客人的各种个性化需求，包括计划安排在国外城市举办的正式晚宴；为一些大公司做旅程安排；照顾好那些外出旅行的客人和在国外受训的客人的子女；向客人提供市内最新的各种信息，并为客人代购歌剧院和足球赛的入场券；甚至可以为客人把金鱼送到地球另一边的朋友手中。只要找到金钥匙，他会竭尽全力为客人安排好一切。

金钥匙的服务理念就是满意加惊喜，随着金钥匙服务理念在我国饭店业的普及，目前金钥匙已成为饭店服务档次的体现，高档饭店都以拥有金钥匙为荣。一个饭店有无金钥匙是评定该饭店服务水准的一个标准，同时也将是饭店评报星级的考核内容。

1. 国际金钥匙组织的历史

关于“Concierge”一词的来源，一种说法是来源于拉丁文，语意为保管、管理或是仆人；另一种说法，即古代法语的衍生意思，这个词为“The Comte des cierges”（蜡烛伯爵，即保管蜡烛的人），是负责满足一些到豪华场所娱乐的贵族们的奇想和渴望以及其他需求的人。古时，遍布在那些荒无人烟的边境地区，照顾过往的旅行商队的人，被称为“Concierge”，这种职业最终在中世纪传到欧洲，在一些知名的政府建筑、宫廷和城堡里，“Concierge”变成“钥匙的保管人”。1800年，随着铁路和游轮的增加及初具规模，旅游业欣欣向荣，现代饭店的“Concierge”便诞生了。费迪南德·吉列特先生是金钥匙组织的主要创始人，他为金钥匙事业呕心沥血，被尊称为“金钥匙之父”。

金钥匙组织是指全球饭店中专门为客人提供金钥匙服务并以个人身份加入国际金钥匙组织的职员的国际专业服务民间组织。Les Clefs D'or 是法文，就是法语“金钥匙”的意思。1929年10月，来自法国巴黎 Grand Hotel 饭店的11个委托代办建立了金钥匙协会，协会章程允许金钥匙们通过提供服务而得到相应的小费，他们发现那样可以提高对客服务效率，随之还建立了城市内的联系网络。欧洲其他的国家也相继开始建立类似的协会。1952年4月25日，来自9个欧洲国家的代表在法国东南部的戛纳举行了首届年会，并创办了欧洲金钥匙大饭店组织（L'Union Europeene des Portiers des Grands Hotels，简称 UEPGH），1970年改名为 UIPGH（Union International Portiers Grands Hotels），1994年改名为 UICO（Union International Les Clefs D'or），1997年又变成了今天的名称 UICH（Union Internationale Des Concierges D'Hotels）。

2. 中国饭店金钥匙的发展

1929 年，一群法国人创造了一种新的理念：饭店金钥匙服务。70 年以后的 1999 年，几位年轻的中国饭店人经过若干年奋斗，开始将这一理念播种在中国这块古老而又新鲜的土地上。现在，在中国的饭店里，出现了这样一群年轻人：他们身穿一身考究的西装或燕尾服，衣领上别着一对交叉的“金钥匙”徽号，彬彬有礼，笑容满面，机敏缜密，他们是国际金钥匙组织的成员——中国饭店金钥匙。

中国饭店金钥匙组织从 1995 年 11 月开始筹备，几年来，中国饭店金钥匙组织由小到大、由起步到合法注册，取得了可喜的发展。饭店金钥匙服务在中国的出现，最早是由著名爱国人士霍英东先生倡导引入白天鹅饭店的。在第一届中国饭店金钥匙服务研讨会上，他建议抓住时机，发展中国饭店金钥匙服务事业，创立中国饭店金钥匙服务品牌。同时国家旅游局和中国旅游饭店业协会领导对发展中国饭店金钥匙服务投入了大量的精力，给予了大量的扶持和指导。在新闻媒介的广泛宣传下，中国饭店金钥匙服务事迹引起了同行业及社会各界的重视，中国饭店金钥匙服务的发展状况也开始被国际饭店金钥匙组织重视。1998 年 12 月，中国饭店金钥匙组织经国家旅游局批准成立，划归中国旅游饭店业协会指导，并作为中国旅游饭店业协会下属的一个专业委员会。中国饭店金钥匙组织是国际饭店金钥匙组织第 31 个成员团体会员。截至 2001 年 2 月底，中国饭店金钥匙组织已发展到了 54 个城市的 178 家饭店，共有 248 名会员，这支逐渐成长的饭店服务群体正在创造着更新的服务奇迹。

2001 年 1 月，在国家旅游局、中国旅游饭店业协会和广州市政府的高度重视和精心组织下，在广州市成功举办了第 47 届国际饭店金钥匙组织年会。此次年会，在组织、接待、服务等方面，再一次展现了中国饭店精致的服务魅力，获得了国际饭店金钥匙组织各成员主席最高的赞誉，并对国际饭店金钥匙服务理念在中国得到发扬光大寄予了厚望。中国饭店金钥匙发展没有理由不成功，因为它拥有一个“满意加惊喜”“在宾客惊喜中找到富有人生”的崇高服务理念，它得到了关心旅游饭店事业的各级政府和领导的支持，得到了广大饭店总经理的关爱和支持，受到了广大宾客的欢迎。每一个金钥匙都为实践金钥匙服务理念和精神而不断地努力工作，创造了一个又一个美好的服务传奇，两把交叉的金钥匙正在发出更加灿烂的光芒，广大追求服务创新的饭店员工为之而奋斗着。

饭店金钥匙服务已被国家旅游局正式列入星级评定标准，三星级以上的饭店都应有金钥匙服务。饭店金钥匙服务对高星级饭店而言，是一种管理水平和服务水平成熟的标志，是在饭店具有高水平的设施、设备以及完善的操作流程基础上，更高层次饭店经营管理艺术的体现。饭店金钥匙服务对城市或地区旅游业而言，将对其服务体系的形象产生深远的影响。因为，中国饭店金钥匙是由一群有丰富的服务经验，对中国旅游业发展和饭店发展负有历史使命感和责任感的人组成的，他们的共同任务是使中国的旅游饭店业能够与国际接轨，同时能够在国际上树起自己的品牌。这样，中国会吸引更多客人的光顾，饭店就有效益，行业就有发展。金钥匙不仅给各城市旅游饭店业的创新服务注入了新的活力，而且对各城市旅游服务业的健康和良性互动发展来说也是一种动力。饭店金钥匙在中国的逐渐兴起，是我国经济形势的发展，以及旅游总体水平发展的需要，将成为中国各大城市旅游体系中的一个品牌，即代表着独具饭店特色的一种服务文化，并将成为该城市饭店业的一个传统。

二、金钥匙的作用

自1992年中国产生了第一名国际饭店金钥匙会员开始，金钥匙以其自身网络化、个性化的优势在中国旅游饭店业独领风骚。1988年5月，国家旅游局设立旅游饭店金钥匙专业委员会，把金钥匙服务作为饭店业的一个服务项目，要求星级饭店引入金钥匙服务。从此，金钥匙在中国旅游饭店业的发展纳入了科学发展的轨道。

金钥匙的含义应包含五点内容。第一，金钥匙是一种服务标志，两把金光闪闪的交叉钥匙代表着饭店委托代办的两种主要职能：一把金钥匙用于开启饭店综合服务的大门，另一把金钥匙用于开启该城市综合服务的大门。也就是说，这是一种综合服务总代理的醒目标志。第二，金钥匙代表着饭店顶级的专业化服务，这种服务虽不是无所不能的，但以“追求卓越、尽善尽美”为宗旨，涵盖了宾客所需要的接、送、买、订、寄、取、租、代等广泛的服务内容，凡是不违背法律和社会道德的服务，都是金钥匙服务的业务范畴。第三，金钥匙是对饭店中专门为宾客提供金钥匙服务的个人或群体的称谓，他们是饭店形象大使和综合服务代言人，只有他们才有资格在由金钥匙组织指定的燕尾服上戴上国际饭店金钥匙组织的交叉金钥匙徽章，为宾客提供金钥匙服务。第四，金钥匙是一个以友谊、协作为原则的合作网络，网络成员通过掌握丰富信息并使用共同的价值观和信息高速公路形成庞大的服务网络，作为提供超常服务的强大保障。第五，金钥匙是个国际性专业化组织，该组织是全球饭店中专门为客人提供金钥匙服务并以个人身份加入组织而形成的国际专业服务的民间组织。

金钥匙服务在广州率先引入饭店业后，于1995年11月召开了中国饭店金钥匙第一届服务研讨会，这标志着金钥匙在中国饭店业的正式开展。短短几年中，无论是从服务项目、服务理念拓宽深入上，还是在组织建设、人员素质方面都有了惊人的飞跃。中国金钥匙把服务精神置于个人利益之上，提出了“服务第一”的服务观念，提出了“在宾客惊喜中找到富有人生”的人生观和“在服务中实现自身价值”的价值观，从而向健康有序的方向发展。在长沙召开的中国饭店金钥匙第五届年会上，金钥匙组织把网络化发展的金钥匙和科技化的金钥匙作为新世纪中国饭店金钥匙的发展方向，以网络化、个性化、国际化、专业化的服务顺应了新世纪中国饭店业乃至世界饭店业的发展潮流。如今，金钥匙已成为国际性的服务品牌，是饭店的文化、服务的艺术，代表了饭店服务的最高水平和发展趋势。

最权威的饭店管理专家认为，金钥匙是高星级饭店管理的心脏与灵魂，它对于优化饭店管理、形成高素质的服务群体意义深远。概括来讲，金钥匙在饭店管理、服务中的作用可用“桥梁”“中心”“龙头”来形容，具体如下：

1．“桥梁”——沟通宾客与饭店、饭店管理与服务的桥梁

宾客的需求是以最小的投入换取最好的享受，而饭店的需求毫无例外都是谋求效益的最大化。因此，二者之间的需求是需要沟通与磨合才能达到和谐的。金钥匙给客人提供超值服务，让宾客感到物有所值或物超所值，无疑是加强宾客与饭店沟通的有效途径。金钥匙在对宾客服务的过程中，也很好地协调了宾客关系，一改传统的饭店服务中餐饮、

客房、康乐各自为政的局面，为宾客提供吃、住、行、游、购、娱“一条龙”服务，从而成为饭店服务的代言人和总代理。“有事请找金钥匙”已成为经常入住高星级饭店的高档客人的口头禅，进而达到宾客与饭店的及时沟通。

在传统的饭店管理和服务中，一般都实施四级垂直管理模式，一级对一级负责，其好处是责任明确，分工细致，但由于管理链和服务链衔接得不够紧密，对客服务的时效性、管理的时效性大打折扣，也影响了饭店最大的财富——员工创造力的发挥。金钥匙在饭店的出现，很好地弥补了这一不足，由于金钥匙提出的“创造性思维”“越俎代庖”“只重效果，不重过程”的工作理念，使工作时效性大大增强，并以其自身网络优势和综合服务代言人的特殊角色不再烦琐地逐级上报、批复，从而实现了服务链条的优化组合，使服务群体形成一个亲密合作、利益共享的高效群体，进而能以最快捷、最直接的方式把有关服务信息反馈到管理层，使传统的管理、服务沟通更加直接，联系更加紧密。

2. “中心”——饭店收集社会信息的“信息中心”和了解宾客的“情报中心”

在当前的饭店经营中，明智的饭店经营者已把信息管理放到与人、财、物管理同等重要的位置。金钥匙利用网络组织无疑在信息管理中占有很大优势：在收集服务信息方面，一方面，金钥匙可以通过组织内部的计算机网络了解有关订房信息，以及国内各地的旅游饭店信息等；另一方面，金钥匙可以与本地金钥匙会员联合，广泛收集社会服务信息，如饭店所在城市的政治、经济、文化、历史、工农业、商贸、旅游场所及有关业务等。如美国旧金山的金钥匙，除利用计算机查询外，还用不同颜色的文件夹对信息进行分类，一般蓝色代表饭店，绿色代表旧金山的市情，红色代表酒乡，黄色代表游览胜地。在每一栏中有细分栏目，市情内有音乐、医疗、教育等，音乐包含音乐厅、歌剧院、爵士乐吧、钢琴吧、夜总会等。饭店金钥匙每月都及时核对时间表，收集整理的信息与饭店各部门联网，为宾客提供准确周到的服务奠定坚实的信息基础。

在收集宾客信息方面，由于金钥匙是面对面接触客人的服务群体，金钥匙的客史档案往往是最精确、最优秀的客档，客人的喜好、生活习惯、性格、脾气都是客档记录的主要内容。如美国一名金钥匙能记住 1 000 多个车牌号、3 000 多名宾客的姓名，保证了及时主动为客人服务。翔实准确的客人信息往往是饭店改进管理、提供超常服务、铸造忠诚客源群体的有力武器。

3. “龙头”——引导饭店优质服务良性发展的龙头

金钥匙在许多饭店是服务的明星，他们看上去似乎无所不能，对客人而言，犹如一把万能钥匙，为他们解决一个又一个难题。高涨的工作热情、强烈的责任心、丰富的知识、体贴入微的关怀以及工作性质的要求、与饭店各部门长期所形成的和睦融洽的关系等，都决定着金钥匙在有意或潜意识，甚至不自觉间引导、培育饭店优质服务群体的形成。

（1）培训员工。金钥匙有较长的工作年限，接触的部门较多，积累了丰富的工作经验，深谙待客之道，是最佳的培训师。因此，金钥匙无论是在工作中的言传身教，还是培训中对礼貌礼节、服务意识、服务技巧的示范，都能收到其他部门或个人所达不到的效果。

（2）对外联络。饭店往往与外界各单位有密切联系，如车站、机场、航空公司、旅行社、报社等。这些单位，大多数与委托代办业务直接相关，在与相关单位建立良好关系的同时，金钥匙无疑成为饭店对外联系的排头兵，也为饭店外联队伍建设做好铺路工作。

（3）为前台各部门提供准确、翔实的宾客情报和社会信息。在信息化时代，谁拥有丰富的信息谁就掌握了胜利的武器，金钥匙的丰富信息引导着服务更趋个性化，饭店管理更趋科学化，引导饭店的服务群体愈来愈注重宾客的切身感受，为提升服务质量、强化管理功能提供了第一手资料。

（4）组织员工的业余活动，增强集体凝聚力。在饭店组织的一些文体活动和联谊活动中，金钥匙利用其自身系统的社会关系，帮助联系和安排，落实活动的各项细节，使之有声有色，丰富了员工生活，加强了员工交流，使服务群体能够和谐配合，达到最佳的合作效果。

对于饭店各班组的工作，金钥匙往往会予以配合，并提出必要的帮助，使饭店“一条龙”的服务进行得更为顺畅，提高了饭店整体的服务质量，进而带动整个饭店的优质服务群体的顺利形成和良性发展。

总之，新世纪的金钥匙一定会更加辉煌，因为这个遍及全世界 34 个国家和地区的国际组织，拥有一大批高素质、有朝气、肯进取的饭店从业者，他们具有强烈的使命感和良好的敬业精神，正如国际饭店金钥匙组织创始人费迪南德·吉列特所说：“无论在世界哪个角落，金钥匙们都将倾尽全力，去延续我们肩负的使命，真诚服务于我们的职业，我们的饭店乃至整个旅游业。”

模块5　前台服务
(Front Desk Services)

任务目标

理解前厅接待工作的意义和在饭店经营中的作用，掌握接待前的准备工作、客房状况显示及控制方法，掌握前厅接待工作程序，掌握贵重物品寄存的程序，了解外币兑换业务，掌握结账服务程序。

项目1　入住接待服务
(*Check-in Services*)

案例引入

小王是某饭店的前厅接待员。国庆节期间，几乎所有饭店的客房都已爆满，而且节日期间各饭店房价飙升。10月1日晚上11点左右，小王接到一位李先生预订客房的电话。当时还剩下一间标准间，刚好可以留给李先生，并与他约好抵店时间是11点30分。李先生是该饭店某协议单位的老总，也是常住客，所以小王格外小心。在这半小时之内，有许多电话或客人亲自到饭店来问是否还有客房，他都一一婉言谢绝，但一直等到11点40分，李先生还未抵店。小王心想，也许李先生不会来了，因为经常有客人订了房间后不来住，如果再不卖掉，12点以后就很难卖了。为了饭店的利益，不能白白空一间房过夜。于是，到了11点45分，小王将这间标准间卖给了一位急需客房的熟客。12点左右李先生出现在总台，并说因车子抛锚、手机无电所以未事先来电说明，当他听说房间已卖掉，顿时恼羞成怒，立即要求饭店赔偿损失，并声称将取消与饭店所签的协议，以后不再安排客人来住该饭店了。

提出问题

在旅游旺季，客房十分紧张，小王详细询问了李先生的抵店时间并答应为其保留房间的做法是正确的。李先生没有按时抵店，小王为饭店利益着想，把房间卖给其他客人也无可厚非。但是客人解释没有事先告知饭店他不能按时抵店是有原因的，并且要求饭店赔偿并取消某协议，在这种情况下，小王应该如何处理呢？

我们小组的回答是：____

____

____

相关知识

为方便客人第一时间办理入住手续，前厅部接待处一般位于大堂的醒目位置。对于大多数客人来说，在前台办理入住登记是其本人第一次与饭店员工面对面接触；对饭店前厅部来说，入住登记是对客服务全过程的一个关键阶段，这一阶段的工作效果将直接影响到前厅的销售客房、提供信息、协调对客服务、建立客账与客史档案等各项功能的发挥。办理入住登记手续也是饭店与客人之间建立正式的合法关系最根本的一步。

接待处的主要职责是负责接待客人、销售客房、承办客人的各种委托代办事项。

For the convenience of check-in, the reception is usually set in some eye-catching place in the lobby. For most guests, check-in is their first chance to meet the staff while it is the typical section of the service for the reception department. Whether the service of this phase is good enough will directly influence the function of the room sales, information provision, coordination of service for the guest, establishment of guest account and guest history record. Check-in is also the first step for both parties to establish statuary relationship.

The reception is mainly in charge of reception, room sales and concierge.

一、接待前的准备

【事前提示】

为提高工作效率，需做好以下接待前的准备工作：

a. 需要准备的资料：房态报告，预抵店客人的名单，预抵店客人中 VIP 客人的名单，预抵店客人中有特殊要求的客人的名单，客人的历史档案，客户黑名单，预抵店客人的信件、包裹、传真，等等。

b. 办理入住登记需要的表格。

c. 为预订客人排房。

黑名单包括具有以下情况的客人：

携带危害饭店安全的物品入店者；从事违法活动者；影响饭店形象者（如携带宠物者、衣冠不整者）；无支付能力或曾有过逃账记录者；法律法规规定的其他情况；被饭店或饭店协会通报的不良分子；利用过期、伪造、被挂失的信用卡结账的人；多次损害饭店利益和名誉的人；无理要求过多的客人；患重病及传染病者；曾有恶意逃账记录者。

（一）了解房态

主要房态的中英文表述及缩写形式如表 5－1 所示。

表 5－1　主要房态的中英文表述及缩写形式

中文	英文	缩写	中文	英文	缩写
走客房	Check-out	C/O	无行李房	No baggage	N/B
住客房	Occupied	OCC	少行李房	Little baggage	L/B
待修房	Out of order	OOO	脏的空房	Vacant dirty	VD
保养房	Out of service	OOS	已打扫房	Vacant clean	VC

续上表

中文	英文	缩写	中文	英文	缩写
空房	Vacant	V	双锁房	Double locked	D/L
请勿打扰房	Do not disturb	DND	准备退房	Due out	D/O
外宿房	Sleep out	S/O	常住房	Long staying guest	LSG
保留房	Blocked room	BR	请即打扫房	Make up room	MUR

（二）排房的顺序

为了在客人抵店的时候能快速为其办理入住手续，对于已经预订的客人，要提前根据客人的情况依次进行排房：VIP客人；有特殊要求的客人；团队客人；熟客、常客；已付定金等保证类预订客人；要求延期的预期离店客人；普通预订客人，并有准确的航班号或抵达时间；不可靠的预订客人。

（三）排房的常识

排房的时候要遵循以下原则：

（1）尽量给VIP客人分配同类客房中状态最佳的客房。

（2）要尽量使团队客人（或会议客人）住在统一楼层或相近的楼层，这样便于团队客人联系，提高住房率，避免散客被干扰。

（3）对于残疾、年老、带小孩的客人，尽量安排在离服务台和离电梯较近的客房。

（4）把内宾和外宾分别安排在不同的楼层。因为语言、习惯不同，这样做既可以避免干扰，又方便管理。港澳台同胞性格比较外向，说话声音大，且以团队为多，故安排时应尽量与欧美客人的楼层分开。

（5）不要把敌对国家的客人安排在同一楼层或相近房间。

（6）对于常客和有特殊要求的客人予以照顾。

（7）要注意房号数字的忌讳，例如我国忌讳带“4”的房间，日本客人忌讳“4”和“9”，而西方客人忌讳“13”号房间。信仰犹太教的客人星期五不乘坐电梯，应安排在较低楼层。

二、已预订散客入住登记的服务程序与标准

【事前提示】

如果客人用信用卡付款，要预先刷下信用卡的授权；若用现金付款则要视信用情况决定是否多交付押金，并给客人开收据单。

已预订散客入住登记服务的程序与标准如表5-2所示。

表5-2 已预订散客入住登记服务的程序与标准

程　序	标　准
1. 迎接客人	（1）客人抵店时，首先向客人表示欢迎。 （2）工作繁忙时，应首先向客人致意，请客人稍等片刻，并表示会尽快为其提供服务；若客人等候时间较长，应向客人致歉，并迅速办理手续。 （3）查找客人的预订信息，与客人核实，不要轻易对客人说“没有您的订单”

续上表

程　　序	标　　准
2. 为客人办理手续	(1) 请客人在入住登记表（见附录）上填写相关内容，确认付款方式，收取入住押金并请客人在入住登记表上签字；如客人已经登记资料的，只需客人签名确认。 (2) 核对客人的有效证件、签证的有效日期、信用卡签名等。 (3) 分配房间，并再次确认房价、房间类型和离店日期，把预先填写好的房卡及制作好的钥匙交给客人，并介绍其用途及用法。 (4) 询问客人是否有贵重物品需要保管
3. 提供的其他服务	(1) 查看是否有客人的留言、传真、邮件、包裹以及电脑中是否注明有特殊要求和注意事项等。 (2) 手续办理完毕后，如需行李服务，将房卡交给行李员，由其进行行李服务；如不需行李服务，则告知客人电梯的位置，并预祝客人入住愉快
4. 信息储存及更改，为客人建立账户	(1) 送别客人后，立即将有关信息输入电脑，为客人建立客史档案。 (2) 为客人建立账户，更改房态信息，并把客人的入住信息及要求通知相关部门

若有两位以上的散客，住房卡应该每人一份。住房卡是住客的凭证，凭房卡可对其在饭店的消费项目进行签单入房账。

三、无预订散客入住登记服务的程序与标准

无预订散客入住登记服务的程序与标准如表5－3所示。

表5－3　无预订散客入住登记服务的程序与标准

程　　序	标　　准
1. 迎接客人	(1) 客人抵店时，首先向客人表示欢迎。 (2) 了解客人的用房要求，根据饭店客房出租情况确定可否安排客人住宿。如饭店有空房，则向客人介绍饭店现有可供出租的房间种类和价格，确认客人能够接受的房间类型、房价、折扣、离店日期；如饭店因客满而无法安排客人，应征询客人意见，是否需要帮其联系其他饭店
2. 为客人办理手续	(1) 请客人在入住登记表上填写相关内容，确认付款方式，收取入住押金并请客人在入住登记表上签字；如客人已经登记资料的，只需客人签名确认。 (2) 核对客人的有效证件、签证的有效日期、信用卡签名等。 (3) 分配房间，并再次确认房价、房间类型和离店日期，把填写好的房卡及制作好的钥匙交给客人，并介绍其用途及用法。 (4) 询问客人是否有贵重物品需要保管

续上表

程　　序	标　　准
3. 提供的其他服务	（1）查看是否有客人的留言、传真、邮件、包裹以及电脑中是否注明有特殊要求和注意事项等。 （2）手续办理完毕后，如需行李服务，将房卡交给行李员，由其进行行李服务；如不需行李服务，则告知客人电梯的位置，并预祝客人入住愉快
4. 信息储存及更改，为客人建立账户	（1）送别客人后，立即将有关信息输入电脑，为客人建立客史档案。 （2）为客人建立账户，更改房态信息，并把客人的入住信息及要求通知相关部门

在向客人推销客房时，首先询问客人的用房要求，如果客人没有明确的房间类型，应首先询问客人住几天，然后再推荐满足客人要求的可供出租的房间类型、价格及设施设备。

在为客人办理入住登记手续过程中，除回答客人提问外，还应不失时机地宣传本饭店特点，介绍餐饮、娱乐、会议等设施和服务项目，使客人加深对饭店服务的认可和信任。这项工作一旦做好，会给初次到店的客人留下良好的印象。

四、团队入住登记的服务程序与标准

【事前提示】

VIP 团入住时，可优先发房间钥匙给客人，让客人先回房间，留下领队及陪同办理入住手续即可。

团队入住登记的服务程序与标准如表 5－4 所示。

表 5－4　团队入住登记的服务程序与标准

程　　序	标　　准
1. 准备工作	（1）根据团队接待任务通知单（见附录）中的用房、用餐及其他要求，在客人抵店前与电脑中的储存信息核对，进行预排房并确认。 （2）提前准备团队钥匙、欢迎卡、早餐券、宣传品等，并装入信封内。 （3）在电脑中输入相关信息，控制已经预排好的房间，并确保房间为 OK 房。 （4）将团队用餐安排提前通知餐饮部或有关餐厅。 （5）根据要求通知客房部撤（或增加）酒水，关闭（或开启）长途电话
2. 接待服务	（1）团队客人抵达时，主动上前招呼、问好，大堂副理致欢迎词，并简单介绍饭店情况。 （2）总台接待人员应主动与领队或陪同取得联系，确认该团的人数、房间数量、用餐情况、叫醒时间、出行李时间和离店时间等事宜，询问有无特别要求，检查有效证件，协助领队或陪同分房，然后把钥匙交给领队或陪同，告知领队房间号码等

续上表

程　　序	标　　准
3. 信息储存与更改，为客人建立账户	（1）更改该团的房态信息，把有关资料输入电脑。 （2）将团体接待单、更改通知单、特殊要求通知单、客人分房名单等资料尽快分送有关部门，将该团全部资料交给财务部前台收银处。 （3）制作团体总账户，将团体客人资料分类整理好，并为每位客人建立分账户

五、换房的服务程序与标准

【事前提示】

换房的原因来自两个方面：客人的原因和饭店的原因。

客人的原因包括：客人不满意正在使用房间的种类、价格、大小、朝向、楼层、周围环境等；住宿期间人数发生变化；客房的设施设备出现故障。

饭店的原因包括：客房出现一时无法修复的故障；重复卖房；该房客人要求延期离店，但是该房已经被预订出去而又无法调换，只能让现在住的客人换房。

换房的服务程序与标准如表5－5所示。

表5－5　换房的服务程序与标准

程　　序	标　　准
1. 接到客人换房要求	（1）询问换房的原因，并致歉。 （2）查看房态，如因客满暂时无法满足客人的要求，应记录并答应客人次日优先为其换房；如可以满足客人要求，应尽快为其换房。 （3）通知客房部协助调查客人换房的原因，以防无理换房，对于有客人进过的房间都必须通知客户部检查，整理并确认客户无问题后才能再次放出原房间
2. 办理换房手续	（1）填写换房通知单，并将换房通知单发放到相关部门（收银处、礼宾处、电话总机等）。 （2）如因换房导致房租发生变化，应立即通知收银处予以调整，并填写房间或房租变更单（见附录）。 （3）通知礼宾处提供换房行李服务，收回原来的房卡和钥匙，发放新的房卡及钥匙
3. 资料存储及更改	换房成功后，接待员及时修改房态，并把客人的所有信息转入新房间的客史档案中

六、常见问题处理

问题一：客人不愿登记或不愿做翔实的登记

有部分客人为减少麻烦、出于保密或为了显示自己的特殊身份和地位等，住店时不愿登记或登记时有些项目不愿填写。

（1）向客人致歉，耐心地向客人解释填写住宿登记表的必要性，请客人理解关于住宿登记的国际、国内惯例及饭店的有关规定。

（2）若客人出于怕麻烦或填写有困难，则可代其填写，只要求客人签名确认即可；对身有残疾或身体不适的客人，可以接受客人的委托，代为填写。

（3）若客人出于某种顾虑，担心住店期间被打扰，则可以告诉客人，饭店的计算机电话系统有“DND”（请勿打扰）功能，并通知有关接待人员，保证客人不被打扰。

（4）若客人为了显示其身份、地位，饭店也应努力改进服务，满足客人需求。比如充分利用已建立起的客史档案系统，提前为客人填妥登记表中的有关内容，进行预先登记，在客人抵店时，只需签名即可入住。对于常客、商务客人及VIP客人，可先请客人在大堂休息，为其送上一杯茶（或咖啡），然后前去为客人办理登记手续，甚至可让其在客房内办理手续，以显示对客人的重视和体贴。

问题二：对不良记录客人的处理

（1）如果客人的客史档案有不良记录，要认真、机智、灵活地进行处理。

（2）对信用程度低的客人，为确保饭店的利益不被损害，可以适当加收客人的押金，并密切关注客人的消费情况，保证押金充足。对曾有劣迹、可能对饭店带来不良影响的客人，可以“房间已满”等委婉的方式拒绝其入住。

问题三：客人抵店后不能正常入住

（1）饭店客满。如果客人已经预订了房间，但是抵店后饭店没有房间供其入住，应首先向客人道歉，安排并引领客人去咖啡厅休息等候，向部门经理汇报，可以按照超额预订的方法处理；如果客人没有预订，接待员应首先感谢客人的光临，并尽力为客人联系其他饭店。

（2）房间没有准备好。绝对不能让客人进入未清扫干净的客房。接待员可以安排客人先寄存行李，然后请客人到休息处稍候，或去餐厅用餐。如果客人有其他事情要做，建议客人先去处理事情，并告诉客人需要等待的时间，接到客房清洁完毕的通知后，迅速通知客人并引领客人进房。

问题四：离店日期变更

（1）提前离店。迅速通知客房部清扫房间，以便重新出售，通知收银处做好为客人办理离店手续的准备。

（2）延期离店。若是销售的淡季，迅速为客人办理延期离店的手续，但是如果这个房间已被他人办理了保证性预订，应委婉地向客人解释，请客人谅解，为其换房。若是销售的旺季，已经客满，并且这个房间也已预订出去，应耐心地向客人解释饭店的困难，求得客人的谅解，征求其意见，是否愿意搬到其他饭店延住。如果客人不愿意，则应尽快通知预订处，为即将来店的客人另寻房间，或是联系其他饭店。

如果是销售的旺季，在客人入住时就应该提醒客人不能延期离店，以免被动。

另外，要以照顾已住店客人的利益为第一要义，宁可为即将来店的客人介绍别的饭店，也不能赶走已住店的客人。

问题五：重复卖房

重复卖房即把已经分配给客人的房间销售给了其他客人，这种情况一般是因为饭店的房态出现错误造成的，是前厅接待处的重大失误，如果处理不好会造成严重的负面影响。

（1）诚恳地向客人道歉，安排客人到大堂或咖啡厅休息，避免该客人与房内客人见面，尽快为其安排新的房间，并由行李员引领客人进房，及时更改房态信息，大堂副理根据情况亲自到房间道歉并安排补救措施。

（2）事后前厅部应总结经验教训，认真查找原因，以防此类事情再次发生。

项目实训

一、技能训练

（1）演示散客入住登记服务。

（2）演示散客换房服务。

（3）演示团队入住登记服务。

（4）讨论对前厅接待工作中常见问题的处理。

二、实战应用

1. 对话

Dialogue

(R: Receptionist; G: Guest)

R: Good evening. What can I do for you?

G: Good evening. I booked a double room with a bath one week ago. I am Jam Green.

R: Just a moment, please, Mr Green. I'll check the arrival list... Sorry to have kept you waiting, sir. Yes, you have reserved a double room with a bath and a rear view from today to 8th. You paid RMB 200 advance deposit. Is that correct?

G: That's it.

R: Could I see your passport, please? Thank you, sir. And would you mind filling in the registration form?

G: I'll take care of it...Here you are. Is it all right?

R: Yes, thank you. How are you going to pay, in cash or in credit card?

G: Could I pay with traveler's checks?

R: Certainly. Here is your receipt and the key to Room 201. Please keep it. And the bellboy will show you up. Have a nice evening, sir.

G: Thank you.

（R：接待员；G：客人）

R：晚上好，有什么可以帮助您的吗？

G：晚上好，我一星期以前预订了一个带浴室的大床间。我的名字是詹姆·格林。

R：请稍等，格林先生。我查询一下预抵店客人名单。对不起，让您久等了，先生。是的，您预订了从今天到8号的一个带浴室的大床间，付了200元的押金，对吗？

G：是的。
R：我可以看一下您的护照吗？谢谢先生，请您填写一下入住登记表，好吗？
G：可以。给你，填写得是否正确呢？
R：是的，谢谢。您是用现金还是信用卡支付？
G：我可以用旅行支票支付吗？
R：可以。这是您的收据和201房的钥匙，请收好。行李员将带您过去，祝您今晚过得愉快，先生。
G：谢谢。

2. 经典词汇及句型

registration 登记
check-in 登记入住
registration form 登记入住表格
payment 付款
deposit 押金
ID card 身份证
departure date 离店日期
Have you a reservation?
您预订过了吗？
The bellman will show you the way to the banquet hall.
行李员将领您去宴会厅。
Would you please complete this registration form?
请填写这张登记表。
Could you sign your name, please?
请签上您的姓名。
May I see your passport, please?
请出示您的护照。
May I know your name and room number?
请告诉我您的名字与房间号码。
May I have your passport or ID Card please?
请出示您的护照或身份证。
How would you like to make payment. By credit card or by cash?
请问您想用现金付款还是用信用卡付款？
Can I have your credit card imprint?
请出示您的信用卡，我们需要用它来压卡。
Would you please pay 1,000 as deposit? We will return the balance to you when you check out.
请您付1 000元押金，我们将在您退房时将余额退还给您。
Here is your room key.
这是您的房间钥匙。

Your room number is 246 on the second floor.
您的房间在二楼的246房。
Here is your key card.
这是您的房卡。
I'll get the bellman to take your luggage up.
我会叫行李员帮您把行李送到房间。
The bellman here will take your luggage and show you the way.
这里的行李员会为您提行李，并为您带路。
If there's anything you need, just ring reception.
如果您需要什么，就打电话给服务台。
May I reconfirm your departure date?
我可以再次确认您的离店日期吗？

三、习题与实践

1. 课堂讨论题

(1) 散客入住登记的服务程序是什么？

(2) 换房的服务程序是什么？

2. 自测题

(1) 前厅接待处的主要工作中包括________。

(2) 住店的团队客人一般都应设________个账户。

(3) 住客房和请勿打扰房的英文简写分别是________、________。

(4) 对于前厅部来说，________是对客服务全过程的一个关键阶段。

(5) 为团队客人排房时应遵循的原则是________。

3. 复习思考题

接待服务中常见的问题有哪些？

4. 综合实训题

到市内一家五星级饭店见习接待处的工作，详细记录工作内容，并写出书面报告。

项目2 贵重物品保管与外币兑换服务
(*Valuables Custody Services and Currency Exchange Services*)

案例引入

某旅行团入住某饭店，在前台寄存物品时，该旅行团导游依惯例负责全团人员物品的统一寄存。后来该团某旅客在饭店领取寄存物品时，发现其寄存的一贵重物品丢失了，随即向饭店索赔。饭店称：该物品寄存时未做特别声明，饭店就该项主张有旅行团导游统一寄存物品凭据为证，饭店为无偿保管，自己没有重大过失，本不应承担任何赔偿责任，顶多按照一般物品予以赔偿。该旅客又转向导游索赔。导游则认为：按照惯例，导游代游客寄存贵重物品于前台，所有游客通常都会单独向导游声明，故若无游客的特别声明，导游在代全团游客寄存物品时，不会而且也不可能在统一寄存物品时向饭店做特别声明，因而自己没有过失，不应当承担赔偿责任。该游客认为：统一寄存物品凭据上虽没有声明其中有贵重物品，但该凭据上只有导游签名而没有其本人签名，导游在寄存时并未向其说明应声明寄存物中有贵重物品，故该凭据对自己没有约束力，不应由自己承担该物品丢失所造成的损失。纠纷遂起。

提出问题

导游作为代理人，没有向游客说明如果有贵重物品需要特别声明，游客自己也不够谨慎，把贵重物品作为一般物品进行寄存，前台服务员也无法确定寄存物内是否有贵重物品，因此游客要求索赔时，饭店认为自己为客人提供的是无偿服务，又无重大过失，饭店顶多按照一般物品进行赔偿。那么，究竟应该如何处理这起纠纷呢？饭店应如何预防此类事件发生呢？

我们小组的回答是：____

____

____

相关知识

客人的贵重物品无论放在行李寄存处还是客房内都是不安全的。饭店通常在总台收银处后面或旁边设有贵重物品的保管箱，由收银员负责免费为客人提供贵重物品的保管服务，因此，接待员为客人办理入住手续时都要询问客人是否有贵重物品需要保管。保管箱有两把钥匙，一把由收银员负责保管，另一把由客人自己保管，只有两把钥匙同时使用，才能打开或锁上保管箱。

外币兑换服务是收银处提供的又一服务内容，通常收银处要查询每天的最新汇率，并在水牌上公布。

It is not safe whether the valuables of the guest are placed in the deposit counter or in the guest room. However, the hotel often provides deposit box behind the cashier or by it. There are some cashiers especially providing services for the valuables. For this reason, the receptionist usually asks the guest if they have any valuables when they check in. There are two keys to the safe deposit box, one for the cashier, the other for the guest. The box can be opened or locked only when the two keys are used together.

Foreign currency exchange service is provided by the cashier, usually the cashier will check the latest exchange rate every day, and put it on the board.

一、贵重物品保管服务

（一）贵重物品保管的服务程序与标准

【事前提示】

a. 定期检查保管箱各门锁是否处于良好的工作状态。

b. 饭店可规定客人寄存贵重物品的最高标准及赔偿限额，避免不必要的麻烦。

c. 客人寄存物品时，收银员应注意回避，不看、不问。

d. 严格、认真核对客人的签名。

e. 必须请客人亲自来存取，一般不能委托他人。

贵重物品保管的服务程序与标准如表5－6所示。

表5－6 贵重物品保管的服务程序与标准

程序	标准
1. 问候客人	主动问候客人，问清客人的保管要求；请客人出示房卡或钥匙牌，确认其是否为住店客人
2. 填写贵重物品寄存单或记录卡	（1）向客人介绍贵重物品保管的相关规定和注意事项。 （2）提醒客人阅读寄存单上的宾客须知，请客人签名确认，并在电脑上查看房号与客人填写的资料是否一致
3. 开箱保管	（1）引导客人到保管箱所在房间，根据客人寄存物品的大小，开启大小适中的保管箱；取出保险盒，正面递给客人，同时回避一旁，对客人寄存的物品做到不看、不问。 （2）客人放好物品后，把保险盒放入保管箱内，当着客人的面锁好保管箱，一把钥匙交给客人，总钥匙由收银员保管。同时，提醒客人妥善保管钥匙，然后向客人道别
4. 记录存档	（1）在寄存单（记录卡）上注明箱号、经手人、寄存时间等内容。 （2）在电脑上做好记录，并将寄存单存档

工作人员交接班时，应仔细核对保管箱的使用数目、钥匙数量，做好交接记录。注意所有的保管箱钥匙都不能带出总台，必须妥善保管。填写过的记录卡，必须科学地排列，以方便取用。客人退箱后的寄存单至少应存放半年以上，以备查核。

（二）中途开箱的服务程序与标准

【事前提示】

客人在住店期间，由于种种原因可能会多次要求打开总台保管箱取出寄存的物品或增加寄存物品，前台收银员应该严格按照中途开箱的流程进行服务。

中途开箱的服务程序与标准如表5－7所示。

表 5－7　中途开箱的服务程序与标准

程　序	标　准
1. 问候客人	主动问候客人，询问客人的要求
2. 核对开启	（1）核实客人的身份，请客人出示保管箱钥匙，找出寄存卡，请其在背面签字，确认客人寄存单背面签字与正面签字是否一致。 （2）当着客人的面用两把钥匙打开保管箱，请客人取用物品
3. 签名记录	（1）客人存取完毕后，再当面把保管箱锁好，将客用钥匙交给客人保管，提醒其保管好钥匙。 （2）在寄存单上注明开启保管箱的日期和时间，请客人在寄存单相关栏内签名，收银员核对确认、签名并存档，然后与客人道别

（三）客人退箱的服务程序与标准

客人退箱的服务程序与标准如表 5－8 所示。

表 5－8　客人退箱的服务程序与标准

程　序	标　准
1. 问候客人	主动问候客人，询问客人的要求
2. 取出物品	（1）核准钥匙及客人签名后，当面打开保管箱。 （2）客人取出物品后，检查一遍保险盒，以防有遗留物品
3. 记录存档	（1）请客人在寄存单相应栏内签名，记录退箱日期和时间。 （2）收银员检查填写内容，核对签字。 （3）收回保管箱客用钥匙，锁上该箱。 （4）向客人致谢道别

【事后提示】

要将贵重物品保管箱寄存单妥善收存备查。

二、外币兑换服务

【事前提示】

a. 饭店为方便客人，受银行委托，根据国家外汇管理局公布的外汇牌价，提供外币兑换服务。

b. 每天都要查询最新的外汇牌价，及时调整外汇兑换牌价表。

c. 饭店只为住店客人提供外币兑换服务，因此要核实客人的身份。

外币兑换的服务程序与标准如表 5－9 所示。

表5－9 外币兑换的服务程序与标准

程序	标准
1. 问候客人，询问要求	（1）主动问候，了解客人要求，请客人出示护照和房卡，确认其住客身份。 （2）问清客人兑换币种，看是否属于饭店的兑换范围，礼貌地告诉客人当天的外币兑换率
2. 清点外币	清点外币，通过外币验钞机或人工检验外币真伪
3. 填写兑换水单	（1）将外币名称、金额、兑换率、应兑金额及客人姓名、房号填写在水单相应栏目内。 （2）记录面额较大货币的货币号码，请客人在水单上签名，检查客人与证件上的照片是否一致，并通过电脑核对房号
4. 检查复核，与客人道别	（1）检查复核，确保金额准确。 （2）清点人民币现金，连同护照、第一联水单交给客人，请客人清点并道谢

三、常见问题处理

客人在对贵重物品进行寄存之后，经常会出现保险箱钥匙遗失的情况，这时需注意如下几点：

（1）收银员应呼叫保安部人员，请客人出示有效证件和房卡，核实其身份后，请其在寄存卡背面说明并签字。

（2）和工程部人员一起当着客人的面强行钻开门锁。请客人核对寄存物品是否完整、有无遗漏，并做好记录，以备核查。

（3）根据规定收取一定的赔偿费。

强行开启保险箱时，应有四方人员在场，即工程部有关人员、收银员、保安人员和客人在场。

项目实训

一、技能训练

（1）演示贵重物品的保管服务。

（2）演示外币兑换服务。

（3）讨论对常见问题的处理。

二、实战应用

1. 对话

Dialogue

(C: Cashier; G: Guest)

C: Good afternoon, sir. What can I do for you?

G: Yes. I'd like to change some US dollars. What's today's rate of US dollars to RMB?

C: It's 826. 44 RMB per hundred US dollars. How much would you like to change?

G: 200 US dollars total.

C: Please fill out the exchange form.

G: All right.

C: Would you mind showing me your passport?

G: Here it is.

C: Please wait a moment. I will do it for you as soon as possible. Okay. Here are your money with the memo and your passport. Please check it.

G: That's good.

C: Hope to see you again.

G: Thank you. Bye.

（C：收银员；G：客人）

C：下午好，先生。您想办理什么业务？

G：我想兑换一些美元。今天美元兑人民币的汇率是多少？

C：100 美元兑人民币 826. 44 元。您要兑换多少？

G：总共 200 美元。

C：请填写兑换单。

G：好的。

C：让我看一下您的护照，好吗？

G：给你。

C：请稍候，我尽快为您办理。好，给您钱、兑换水单和护照。请核对。

G：没错。

C：欢迎您再次光临。

G：谢谢，再见。

2. 经典词汇及句型

custody service 照看服务

currency exchange service 外币兑换服务

exchange rate 外汇牌价

sign 签名

Would you like any valuables custody services?

您是需要贵重物品的保管服务吗？

Please keep this key.

请收好这把钥匙。

We do offer exchange service.

我们可以提供外币兑换服务。

How much would you like to change?

请问您要兑换多少？

Please fill in this exchange memo and sign your name on it.

请填写这张兑换水单并签字。

According to today's exchange rate 200 US dollars is an equivalent of RMB 1, 350.

按照今天的外汇牌价，200 美元可以兑换人民币 1 350 元。

Keep this exchange memo.

请保管好这张水单。

三、习题与实践

1. 课堂讨论题

（1）客人要求中途开箱时需注意哪些事项？

（2）是所有的外币都可以兑换吗？如果不是，可以兑换的外币有哪些？

2. 自测题

（1）在饭店中，贵重物品的保管服务通常是由________提供的。

（2）若客人将贵重物品保险箱的钥匙丢失了，饭店进行强行开锁时，________应该在现场。

（3）前厅为客人提供贵重物品保管服务中，每个保险箱有________把钥匙。

（4）外币兑换服务是针对________提供的________服务。

3. 复习思考题

贵重物品保险箱的钥匙遗失后应该如何处理？

4. 综合实训题

到市内一家星级饭店收银处见习，仔细揣摩收银员的服务语言和动作，讨论有哪些服务技巧，并写一份见习报告。

项目3 离店结账服务
(*Check-out Services*)

案例引入

某天中午 11 点左右，在一家四星级饭店内，顾客王先生来到饭店总台要求结账交房，服务员小张在客房进行例行检查时发现客房里少了一条浴巾。按规定，顾客不能带走客房里的东西，若发现客房里有东西遗失或被损坏，就要按饭店有关规定照价赔偿。

小张微笑着对王先生说："先生，对不起，您房间里少了一条浴巾，您暂时不能结账。"

王先生不屑地说道："少了一条浴巾关我什么事啊，快点结账，我赶时间，要不然误了机你可要负责。"

小张再次微笑着说："真的很抱歉，先生，按饭店规定，在找到浴巾之前，您暂时不能结账，或按浴巾价格付了有关款项才能离店。"

王先生微怒地说道："哦？你的意思就是我拿了那条浴巾了，你是什么意思啊，什么态度啊?”小张依然很有礼貌地说:“先生,我不是那个意思,只是提醒您一下,可能您在收拾行李时,不小心顺手把浴巾夹在您行李里面了,能请您再检查一下您的行李吗?”

王先生这下子真的怒了:“哦!好你个打工妹,你竟然怀疑我偷了那条烂浴巾啊!你知道我家产有多少吗?我会堕落到为了一条烂浴巾不顾自己的身份吗?你这是什么态度!我要找你的经理,我要投诉!”

小张心里感到一阵愤怒:这位先生怎么了,有理说理,怎么能侮辱我的人格呢。

提出问题

客人结账离店,服务员查房时,经常会遇到房间设施设备和客房棉织品被损坏、盗窃、污染等情况。作为收银员,如何在保障饭店利益又不伤客人“面子”的前提下和客人沟通,需要一定的技巧。针对本案例,收银员应该如何处理呢?

我们小组的回答是:______________________________

____

____

相关知识

在饭店经营中,前台收银处是确保饭店经济收益的关键部门。前台收银处一般位于大堂显眼处,与接待处相邻。收银处的隶属关系视饭店而定,通常行政关系上隶属于前厅部,财务部负责监督其账务工作。

The cashier's desk is the key department for a hotel to make profits. It is usually set in an eye-catching place, which is close to the reception desk. The hotel itself decides which department administers the cashiers desk. Generally speaking, its administrative relationship belongs to the reception department while the finance department is responsible for supervision and accounting work.

一、散客离店结账的服务程序与标准

【事前提示】

a. 利用和客人最后接触的机会,做好饭店的推销员、客人的联络员。

b. 散客离店结账服务应在3分钟内完成。

散客离店结账的服务程序与标准如表5-10所示。

表5-10 散客离店结账的服务程序与标准

程序	标准
1. 问候核实	(1)问候客人,弄清客人是否要结账退房。 (2)确认客人的姓名、房号、抵店日期。 (3)检查客人的退房日期,如果客人是提前退房,收银员应通知相关部门。 (4)核实延时退房是否需要加收房租

续上表

程　序	标　准
2. 通知楼层	（1）通知楼层查房，检查客房小酒吧酒水消费情况、客房设施设备的使用情况，以及客人是否拿走房内的日常补给品。 （2）委婉地问明客人是否还有其他即时消费（半小时内），如电话费、餐饮费、洗衣费等
3. 完成结账	（1）打印账单，将已核对过的客人分账户及客人的账单凭证交给客人过目，并请客人签名确认。 （2）确认付款方式，客人完成结账，如客人入住时用现金支付押金，要收回押金单。 （3）收回客人的房卡和钥匙，检查客人是否有贵重物品寄存，并提醒客人
4. 行李服务与道别	（1）通知行李员提供行李服务，并询问能否为客人的下次旅行提前订房。 （2）感谢客人，告别客人，祝福客人
5. 更改资料，存档	（1）问清客人是否需要预订日后的客房，或者预订本饭店连锁管理集团属下的其他饭店客房。 （2）更新前厅相关信息资料，如房态表和住客名单等，将客人结账离店的消息通知相关部门，如让总机关闭长途电话等。 （3）在入住登记表背面盖上结账日期，连同客房钥匙移交前厅问询员。 （4）统计存档并做好账款的统计工作和材料的存档工作，方便夜间审计

【事后提示】

客人结账后但需晚些离店，这时收银员要在电脑上注明延迟离店，提醒其他部门人员注意，告知客人可以让行李员为其办理行李寄存服务。

二、团队离店结账的服务程序与标准

团队离店结账的服务程序与标准如表5－11所示。

表5－11　团队离店结账的服务程序与标准

程　序	标　准
1. 准备复查	在团队结账前半小时做好相关的准备工作，复查一遍团队账目，确认是否均按相关要求入账、所有附件是否齐全等
2. 接到退房通知	核准团体名称、房号、付款方式，打印总账单，领队或陪同人员前来结账时，为其递交总账单，检查确认并签名认可
3. 通知查房	将结账团队的名称（团号）告知相关楼层服务员，通知其查房
4. 打印账单	（1）为有自付账目的团队客人打印账单，请客人付款。 （2）检查团队所有账目是否已付清
5. 收回房卡和钥匙，更改房态	（1）收取团队全部房间钥匙和房卡。 （2）发放行李放行单，作为团队可离店的凭证。 （3）更改房态，存储资料

【事后提示】

a. 如预订单标明付款方式为转账，要请付款单位陪同人员在转账单上签字确认，并注明转账单位，收银处把总账单转交财务处，由财务处与转账单位结算。凡不允许挂账的单位，其团队费用一律到收款处现付。团队客人的房价不能透露给客人。

b. 团队客人一般应设两个账户：主账户（Master folio），也称 A 账户；杂项账户，也称 B 账户。通常接待单位或旅行社只支付房租及餐饮费用，其他杂项，如电话费、洗衣费、酒水费则由客人自付。

团队中若有客人要求延时离店，须经销售经理批准，看是否有能满足客人要求的房间类型，是否有折扣，如无折扣则按当日房价收取。

三、常见问题处理

问题一：结账时要求优惠

符合饭店优惠条件的，收银员应填写账户纠正单，交前厅经理或相关人员签字确认，注明原因，最后在电脑上将差额做退账处理；不符合条件的，应婉转说明。

问题二：客人消费超过信用限额，欠款不断增加

当客人账户接近或超过其信用限额时，可能会发生逃账等情况，饭店可拒绝将新的消费记入客人账单。

收银员每天应定时检查客人账单，当发现超过限额账户时，可以向信用卡公司申请增加信用授权或要求客人现金支付部分账款。

问题三：过了结账时间仍未结账

前台应催促预期离店的客人，如果超过时间，应加收房费。一般中午 12:00 至下午 6:00 以前结账的应加收半天的房费，下午 6:00 以后结账的要加收一天的房费，但是在客人入住时必须告知延时离店饭店的收费政策。

问题四：总台通知某房结账，服务员需尽快查房，但客人仍在房内并挂“请勿打扰”牌

将此情况报告总台。注意该房情况，客人出来后及时查房；如果还没有出来，总台打电话给客人询问是否续住，如果不续住，委婉告诉客人请到总台结账。注意，即使通知某房结账，但该房如果挂“请勿打扰”牌，仍不能入内打扰客人。

问题五：客人对账单收费项目怀疑不愿付款

收银员应耐心给客人对账，将客人要的所有品种及价钱向客人讲清楚，并找出原始账单在客人面前逐一对账，核算一次，有礼貌地向客人解释，不可有不礼貌的表情流露，结账后要表示感谢。

项目实训

一、技能训练

（1）模拟散客离店结账服务。

（2）讨论对常见问题的处理。

二、实战应用

1．对话

Dialogue

(C: Cashier; G: Guest)

C: Good afternoon. May I help you?

G: Yes, I want to check out.

C: Your name and room number, please?

G: My name is Jams Green. Room 2008.

C: Just a moment, please. Mr Green, do you have any charges for this morning?

G: I had breakfast this morning, but I paid cash for it.

C: And have you used any hotel services since breakfast?

G: Yes, I used the mini-bar. I drank a can of beer.

C: All right. Here is the bill, sir. Please check it.

G: I'm sorry. What's this for?

C : That's for the drinks and the phone calls you made from your room.

G: Oh, I see. Thank you. Can I pay with cash?

C: Certainly, sir.

G: All right. Here you are.

C: Thank you and here is your receipt. Your luggage is packed in your room and is it ready?

G: Yes.

C: I will call the bellboy to send it down for you.

G: Thank you very much.

(C：收银员；G：客人)

C：下午好，有什么可以帮助您的吗？

G：是的，我要退房。

C：请问您的名字和房间号码？

G：我的名字是詹姆斯·格林，房号是2008。

C：请稍等，格林先生，请问今天早上您有没有即时消费？

G：今天的早餐我已经用现金支付了。

C：早餐后有没有消费过饭店的服务项目？

G：是的，我喝了迷你小酒吧里的一听啤酒。

C：好的，给你账单，请核对一下。

G：对不起，这是什么消费？

C：这是用于支付饮料和从您房间打出去的电话费。

G：哦，我明白了。谢谢，可以用现金付款吗？

C：当然可以，先生。

G：太好了，给你。

C：谢谢，这是您的收据。您房间的行李有没有打好包？
G：好了。
C：我将让行李员帮您把行李拿下来。
G：非常感谢。

2．经典词汇及句型

check-out 结账离店
bill 账单
departure 离店
cash 现金
credit card 信用卡
Are you checking out today?
您今天可以结账吗？
Would you like to check out now?
您今天要退房吗？
Thank you for staying in our hotel.
感谢您在我们饭店下榻。
Do you take travelers' checks?
您有旅游支票吗？
Have you had your breakfast in the hotel restaurant this morning?
您今天早上在餐厅用过早点吗？
Here is the bill to check and see if there are any mistakes?
这是您的账单，请核对一下，看看是否有误。
Here's the money you overpaid.
这是退给您的钱。
I am sorry, sir, there has been an error in your bill. Please wait a minute while I correct it.
对不起先生，您的账单算错了。请稍等，我马上纠正过来。
Did you make an phone calls from room, sir?
先生，你从房间里打过电话吗？

三、习题与实践

1．课堂讨论题

（1）散客结账服务的程序是什么？
（2）团队客人结账前需要做些什么准备？

2．自测题

（1）为客人办理结账退房手续时，需要核实的信息有________。
（2）客人离店结账的支付方式有________。

3．复习思考题

客人结账时会出现哪些特殊情况？

4. 综合实训题

到市内几家星级饭店大堂，仔细观察各饭店收银处的服务内容是否相同，按服务规范的要求对它们进行打分，并写出书面报告。

本模块小结

前厅接待处和收银处的工作是对客服务的第一个阶段和最后一个阶段，其服务质量都会给客人留下深刻的印象，因此前厅接待处和收银处对稳定客源起到关键性的作用。接待处的工作内容有提供问询服务、办理宾客住店手续、掌握并准确显示房态、制作客房销售情况报表等；收银处的工作内容主要是负责饭店客人所有消费的收款业务，催收核实账单、外币兑换服务和贵重物品的保管服务。通过本模块的学习，可以使学生对接待处和收银处的服务程序和标准进行深刻的认识。

知识拓展

有效证件的相关知识

有效的证件：海员证；领事馆证；护照；港澳同胞来往内地通行证；台湾居民来往大陆通行证；中华人民共和国出入境通行证；中华人民共和国旅行证；中华人民共和国外国人居留证；中华人民共和国外国人临时居留证；中华人民共和国居民身份证；中国人民解放军三总部制发的现役军人身份证件；武警总部制发的警察身份证件。

签证种类及代码：外交签证（W）；公务签证（U）；礼遇签证（Y）；团体签证（T）；互免签证（M）；定居签证（D）；职业签证（Z）；学习签证（X）；访问签证（F）；旅游签证（L）；乘务签证（C）；过境签证（G）；常驻我国的外国记者签证（J－1）；临时来华的外国记者签证（J－2）。

夜间审核

夜间审核工作就是核查上一个夜班后所收到的账单，将房租登录在宾客账户上，并做好汇总的核查工作，由晚班收银员负责。

工作内容：

（1）检查所有营业部门的账单是否都已转来；

（2）检查所有单据是否都已登上账户；

（3）将所有尚未登账的单据进行登记；

（4）按部门将单据分类，计算各部门收入总额；

（5）累计现金表，检查收到现金和代付现金的总额；

（6）检查所有现金表上的项目是否都已登记在账户上；

（7）检查所有优惠是否都有签字批准，是否登记在账；

（8）将当日房租登记在账卡上；

(9) 将每个账卡的借方和贷方金额分别相加，得出当日余额；

(10) 将当日余额记入下一日新开账页的“接上页”行内；

(11) 审查房价是否正确；

(12) 核查每个营业部门的借方栏总数是否与相应的销售收入一致；

(13) 将现金收入栏和代付栏总数与现金表相比较，以确认两数相符；

(14) 核查折让与回扣总数是否与有关单据上的总数相符；

(15) 将开账余额栏的总和与上一天结账时的余额总和相比较，核查是否相符；

(16) 打印营业收入日报表；

(17) 填写交班簿。

模块6　总机、商务中心及行政楼层服务 (Operator，Business Center and Executive Floor Services)

任务目标

了解电话总机服务的内容，掌握电话总机服务的程序和标准，学习行李服务的程序和标准，熟悉委托代办服务的程序和标准，掌握问询服务的程序和标准。

项目1　电话总机服务 (*Operator Services*)

案例引入

国庆黄金周的一天19:40左右，某饭店总机接到一位外地客人打来的电话，他是自己驾车携家人来游玩，而且已在该饭店订了房，但天色已黑，不知该如何行车才能到达饭店。总机服务员自认为对本城是最熟悉不过了，于是问清客人所在的位置后，给他指了一条最便捷的行车路线。20分钟后，这位客人打来第三个电话，说他们已经在东门大转盘了。这不是离饭店很近了吗？就算是步行，最多也就五分钟的路程，于是总机服务员不假思索地告诉客人："绕过转盘上来100米左右，在国邦大饭店门口向左一拐就看见我们饭店了！"

"上来？上哪儿来？我面前有三四条路哎，小姐！我又不是本地人，你咋拎不清呢？"电话那头突然的呵斥声让总机服务员愣住了。两秒钟后她才反应过来，其实在那个转盘里立有一块饭店的方向指示牌，因为不是很大，客人可能没注意到。于是总机服务员赶紧说了一声"对不起"后，提醒他注意立在转盘里面的指示牌。一经提示，客人马上就看到了指示牌，说了句"知道了"就挂了电话。

提出问题

电话总机是饭店内外沟通的信息枢纽，以电话为媒，直接为客人提供各种话务服务。其服务工作质量将直接影响到客人对饭店的印象，也直接影响到饭店的整体运作。根据以上案例，以小组为单位讨论总机话务员应具备的素质要求。

我们小组的回答是：____________________

相关知识

总机服务中心在一些大型饭店也被称为宾客服务中心。服务项目主要包括：转接店内外电话，挂拨国内、国际长途，提供叫醒、呼叫找人、留言、查询等服务。此外，遇有紧急情况，它就成为协助饭店管理人员采取相应措施的指挥中心。

In some large hotels, Telephone Switchboard Service Center is known as Guest Service Center. It supplies these following services: putting through the internal and external calls, dialing domestic and international long distance calls, morning call, paging service, messages, information, etc. In addition, in case of emergency, it becomes the command center to assistant the hotel manager.

一、总机房的相关设备

（一）电话交换机

交换机的种类、型号繁多。目前，较为先进的有 PABX 交换机（日本制造）、EBX 交换机（荷兰制造）等。其中，EBX 交换机的功能有：

——自动震铃，并显示日期和时间。

——自动显示通话线路、号码及所处的状态（busy，answer，ring）。

——自动控制音量及显示留言信号。

——自动定时回收等候电话。

——同时接通多个分机。

——阻止分机直接通话。

——封闭、开启某分机线路。

——自动显示分机当时所处状态（外线、内线）。

——DND（阻止外线电话进入某分机）等。

（二）话务台

话务台是话务员工作的台面，为避免相互间音量的影响，通常将它们隔开。部分饭店在每张话务台前均配有玻璃镜，以使话务员能始终注意到自己的言谈举止，集中思维，从而确保对客服务质量。

（三）问询架

通过问询架，能根据住客的姓名迅速查找出住客的房号及基本情况。

（四）长途电话自动计费机

长途电话自动计费机可以自动计算出客人使用长途电话的时间及费用，并记录、保存相关单据。

（五）打印机、定时钟、记事牌

打印机可自动打印客人的电话账单等；定时钟要用于需要叫醒服务的客人，设置时间；记事牌主要用于记录对客服务中的一些特殊事件。

（六）背景音乐音响、电话查询设备

背景音乐音响用于饭店前厅等公共区域播放音乐或寻人启事等；电话查询设备用于

查询店内外相关部门的电话号码。

二、话务员的素质要求

在高星级饭店要求机房话务员能用3种以上的语言和标准普通话提供电话服务，应熟知本店、本市和国际、国内500个以上常用电话号码，应熟悉机房的工作程序和各项业务的操作方法，熟悉饭店各种服务项目和领导家中的电话号码，熟悉各类电话服务收费标准。话务员的语言表达能力要强，语音、语调应亲切甜美。电话铃响时，应在铃响3声内应答电话。

三、总机服务项目及其工作程序与标准

（一）电话问询服务的程序与标准（如表6－1所示）

表6－1　电话问询服务的程序与标准

程　　序	标　　准
1. 接到客人的问询电话	（1）铃响3声内接通电话。 （2）清晰地报出所在部门。 （3）表示愿意为客人提供帮助
2. 聆听客人问询的内容	（1）仔细聆听客人所讲的内容。 （2）必要时，请客人重复某些细节或含混不清之处。 （3）重复客人问询的内容，以便客人确认
3. 回答客人的问询	（1）若能立即回答客人，应及时给客人满意的答复。 （2）若需进一步查询方能找到答案，请客人稍等。 （3）在计算机储存信息中查询客人问询内容，找到准确答案。 （4）回答客人，征询客人是否还有其他疑问，并表示愿意提供帮助

（二）人工叫醒服务的程序与标准（如表6－2所示）

表6－2　人工叫醒服务的程序与标准

程　　序	标　　准
1. 接受	接受客人叫醒要求时，问清房号、叫醒时间，并与对方核对
2. 记录	（1）填写叫醒记录，内容包括叫醒时间、房号等。 （2）记录时要求字迹端正，以防出现差错
3. 定时	在定时钟上准确定时
4. 叫醒	（1）定时钟鸣响即接通客房分机，叫醒客人。 （2）如无人应答，5分钟后再叫醒一次，如果仍无人应答，则通知大堂副理或客房服务中心，弄清原因

如果叫醒服务出现差错，可能会给客人带来不可弥补的损失。即使是客人的原因导致叫醒服务失败，也会影响饭店形象。必要时可以与房务中心联系，由楼层服务员提供

叫醒服务。

（三）自动叫醒服务的程序与标准（如表6-3所示）

表6-3 自动叫醒服务的程序与标准

程序	标准
1. 接受	接受客人叫醒要求时，问清房号、叫醒时间，并与对方核对
2. 记录	（1）填写叫醒记录，内容包括叫醒时间、房号等。 （2）记录时要求字迹端正，以防出现差错
3. 输入	把叫醒信息输入自动叫醒电脑
4. 叫醒	（1）客房电话按时响铃，唤醒客人。 （2）电脑进行叫醒时，须仔细观察其工作情况，如发现电脑出现故障，应迅速进行人工叫醒。 （3）若无人应答，可用人工叫醒方法补叫一次
5. 打印	查看自动打印记录，检查叫醒工作有无失误
6. 存档	把每天的资料存档备查

【事后提示】

a. 无论是人工叫醒，还是自动叫醒，话务员在受理时，都应认真、细致、慎重对待，避免差错和责任事故的发生。一旦出现失误，不管责任在饭店还是在客人都应给予高度重视，积极采取措施，而不要在责任上纠缠。如果发现漏叫或没有打印出客人的叫醒要求，话务员必须打电话叫醒客人，并做好记录；如果客房叫醒无人应答，话务员必须立即通知客房服务中心或大堂副理去客房查看，并做好详细记录；如果客人要求取消叫醒服务，话务员必须在登记本、黑板、电脑上同时做出更正，并在交接班笔记上说明。同时，还应注意叫醒的方式。例如，用姓名称呼客人、对VIP客人派专人人工叫醒等，尽可能使客人感到亲切。

b. 如果客人要求多次叫醒时，话务员必须在叫醒登记表上做特殊说明。

c. 当话务员叫醒客人时，如果觉得客人回答得不大可靠，应该过一会儿再叫一次比较保险。

d. 如果许多客房的客人要在同一时间叫醒，而此时只有一名话务员来负责的话，为了避免叫醒时间的推迟，应当由2~3名话务员同时进行，或通知有关人员直接去客房敲门叫醒客人。

e. 最好在客房服务中心安装一台录音电话，将叫醒服务的通话记录下来，作为证据保存，录音磁带至少应保存两三天，这样遇到有客人投诉时便容易处理了。

f. 若能在叫醒服务时将当天的天气变化情况通报给客人，并询问是否需要其他服务，这样则会给客人留下美好的深刻印象。

（四）代客留言服务的程序与标准（如表6-4所示）

表6-4 代客留言服务的程序与标准

程　序	标　准
1. 接听留言	（1）问清留言人姓名、电话号码和受话人姓名、房号。 （2）记录留言内容，并复述一遍，尤其应注意核对数字。 （3）答应在指定的时间内将留言转交受话人，请对方放心
2. 输入电脑	（1）用电脑查出店内客人房间，通过固定程序输入留言内容。 （2）核实留言内容无误，在留言内容下方提供留言服务员的姓名。 （3）打印出留言内容
3. 开/关留言灯	（1）按客房留言灯开启程序开启留言灯。 （2）每日接班和下班时核对留言和留言灯是否相符。 （3）当客人电话查询时，将访客留言内容准确地告知客人。 （4）关掉留言灯，清除电话留言内容

【事后提示】

做好详细记录，传递迅速、准确。

（五）转接电话服务的程序与标准（如表6-5所示）

表6-5 转接电话服务的程序与标准

程　序	标　准
1. 转接电话	（1）礼貌问候。 （2）听清电话内容。 （3）判断分机号码是否正确。 （4）迅速、准确地转接
2. 电话占线情况处理	（1）礼貌地问候。 （2）及时向客人说明占线情况。 （3）请客人稍后再试或留言
3. 电话无人接听	（1）向客人说明电话无人接听。 （2）主动征询客人是否愿意稍后再拨或留言

为了能准确、快捷、有效地接转电话，话务员必须熟记200个左右常用电话号码，了解本饭店的组织机构以及各部门的职责范围，正确掌握最新的住客资料，坚守工作岗位，并尽可能多地辨认住店客人、饭店管理人员及服务人员的姓名和声音。

若客人在住店时要求进行保密服务，则总机服务员不能随意泄露客人的住宿情况，只有在征询客人的意见并获得客人的同意后才能提供电话转接服务。

（六）客人及员工紧急报火警的处理程序与标准（如表6－6所示）

表6－6 客人及员工紧急报火警的处理程序与标准

程　序	标　准
1. 接到紧急报警	（1）首先告诉报警人要保持冷静。 （2）向报警人询问以下内容：报警人姓名、所在部门、出事地点、何物燃烧、火势大小。 （3）迅速将有关内容准确记录在案。 （4）告诉报警人：我们会立即通知有关部门及人员，请您马上寻找紧急出口撤离
2. 通知消防控制中心	（1）立即通知消防控制中心。 （2）记录受话人姓名
3. 记录报警	准确地将接到的报警内容记录在报警本上
4. 等待消防中心的报警	消防中心会立即派人实地查询，若情况属实，会立即从出事地点向总机报警
5. 接到消防中心报警	（1）仔细听清报警地点、报警人姓名。 （2）重复报警地点及报警人姓名。 （3）把报警内容迅速准确地记录下来
6. 通知有关部门	（1）白天需通知客务经理、保卫部值班室、总经理办公室及消防值班室领班。 （2）夜间需通知呼叫值班领导、客务经理、保卫部值班室及当日部门值班经理
7. 记录紧急报警	（1）报警的时间、地点及报警人的姓名。 （2）若为白天报警，需填写客务经理姓名、保卫部值班人员姓名、总经理办公室接到报警电话人的姓名及消防值班领班姓名。 （3）在夜间需要填写店领导、客务经理、保卫部值班室接到报警人姓名及当日部门值班经理的姓名。 （4）记录话务员姓名。 （5）等待并记录消防中心通知报警的原因

项目实训

一、技能实训

（1）演示回答客人问询的电话服务。

（2）演示转接电话服务。

（3）讨论对紧急报警的处理。

二、实战应用

1. 对话

Dialogue 1

(O: Operator; G: Guest)

O: Good evening. Operator speaking. May I help you?

G: Good evening. I am leaving for home tomorrow. I'd like to place a morning call.

O: No problem, sir. At what time do you need the morning call?

G: Six o'clock sharp, please.

O: May I have your name and room number, please?

G: Jack Black in room 704.

(The operator repeats the order)

O: Anything else I can do for you, sir?

G: Oh, yes. I'd like to inform my wife in Chicago of my return. May I use the phone in the room?

O: Certainly, sir. We have IDD system in our hotel. Just dial the country code, the area code and the number you want.

G: Thank you for your information.

O: You're welcome.

(O：接线员；G：客人)

O：晚上好，电话总机，请问有什么需要帮助的？

G：晚上好，我明天将要回家，我想设置叫醒服务。

O：没问题，先生。请问您需要几点钟的？

G：请设置在6点整。

O：请告诉我您的姓名和房号？

G：杰克·布莱克，704房。

(接线员重复了客人的要求)

O：还需要其他服务吗？

G：是的，我想通知在芝加哥的妻子我将要回去，我可以使用房间的电话拨打吗？

O：当然可以，先生。我们已经开通了国际长途电话服务，只需要拨打国家代码、区域代码和电话号码就可以了。

G：谢谢你的帮助。

O：不用客气。

Dialogue 2

(O: Operator; G: Guest)

O: Beijing Hotel, can I help you?

G: Yes, can you put me through to Mrs Wang in room 1207, please?

O: Certainly, sir. Could you wait a moment while I put you through?

(One minute later)

O: Hello, sir. I'm afraid there is no response. Would you like to leave a message for her?

G: Thank you. Just tell her I'm going to call on her by this evening at about 9:30.

O: May I have your name?

G: Yes, it's Tom Lee.

O: Would you like to give me your telephone number, so she can ring you back if necessary?

G: Yes, good idea. My number is 86090015.

O: 86090015. Thank you. I'll make sure she gets the message.

G: Thank you, goodbye.

O: Bye.

（O：接线员；G：客人）

O：北京饭店，有什么需要帮助的?

G：是的，你可以为我接通住在1207房王夫人的电话吗?

O：当然可以了，先生。请稍等，我正在为您接通。

（1分钟后）

O：先生，恐怕房间内无人，您需要留言吗?

G：谢谢！请转告她我会在今晚9:30前再给她电话的。

O：请告诉我您的名字?

G：好的，汤姆·李。

O：可以告诉我您的电话号码吗？如果有必要的话，她会回电话给您。

G：真是个好办法，我的电话号码是86090015。

O：86090015，谢谢，我一定转达您的留言。

G：谢谢，再见！

2. 经典词汇及句型

operator 话务员

pay call 发话人付款电话

collect call 受话人付款电话

person-to-person call 叫人电话

station-to-station call 叫号电话

IDD 国际直拨电话

DDD 国内直拨电话

call on somebody 拜访某人

guest message light 顾客留言灯

internal extension 内部分机

outgoing lines 外线

switchboard 电话总机

I'd like to make an international call.

我要打一个国际长途电话。

Which country are you calling?

您要打往哪个国家?

Do you want to make it a pay call or a collect call?

您需要打付费电话还是对方付费电话?

A person-to-person call, please.

请拨找人电话。

Could you spell the name for me?

请您拼写一下名字。

I'll try to contact her.

我尽力为您联系她。

Would you please hang up the phone and wait for a minute?

请挂断电话稍等几分钟好吗?

三、习题与实践

1. 课堂讨论

总机服务员应具备哪些素质要求?

2. 自测题

(1) 总机话务员电话铃响________声必须提机，主动________，自报________。

(2) 需要给住客留言的电话一律转到________。

(3) 对客人进行人工叫醒服务时，若客房内无人应答，应在________分钟后再叫一次。

3. 复习思考题

怎样才能做好电话问询服务工作?

4. 综合实训题

分组模拟饭店总机提供的以下服务，并用计时秒表记录时间。

(1) 饭店内外电话转接服务。

要求：声音清晰，语言准确，转接熟练，电话铃响三声内接听。

(2) 电话留言服务。

要求：声音清晰，留言准确，转达及时。

(3) 叫醒服务。

要求：叫醒准时。

项目2 商务中心服务
(*Business Center Services*)

案例引入

4月下旬，正值广交会期间，义乌至广州的航班非常紧张，提前预订的机票都有可能随时被取消。有3位在义乌的住店客人（外宾）因临时决定去广州，要求订票，商务中心员工马上联系红楼售票处查询航班情况。售票处告知还有几个机位，于是服务员马上给客人办手续，一分钟以后红楼售票处又打电话来告知机票没有了，原因是航空公司把所有的票位都取消了。得到消息后客人很是着急，因为他们必须赶到广州参加广交会，要求饭店一定要帮忙订票。于是服务员又打到民航售票处问有没有机票，他们说还有2张，客人说2张也可以，服务员马上为客人办理了2张票的手续，可还少一张，怎么办？服务员又试着打去红楼看有没有办法再订一张机票。红楼售票处说有一位客人可能要退一张票，可是要到晚上才能决定，可将客人作为后补，如果有退票就马上让给饭店客人。当晚最后一张机票得以妥善解决，客人很高兴，对该饭店商务中心的服务态度做了高度评价，并表示下次会继续入住该饭店。

提出问题

员工在对客服务的过程中，要能急客人之所急，为客人提供有人情味的服务。根据此案例，谈谈饭店员工在为客人提供服务的过程中若遇到困难或问题时，应该如何处理。

我们小组的回答是：______________________________

____

____

相关知识

商务中心是饭店为客人进行商务活动提供相关服务的部门。许多商务客人在住店期间要安排许多商务活动，需要饭店提供相应的信息传递和秘书服务等。商务中心提供的服务内容一般包括打字、复印、传真、会议服务、翻译、票务、上网、委托代办、办公设备出租等业务。

Hotel Business Center provides some related business services to guests. When the business guests arrange a number of business activities during staying the hotel, they need the hotel to provide the appropriate information and secretarial services. A hotel business center typically provides typing, photocopying, fax, conference service, translation, ticketing, internet access, concierge, renting office equipment, etc.

一、发送传真服务的程序与标准（如表6－7所示）

表6－7　发送传真服务的程序与标准

程　　序	标　　准
1. 发送传真前的准备	（1）礼貌接待客人。 （2）向客人说明收费标准。 （3）填写发送传真申请单
2. 发送传真	（1）按照申请单传真的号码输入传真机，确认无误后按下发送键。 （2）在客人不等发的情况下，告诉客人传真发出后将把原件送回房间，请客人签单；如果是店外客人，应先付100%押金，发出通知后客人来取原件。 （3）按规定的价格计算费用，办理结账手续
3. 备送原件	（1）入完账单后，应及时把客人的原件送回房间。 （2）送回时，需将原件装进信封，并注明是接收还是发送、总页数，签上经办人的名字。 （3）若有加急传真，应及时打电话通知，行李员应把传真及时送到客人房间

【事后提示】

a. 如果对方传真机未接通，呈通话状态，文员在听到提示音后，迅速告知对方要发送传真，请对方接通传真机。

b. 出现线路占线暂时发不出去时，应礼貌地请客人稍坐，继续拨发，直到发送完毕。

二、预订会议室的程序与标准（如表6－8所示）

表6－8　预订会议室的程序与标准

程　　序	标　　准
1. 预订登记	（1）饭店内客人预订需问清客人姓名、房间号并告诉客人租金。 （2）如果饭店外客人来电预订需留下客人的姓名、电话。 （3）如果客人来商务中心预订会议室，请客人在会议室预订日记本上签字。 （4）所有商务中心会议室的预订必须在会议室预订日记本上做好记录
2. 询问客人有无其他要求	（1）是否需要饮品，如咖啡、点心等。 （2）是否需要投影仪、录像机、信纸、笔等。 （3）提前准备特殊用品，并按规定收费
3. 检查会议室状况	在会议室出租前一个小时检查卫生工作，发现问题后立即与有关部门联系
4. 结账	按照饭店规定进行收费并入账

三、打印文件的程序与标准（如表6-9所示）

表6-9 打印文件的程序与标准

程　　序	标　　准
1. 浏览原稿	浏览客人需要打印的文件，了解客人的要求
2. 介绍价格和完成的时间	给客人介绍价格及大概完成的时间
3. 修改文件	客人需要修改文件时，应按其要求进行修改，修改后请客人确认
4. 文件存盘	询问客人是否需要存盘，若不用，则删除
5. 入账	（1）准备客人的账单并登记时间。 （2）请客人在账单上签字，并入账

四、其他服务

（一）打字服务

（1）问清客人对打印文件的格式、排版、字体、时间等的要求，复述并确认。

（2）浏览原稿件，查看是否有字迹不清楚之处并向客人提出。

（3）主动介绍收费标准。

（4）告知客人文件打印的完成时间，并请客人稍候或回房间等候。

（5）打印初稿后，立即请客人校对或修改。

（6）按照客人要求予以修改，并再次核对。

（二）秘书服务

（1）了解客人的要求，如需要秘书服务的工作范围、需要提供秘书服务的时间和地点等。

（2）告知客人服务收费标准。

（3）弄清客人的身份，如姓名、房号、付款方式等。

项目实训

一、技能训练

（1）演示如何发送传真。

（2）演示如何打印文件。

二、实战应用

1. 对话

Dialogue 1

(C: Clerk; G: Guest)

C: Good evening, sir. May I help you?

G: Would you please send a fax for me?

C: Certainly, sir. Where to, please?

G: To the New York City, the number is 001 -21 -624 -2207.

C: How many pages, please?

G: Altogether 10 pages, here you are.

C: I'm sorry, the line is busy now.

G: Oh, my god! It's 10:00 am in New York. All the guys are busy there!

C: Don't worry, sir. I'll send it again.

(Everything is ok now)

G: Great! Thank you. How to pay for it?

C: It's 15 *yuan* a minute, for a minimum of 3 minutes, and with 15% surcharge, but we offer an evening discount of 20%. So that's 36 *yuan*. Besides, you'll have to pay 9 *yuan* for each page. Altogether is 126 *yuan*. Please sign the bill.

G: One more thing, what if they fax me back?

C: Don't worry. There's a guest message light which is switched on in your room. May I know your room number?

G: Room 1106.

C: Thank you.

（C：职员；G：客人）

C：先生，晚上好，请问有什么需要帮忙的吗？

G：你可以帮我发送一份传真吗？

C：当然可以，请问要发往哪里？

G：发到纽约，号码是001 -21 -624 -2207。

C：请问有多少张？

G：总共有10张，给你。

C：对不起，电话线正忙。

G：喔，天哪！现在是纽约的上午10：00，所有的员工都正在忙碌。

C：不要担心，我再重发一次。

（传真发送完毕）

G：太棒了，谢谢！请问如何付费？

C：一分钟是15元，按最少3分钟收取，另加15%的服务费，但是我们晚上打8折，所以是36元。另外每张收费9元，一共是126元。请在这里签单。

G：还有一件事，如果他们回复传真给我如何办？

C：不要担心。这里的顾客信息灯是可以和您房间连接在一起的。您的房间号码是多少？

G：1106房。

C：谢谢。

Dialogue 2

(C: Clerk; G: Guest)

C: Good morning, sir. Can I help you?

G: Yes, I want to have these pages copied.

C: Yes, and how many copied do you want?

G: Three copies each.

C: Just a moment, please. Here you are.

G: Thank you. By the way, do you have a typing service?

C: Yes, we have.

G: OK, I want to have this document typed. When can I pick it up?

C: May I have a look?

G: Of course. Here you are.

C: Oh, maybe within half an hour.

G: OK, I'll pick it up in half an hour.

C: All right. See you then.

(C：职员；G：客人)

C：早上好，先生。有什么可以帮到您吗?

G：我想复印这些文件。

C：好的，您需要复印几份?

G：每样 3 份。

C：请稍等。复印好了，给您。

G：谢谢。顺便问一下，你们有打字服务吗?

C：有的。

G：好的，我想要把这份文件打出来。什么时候可以来取?

C：我可以看一下吗?

G：当然了，给你。

C：哦，可能要半个小时。

G：好的，半个小时后我来取。

C：好的，再见。

2. 经典词汇及句型

business center 商务中心

xerox 静电复印

Please sign the bill.

请在账单上签字。

I'd like to have a file in this floppy disc printed.

我想将这个软盘中的文件打印出来。

How many copies do you need?

你需要打印几份?

That'll take quite a lot of time.

那可能要花一定的时间。

May I suggest you have one copy printed and the rest xeroxed?

我建议您打印一份，其他的复印，好吗?

That'll do.

好的。

Do you have a typing service?

你们有打字服务吗?

When can I pick it up?

什么时候可以打好?

三、习题与实践

1. 课堂讨论题

商务中心员工收到一份住店客人的传真，员工打电话通知客人，客人要求员工将传真送到房间，但当行李员将传真送至房间时，却发现客人房间门口挂着“请勿打扰”的牌子。按饭店规定，为防止客人因无法及时签单而造成跑单事件，于是行李员将客人传真暂留在商务中心。

请问：商务中心的员工应如何灵活处理这一特殊情况，做到既遵守饭店的规章制度，又不影响向客人提供优质服务?

2. 复习思考题

商务中心应如何为客人提供优质服务?

3. 综合实训题

以小组为单位，设置商务中心服务情境，为客人提供相关服务，以达到熟练掌握各项办公技能的要求。

项目3 行政楼层服务
(*Executive Floor Services*)

案例引入

某客人是公司协议价客户，以公司协议价入住某 Holiday Inn（假日酒店）品牌，所入住房型是豪华间含早餐，同时该客人也是洲际白金卡会员，根据白金会员免费升级的制度，给予了升一级的优待，即免费升级到行政楼层房间。该饭店行政楼层房间的 Benefit（优惠）包括：免费软饮于迷你吧若干瓶、免费洗衣、双早、免费上网、欢乐时光等5种。

但在实际处理中，饭店只给这位客人提供免费上网、单早、欢乐时光待遇，而迷你吧和免费洗衣优待不给予客人，白金会员只享受前面3种待遇，其他行政楼层待遇不享受。饭店打印了行政楼层待遇的一个说明，上面列明了所有待遇，但行政楼层在接待客人入住时只是口头告诉客人只享受3种优惠待遇。

问题是，客人在住店期间根据行政楼层的待遇进行了消费，使用了免费软饮额度和免费洗衣额度，而在结账的时候，却被告知必须为洗衣和软饮付费。客人坚决不同意签账单付费，大堂副理也不同意做减免，于是客人向饭店投诉。

提出问题

现代高档饭店一般都设有行政楼层或商务楼层，专门接待商务客人等高消费客人，为客人提供优质服务。但本案例中，饭店原本为客人进行了免费升级，想使客人获得更好的住宿感受，但最后由于工作的失误，导致客人投诉，也对饭店的声誉产生了一定的影响。

根据此案例，谈谈你对饭店商务楼层的看法，并对该案例提出建议。

我们小组的回答是：____

____

____

相关知识

行政楼层作为饭店服务的最高领域，在设施配备和特色服务上下足了功夫。商务客人可以享受到个人办理入住/离店手续、免费早餐、鸡尾酒、甜点及全日咖啡、茶等各项优惠。饭店还提供管家服务、部分免费的娱乐服务等，这一切极大地满足了商务人士所追求的专享服务需求。

The executive floor provides the highest quality services to the hotel guests. Business travelers can enjoy the personal check-in/check-out, complimentary breakfast, cocktails, desserts, coffee, tea, butler service, some free entertainment, etc. when they stay in the executive floor. All of these greatly meet the needs of the businessmen who pursue the exclusive services.

一、行政楼层的特征

（一）豪华性

美国旅游资料中心的调查结果表明，四分之一以上的公务旅游者都乐于下榻大型豪华饭店。因为大部分公务旅游者不是自己花钱，而是由公司花钱，故消费能力很强。行政楼层的客房样式、大小与普通客房无异，但提供的日常用品及客房装潢较为高档，环境好，服务时间长。例如某饭店的行政楼层客房内的设施主要有高速宽带网络、分体式热带雨林淋浴装置、羽绒寝具、咖啡机、工夫茶具、玻璃淋浴房、32寸以上液晶电视携带可连接到手提电脑的等离子电位分压器、保险箱内置充电设施、宽带因特网接口、日式浴袍及高档浴室用品。入住行政楼层的客人可以享受的额外服务主要有机场接送、豪华轿车、穿梭巴士、快速办理入住/离店、机场代办登机牌、IT贴身管家服务等。

（二）功能设备先进

入住行政楼层的客人除了需要住宿体验享受之外，还需要有可以满足公务活动的高标准服务。他们首先需要饭店具备快捷方便的通信手段，对高科技的要求越来越高，商务楼层的客房必须装置高速上网设备，将电话、电视与资讯存取融为一体，提供智能服务。此外，饭店要提供各种先进的会议设施，满足入住行政楼层的客人的各种会议需求。

饭店行政楼层随着商务活动的日益频繁，正在不断强化全面服务，新的品牌层出不穷。在各种新品牌和新服务背后，如何锁住老客人的忠诚度、吸引新客人的尝试欲望，是饭店不断发展的驱动力。例如广州某饭店的行政楼层被称为豪华阁，房间提供城景或江景房选择，房间装饰风格典雅，配有全套CD/DVD演播系统、电影频道，以及超宽银幕电视、行政大书台、有线或无线宽带上网及两条电话专用线。

（三）服务多样化

入住行政楼层的客人除希望得到一般宾客希望得到的“家外之家”的享受外，还希望得到更细致的个性化服务，因此大多数饭店的行政楼层都会针对商务客人的入住需求提供多样化的服务。

如入住广州某饭店豪华阁的客人可在宾客服务主任陪同下办理入住手续或在豪华阁贵宾廊办理快速私密的入住/离店手续，全天私人专享豪华阁贵宾廊的设施（开放时间由早上6：00至午夜）。可在豪华阁贵宾廊享用每日免费早餐、全日饮品、鸡尾酒及精美点心。行政酒廊还可提供有线/无线宽带上网设施以及两个小时免费使用会议室的服务。豪华阁服务生提供旅游、订房、购物及娱乐等方面的资讯。

（四）娱乐休闲性

公务客人在休闲时间里兴趣广泛，有的甚至是为饭店的设施或活动而来的。因此，要关心饭店公务客人的“8小时之外”，让他们愉快充实地度过休闲时光。多数饭店行政楼层都会设置各种娱乐设施。例如广州某饭店拥有广州最宽敞豪华的行政酒廊，也是广州唯一一家拥有两个游泳池的饭店：一个热带风情十足的户外游泳池配以酒吧和池边服务；另一个是健体中心内30米宽的室内游泳池。豪华阁的客人还可以享受饭店广阔的园林景致，包括私人果岭、慢跑径和一个2 000平方米的露天草坪区，适合举办户外宴会和活动。

（五）安全性

入住行政楼层的客人尤其是商务客人都希望客房安装电子门锁，甚至要求电话、传真加装保密装置，以防止泄露商业机密。商务客人对行政楼层的酒廊等公共区域或会议室，也会提出安全和保密的要求。因此，行政楼层应尽量选择能单独分隔开来的楼层，或采用现代高科技方法做好保密工作。

二、行政楼层的服务要求

（一）员工专业素质较高

在行政楼层从事服务接待工作的管理人员和普通员工，在形体、形象、气质、知识、技能及外语等方面具备较好的条件，均接受过严格、系统的专业培训。在熟练掌握前台接待、收银等技能的同时，还应掌握商务中心、餐饮服务等方面的服务技巧，更为重要的是要善于与宾客交往、沟通，能圆满地处理宾客关系，具备较强的协调能力。

（二）能够提供私人管家服务

行政楼层的接待一般要为客人提供一对一的服务模式，在提供私人管家服务时应注意做好以下几点。

1. 良好的沟通交流能力

最好能记住一些熟客的名字和头衔，以便在第二次见面时能主动地称呼客人。

2. 要有丰富的知识储备

服务员应具备广泛的知识，需要在客人问及问题时能马上做出反应并给出具体的答案，能够在与客人的交流中迅速而准确地找到话题。

3. 尽量多为客人做一些标准程序之外的服务

大多数入住行政楼层的客人想多得到一些标准之外的服务，来证明他与其他人的不同，比如，开夜床的时候，写一句贴心的话放在床头柜上，或是知道客人的喜好，放一杯客人喜欢喝的饮料等，这些额外的服务将会为行政楼层赢得更多的回头客。

4. 灵活应变

在自己所允许的权限范围内和在不损害饭店利益的前提下，为客人提供方便。大多数客人都比较爱面子，所以员工要是能够在自己所允许的权限范围内做出适当的优惠，这些客人一般都会很满意，且会记住你的名字，因为这让他觉得他在自己朋友面前很有面子，下次肯定还会再来。记住，维系一名老客户的经费远比开发一名新客户的经费要少得多。

5. 较强的团队意识和创新精神

行政楼层的服务要求饭店多个部门的配合，因此员工在日常工作中应注意与其他部门员工维持良好的工作关系。此外，唯有创新才有发展，行政楼层的服务模式本就属于一个创新的产物，是通过不断的思考与认证，才被引进饭店的，所以并没有太多的参照物，只有依靠不停地创新与摸索，才能在这个行业中站稳自己的脚跟，得到更大的发展。

三、行政楼层提供的部分服务项目及程序（如表6－10所示）

表6－10　行政楼层提供的部分服务项目及程序

项　　目	程　　序	注意事项
鲜花、水果服务	（1）依据确认抵店客人名单，准备好总经理欢迎卡、商务行政楼层欢迎卡。 （2）将需要补充鲜花、水果的房间在住店客人名单上做好标记。 （3）将鲜花、水果、刀叉和餐巾备好，装上手推车送入客房，并按规定位置摆放好。 （4）做好记录，根据次日预抵店名单填写申请单，以备用	根据客人的口味、喜好补充；补充时，要将不新鲜的花和水果撤出，更换用过的刀叉

续上表

项　目	程　序	注意事项
客人入住接待	（1）客人在大堂副理或GRO（客务关系主任）陪同下走出电梯来到行政楼层服务台后，行政楼层经理或主管应微笑站立迎客并做自我介绍，请客人在接待台前坐下。 （2）将已准备好的登记表取出，请客人签名认可，注意检查并确认客人护照、付款方式、离店日期与时间等内容。 （3）将已经准备好的欢迎信及印有客人姓名的烫金私人信封呈交给客人，并递送欢迎茶，整个服务过程不超过5分钟。 （4）主动介绍商务楼层设施与服务项目，包括早餐时间、下午茶时间、鸡尾酒时间、图书报刊赠阅、会议室租用服务、商务中心服务、免费熨衣服务、委托代办以及擦鞋服务等。 （5）走在客人左前方或右前方引领客人进房间，告诉客人如何使用钥匙卡，同时将欢迎卡交给客人，介绍房内设施，预祝客人居住愉快。 （6）通知礼宾部行李员，10分钟内将行李送至客人房间	对待VIP客人一般实行专人接待服务或贴身管家服务
欢迎茶服务	（1）事先准备茶壶、带垫碟的茶杯、一盘干果或巧克力、糖果、饼干和两块热毛巾。 （2）称呼客人的姓名，表示问候并介绍自己，同时，将热毛巾和茶水送到客人面前。 （3）如果客人是回头客，应欢迎客人再次光临	泡茶、沏茶、冲茶、上茶等技能要求，均按餐饮部有关茶水服务中的标准执行
早餐服务	（1）称呼客人姓名并礼貌地招呼客人，引领客人至餐桌前，为客人拉椅子、让座，将餐巾打开递给客人，礼貌地询问客人是用茶还是咖啡。 （2）礼貌地询问客人在结账处结账还是将账单送至收银台。 （3）客人用完餐离开时，应称呼客人姓名并礼貌地告别。 （4）统计早餐用餐人数，做好收尾工作，配合客房部服务员做好场地清理工作	配合餐饮部专职人员，在开餐前10分钟做好全部准备工作，包括将自助餐台摆好、将食品从厨房运至餐厅、将餐桌按标准摆放、更换报纸杂志、调好电视频道、在每张餐桌上放好接待员名片等

续上表

项　　目	程　　序	注意事项
下午茶服务	（行政楼层免费下午茶服务时间为每天16:00—17:00） （1）提前10分钟按要求准备好下午茶台，包括茶、饮料和小点心等。 （2）微笑、主动地招呼客人；引领客人至餐台前，为客人拉椅子、让座，并询问房号，请客人随意饮用。 （3）注意观察，客人杯中饮料不足1/3时，要及时询问、续添，将用过的杯盘及时撤走。 （4）在17:00下午茶结束5分钟前，通知客人免费服务即将结束。 （5）客人离开时应向其表示感谢，并与客人道别。 （6）填写记录表，如客人消费超过了免费时间，将费用记在客人账户上，账单由客人签字后记在客人账户上	可根据计算机提供的住店客人名单确认用餐客人姓名；餐具在客人用过后1分钟内撤换；始终保持自助餐台整洁
鸡尾酒会服务	（行政楼层每天18:30—19:30为客人提供免费鸡尾酒服务） （1）提前10分钟做好全部准备工作，在桌上放置服务员名片。 （2）微笑、礼貌地招呼客人，引台，为客人拉椅子、让座。 （3）客人离开时应向其表示感谢，并与客人道别。 （4）将客人朋友的消费账单记入客人账户中。 （5）填写记录表，下班前应统计酒水，在盘点表上做好记录并根据标准库存填写申领单	保证免费酒水的品质；记清每台所点酒水名称、数量；19:30提供最后一道免费酒水；鸡尾酒会的服务程序和操作标准参阅本书中的有关章节
退房结账服务	（1）提前一天确认客人结账日期和时间。 （2）询问客人结账相关事宜，如在何地结账、用何种付款方式、行李数量、是否代订交通工具，并及时检查酒水。 （3）将装有客人账单明细的信封交给客人，请客人在账单上签字，将第一联呈交客人，询问客人结账方式，如果付外币，请客人到前厅外币兑换处办理，如需刷卡，则使用刷卡机。 （4）通知行李员取行李，代订出租车。 （5）询问是否需要做“返回预订”。 （6）感谢客人入住并与之告别	刷卡时应注意是否超出限额、印迹是否清晰，请客人签名，把账单的其中一联交给客人

项目实训

一、技能训练

（1）演示登记入住、结账离店的程序与标准。

（2）演示早餐服务现场布置的程序与标准。

（3）演示下午茶服务现场布置的程序与标准。

二、实战应用

1. 对话

Dialogue

(B: Butler; G: Guest)

B: Welcome to the executive floor, Mr Smith. I'm your private butler during your stay at the hotel. You can call me Jack.

G: That's very nice, Jack.

B: Now let me show you to your room. This way, please. Your room number is 1208, at the end of the corridor.

G: The corridor is nice.

B: I'm glad you like it.

(The butler unlocks the door and turn on the lights)

B: Here is your room, Mr Smith.

G: Thank you. By the way, when can I have breakfast?

B: The executive floor supplies the breakfast at 6: 00 am – 10: 00 am, the afternoon tea at 4: 00 pm – 5: 00 pm and the cocktail at 6: 30 pm – 7: 30 pm. We also supply room service if you don't want to have breakfast at the executive floor restaurant. Hope you enjoy your stay.

G: OK. Thank you. And where can I get a brochure about your hotel? I need to know more about your services.

B: Oh, it's on the desk. Here it is.

（B：管家；G：客人）

B：欢迎入住行政楼层，史密斯先生。我是您住店期间的私人管家，您可叫我杰克。

G：太棒了，杰克。

B：现在让我带您去房间，这边请。您的房间号是1208，在走廊的尽头。

G：这走廊的环境真不错。

B：您喜欢真是太好了。

（管家将房门和灯光打开）

B：史密斯先生，这是您的房间。

G：谢谢。顺便问一句，什么时间可以用早餐？

B：行政楼层早餐的供应时间是早上6:00—10:00，下午茶是下午4:00—5:00，鸡尾酒会的时间是在下午 6:30 —7:30。如果您不想在行政楼层的餐厅用餐的话，我们也提供送餐服务。希望您居住愉快！

G：谢谢。在哪儿可以拿到你们饭店的简介小册子？我需要了解你们饭店更多的服务。

B：小册子放在桌子上，给您。

2. 经典词汇及句型

butler service 管家服务

executive floor 行政楼层

Welcome to the executive floor.

欢迎入住行政楼层。

I'm your private butler during your stay at the hotel.

我是您住店期间的私人管家。

The executive floor supplies the breakfast at 6:00 am - 10:00 am.

行政楼层早餐的供应时间是早上 6:00—10:00。

三、习题与实践

1. 课堂讨论题

一位商务客人在饭店行政楼层办理入住时，提出让饭店给开一张 5 000 元的会议发票，他本人可以掏点税钱，面对这种情况，服务人员应该如何处理？

2. 自测题

商务楼层的客人大多享受饭店提供的快速结账离店服务，在________和________均可办理结账服务。

3. 复习思考题

行政楼层的员工应该掌握的服务技能有哪些？

4. 综合实训题

设计相关情境，为客人提供良好的行政楼层快速登记入住与结账离店等服务。

本模块小结

本模块主要介绍前厅部电话总机服务、商务中心服务和行政楼层服务，通过对本模块的学习，使学生熟悉这些服务的操作程序，加深对前厅部对客服务内容和要求的认识与了解，从而培养良好的服务意识。

知识拓展

贴身管家服务

贴身管家服务主要负责对客人提供全过程跟进式服务，对宾客入住期间的需求进行全过程的提供，针对不同客人的不同需求做好客史档案的收集与管理。

一、贴身管家素质标准

（1）具有基层服务工作经验，熟悉宾馆各前台部门工作流程及工作标准，熟悉餐饮部各个部门的菜肴以及红酒的搭配。

（2）具有较强的服务意识，能够站在顾客的立场和角度提供优质服务，具有大局意识，工作责任心强。

（3）具有较强的沟通、协调及应变能力，能够妥善处理与客人之间发生的各类问题，与各部门保持良好的沟通。

（4）了解饭店的各类服务项目，本地区的风土人情、旅游景点、土特产，具有一定的商务知识，能够简单处理与客人相关的商务材料。

（5）形象气质佳，具有良好的语言沟通能力。

（6）具备丰富的知识面，有较强的抗压能力。

二、贴身管家岗位职责

（1）负责检查客人的历史信息，了解抵离店时间，在客人抵店前安排赠品，做好客人抵达的迎候工作。

（2）负责客人抵达前的查房工作，客人抵店前做好客房的检查工作及餐室的准备情况，准备客人的房间赠品，引导客人至客房并适时介绍客房设施和特色服务，提供欢迎茶（咖啡、果汁），为客人提供行李开箱或装箱服务。

（3）与各前台部门密切配合，安排客人房间的清洁、整理、夜床服务及餐前准备工作的检查和用餐服务，确保客人的需求在第一时间予以满足。

（4）负责客房餐饮服务的点菜、用餐服务，免费水果、当日报纸的配备，收取和送还客衣服务，安排客人的叫醒、用餐、用车等服务。

（5）对客人住店期间的意见进行征询，了解客人的消费需求，并及时与相关部门协调沟通予以落实，确保客人的需求得到适时解决和安排。

（6）及时了解饭店的产品、当地旅游和商务信息等资料，适时向客人推荐饭店的服务产品。

（7）致力于提高个人的业务知识、技能和服务质量，与其他部门保持良好的沟通，24小时为客人提供高质量的专业服务。

（8）为客人提供会务及商务秘书服务，根据客人的需要及时有效地提供其他相关服务。

（9）整理、收集客人住店期间的消费信息及生活习惯等相关资料，做好客史档案的记录和存档工作。

（10）客人离店前为客人安排行李、出租车服务，欢送客人离店。

（11）严格遵守国家相关的法律法规、行业规范及饭店的安全管理程序与制度。

三、管家服务程序

1. 抵店前

（1）了解检查预订、保留房间的情况，检查客史记录，了解客人喜好。

（2）与相关部门沟通，根据客人的喜好进行安排。

（3）抵店前两小时检查房间、餐室状况和赠品的摆放。

2. 住宿期间

（1）提前10分钟到大厅迎候客人，客到后做简单介绍，引领客人至房间，介绍宾馆设施及房间情况。

（2）客人进房后送欢迎茶及免费水果。

（3）与各前台部门密切配合，安排客人的房间清洁、整理、夜床服务及餐室准备的检查、点餐、餐中服务。

（4）根据客人需求每日为客人提供房内用餐、洗衣、叫醒、商务秘书、用车、日程安排、当日报纸、天气预报、会务商务会谈、休闲等服务。

（5）做好客人喜好的观察和收集，妥善处理好客人的意见和建议。

（6）做好饭店各部门的沟通和跟进，满足客人的愿望。

（7）24小时为住店客人提供细致、周到的服务。

3. 离店前

（1）掌握客人离开的时间。

（2）为客人安排车辆、叫醒服务和行李服务。

（3）了解客人对饭店的满意度，确保客人将满意带离宾馆。

4. 离店后

（1）做好客人档案管理，如公司、职务；联系地址、电话及邮箱；个人相片；意见或投诉；对客房、餐饮、娱乐、商务等的喜好；未来的预订；名片。

（2）做好对客人遗留物品的处理。

四、贴身管家房内用餐服务规程

（1）接到客人房内用餐要求后，及时将客人的饮食习惯反馈到餐饮部。

（2）根据客人要求，将点餐单送到客房。

（3）根据客人的用餐人数及饮食习惯为客人推荐食品与酒水。

（4）及时将客人的点餐单反馈给餐饮部，做好餐前的准备工作，安排送餐。

（5）点餐送入房间后由管家服务人员为客人提供服务。

五、管家服务的注意事项

（1）注意客人的尊称，能够用客人的姓名或职务来称呼客人。

（2）了解客人是否有宗教忌讳。

（3）将你的联系方式告知客人，向客人介绍管家服务职能是24小时为客人提供服务。

（4）注意客人的性格，选择相应的沟通、服务方式。

（5）留意房间的温度、气氛（味、花）及音乐是否调到适宜程度。

（6）客人遗留衣物应洗好并妥善保存。

六、贴身管家特殊服务规程

（1）行李开包：征求客人意见后予以操作。

（2）取衣。

（3）熨烫：征求客人意见，按服装的质地及款式进行操作。

（4）配套、摆挂：将客人衣物进行统一配套，归类挂好放入壁橱。

（5）擦鞋：执行客房擦鞋工作规程。

模块 7　客房部清洁与对客服务 (Cleaning and Guest Services of Housekeeping Department)

任务目标

了解客房服务员在洁房准备工作中遵循的一般程序，掌握洁房任务的分配与清洁程序，熟悉洁房的一般程序，掌握中西式铺床的程序与标准，熟悉客房检查的程序与标准，了解公共区域清洁的范围与标准，掌握客房部对客服务的种类和服务标准。

项目 1　客房清洁与质量控制工作 (*Room Cleaning and Quality Controlling*)

案例引入

某饭店客房服务中心接到 1508 房客人的投诉电话，声称该饭店客房部服务员不重视其要求，服务效率低，并要求饭店给予一定的经济赔偿。经过调查得知，原来该住客在前一天向为他清洁房间的服务员提出第二天必须在早上 9：30 前打扫好自己的房间，因为早上 10：00 他将在房间里接待一位贵宾。当时做清洁的服务员也口头答应了，但第二天早上当该客人从机场接回自己的客户回到房间时，发现房间根本没有打扫过，还是一团糟，使自己的客户感到很不受重视，导致生意谈判很不顺利，客人非常气愤，于是他才打电话投诉、讨说法。

提出问题

你认为该案例出现的情况是饭店客房清洁服务的哪一个环节出了问题，谁应承担主要责任。该饭店的客房部应该如何处理此问题并防止今后再发生类似的事件。

我们小组的回答是：______________________________

____

____

相关知识

一尘不染、令人舒适惬意的客房是饭店留给客人印象最深的特色，体现了饭店在为客人营造一个干净、安全与怡人的环境中所倾注的关爱与热情。为了保持这种令客人想再次惠顾饭店的客房清洁标准，客房服务员必须遵循一系列细致的清洁程序，包括准备阶段、清洁作业和最终的检查。有条不紊地开展清洁工作为向客人提供高质量客房提供了保证，也是客房服务员工作效率与工作满意度得到实现的保证。

No other feature or service provided by a hotel will impress the guest more than a spotlessly clean and comfortable guest room. It shows the care that the hotel put into creating a clean, safe, and pleasant environment for its guests. To maintain the standards that keep guests coming back, room attendants must follow a series of detailed procedures for guest room cleaning. The sequence of room cleaning consists of preparatory steps, actual cleaning tasks, and a final check. Adhering to a careful routine can save time and ensure a professional job.

一、客房清洁的准备工作

在多数饭店里，客房服务员的工作是从织物用品室开始的。织物用品室被看作是客房部的活动中心。客房服务员在这里签到、接受洁房任务、领取房况报告与钥匙，并在此进行交接班。

（一）整理仪容仪表

客房部员工每天早上到饭店后，必须按照饭店的相关要求更换好工服并整理好自己的仪容仪表，佩戴好工牌，存放好自己的私人物品，以良好的精神面貌开始一天的工作。

（二）参加岗前会议并签到

岗前会议主要是由当班的主管负责，会议主要内容是检查服务员的仪容仪表并向员工表示问候和关心，对于仪容仪表不合格的员工要指出并纠正，得到认可后，服务人员即可签到，确认自己已经到岗。

（三）领取洁房任务单和房态报表

员工签到后，当班的主管依据房况信息给客房服务员分配洁房任务。洁房任务一般按房号与房况列在一张工作表上，并将每位员工的姓名注明在洁房任务表上。

另外，当班主管也需要向客房服务员通报一些客人的特殊清洁要求和当日需要完成的其他工作。客房服务员将根据洁房任务单安排好一天清洁的先后顺序，并在下班前报告所清洁房间的房况。

（四）领取钥匙和呼叫机

客房服务员在明确自己的洁房任务后在办公室相关工作人员处领取楼层工作钥匙和呼叫机等设备。

（五）进入楼层为房务工作车装备物品

当岗前会议结束后，客房服务员便乘坐员工电梯分别抵达所需清洁房间的楼层开始工作。客房服务人员的第一项工作是为房务工作车备足物品，并且将车上的物品有序放置。

多数房务工作车分成几层，下面两层多放置织物用品，最上面一层放置其他客房供应品。

装备房务工作车的工作程序与标准如表 7－1 所示。

表 7－1 装备房务工作车的工作程序与标准

程 序	标 准
1. 检查并清洁工作车	用抹布将工作车擦拭干净并检查其是否完好
2. 挂好垃圾袋和布草袋	在房务工作车的两端分别挂上干净的垃圾袋和布草袋
3. 放置干净的布草	将干净的床单、枕套与床垫衬垫，干净的毛巾、洗脸巾，干净的浴用地垫等织物用品整齐地放置在房务工作车的下面两层
4. 放置其他供应品	将其他供应品整齐地摆放在房务工作车的顶部。这些供应品一般包括：卫生纸与面巾纸、干净的玻璃杯、杯垫、香皂、香波、浴液、浴帽、乳液、信封、铅笔、洗衣单、明信片、宾客意见表、便签、服务指南、一次性拖鞋、擦鞋器、火柴等
5. 放置清洁用品	清洁用品一般放置在小车上部的手提工具箱内，以方便拿取。工具箱内的清洁物品包括：多功能去污剂、含清洁窗户与玻璃去污剂的喷雾瓶、抽水马桶清洁刷、喷洒液、抹布与海绵、橡皮手套等
6. 放置吸尘器	检查吸尘器的功能是否完好，并将吸尘器整理好放在房务工作车一端的底部，吸尘器的电线应绕好，不可散乱

（六）根据房态表确定洁房顺序，准备开始作业

不同房态的客房清洁顺序如表 7－2 所示。

表 7－2 不同房态的客房清洁顺序

房间状态	洁房顺序
挂“即打扫”的房间	1
总台或领班指示提前打扫的房间	2
走客房	3
VIP 房间	4
住客房	5
空房	6
该日预期结账的房间	7
“请勿打扰”房	8

客房清洁顺序在实际的工作过程中可能会有一些变更，但洁房的顺序必须遵守方便客人优先入住、提高工作效率与不重复打扫等原则。因此，若没有需要即刻打扫的房间，

一般先清洁走客房，而将该日预期结账的房间放在最后清洁。

对于“请勿打扰”或“双锁”的房间，请尽量避免打扰客人，若仍然无法在下午2：00或3：00去该房间进行清洁工作，应及时向客房部办公室报告此情况。

若客人拒绝进行清洁工作，应向楼层主管或其他管理人员报告，并由管理人员与客人电话联系，以安排较方便的时间进行清洁工作，或让客人在主管报告上签上姓名，确认该情况属实。

二、走客房的清洁程序与标准

（一）走客房的清洁程序与标准（如表7－3所示）

表7－3　走客房的清洁程序与标准

程　序	标　准
1. 进入客房	（1）将房务工作车推至所要清洁的房间门口，并将房务工作车开口端朝向客房。 （2）轻轻敲门三下并报称“客房服务”或“housekeeping”，等候10秒，若无人应答，再重复上述动作两次，仍无人应答时，使用钥匙将房门打开，并声称“客房服务”或“housekeeping”，开门时应轻轻推开房门，边打开房门边观察房内是否有客人
2. 拉开窗帘	拉开窗帘，打开窗户，保持房间通风，并确保窗帘杆等设施工作正常
3. 检查房内的相关设备设施是否正常工作	（1）打开空调，确认其是否正常工作。 （2）打开房间内的所有照明设施，检查其是否正常工作。 （3）安全地更换损坏或丢失的灯泡。 （4）用遥控器打开电视机，确保其正常工作，并将频道设置在饭店规定的频道。 （5）检查收音机是否正常工作。 （6）检查迷你吧是否正常工作。 （7）检查衣柜的衣架数量与种类
4. 收取房内的垃圾	（1）倾倒房间与卫生间内的垃圾，包括宾客使用过的便利品。 （2）更换烟灰缸。 （3）若房间内有送餐服务用具，将餐具收拾好放置在房外走廊，或通知送餐部来收取。 （4）处理垃圾时应注意检查垃圾桶内是否有未熄灭的烟头
5. 做床	（1）撤掉脏的布草，并将脏的布草放在房务工作车一端的布草袋内。 （2）撤布草的过程中注意检查布草有无损坏或是否有宾客遗留物品。 （3）中式或西式铺床（详见表7－4、表7－5）
6. 抹尘	（1）按照从上到下的原则进行抹尘。 （2）使用抹布擦拭床板、椅子、窗台、衣柜、门框、灯具及桌面，做到手触摸到的地方无灰尘。 （3）用消毒剂擦拭电话机

续上表

程　　序	标　　准
7. 清洁浴室	详见表7－6
8. 补充宾客便利品	按饭店要求补充以下宾客便利品并放置在规定的位置： （1）洗衣袋与干、湿洗衣单。 （2）文具用品与明信片。 （3）饭店服务指南与宾客满意度调查表。 （4）火柴、茶叶包、咖啡包、矿泉水。 （5）补充卫生间宾客使用的布草及一次性用品。 （6）补充迷你吧内的酒水
9. 吸尘	（1）正确操作，避免碰到家具。 （2）吸尘时应从房间的最里端开始朝房门方向作业，吸尘时随手关上窗户，拉好窗帘
10. 环视检查房间并离开	（1）检查整个房间卫生是否合格。 （2）将吸尘器电源线收好并归置好。 （3）关灯、锁门、登记离开房间的时间

清洁过程中应注意以下事项：

（1）若进入房间发现房内有客人，应告诉客人自己的目的，若不方便清洁房间，需和客人确认清洁的方便时间，并礼貌地退出房间。

（2）清洁的过程中应将房门打开，并挂上“正在清洁”的指示牌。

（3）清洁房间的过程中一定要细心，并按照饭店规定操作程序进行。

（4）抹尘过程中，要干湿抹布分开使用，对于电器类的设备一定要用干抹布擦拭。

（5）补充备用品或毛巾时应一次完成，避免多次往返浪费时间。

（6）清洁过程中在使用洗涤剂或消毒剂时一定要注意安全操作，以免出现安全事故。

（7）发现浴袍、毛巾等非宾客便利品遗失或损坏时，应报告上级主管立即处理。

（二）中式铺床的程序与标准（如表7－4所示）

表7－4　中式铺床的程序与标准

程　　序	标　　准
1. 将床拉离床头	弯腰，用力拉床，使床离开床头板60厘米左右
2. 清理并检查床垫保护垫、床垫等	（1）清除床面杂物，调整床垫位置，确保其平整不歪斜。 （2）若床垫保护垫已破损或污染，应更换新的

续上表

程　　序	标　　准
3. 铺床单	（1）将叠好的床单拿到床上，注意翻看正反面，确保正面朝上。 （2）站在床尾，甩单，用两手抓住床单的两边，一次甩单定位。 （3）床单正面朝上，不偏离中心线。 （4）铺好后，确保床单平整无皱褶
4. 包边角	（1）将床单四边边角包入床垫下，四角呈90°或45°，并要求角度一致。 （2）包好四个边角后，要求床单平整无皱褶
5. 套被罩	（1）将干净的被罩平铺在床上。 （2）将被芯套进被罩内。 （3）要求被芯平铺均匀。 （4）将装好的被子平铺在床上，整理平整
6. 装枕芯	（1）打开枕头套，开口端朝上平放在床上。 （2）将枕芯对折，一只手抓紧枕芯，另一只手将枕套从中缝处提起，分开开口。 （3）将枕芯装进枕套内。 （4）用手抖动枕套，使枕芯放置均匀。 （5）封口
7. 打枕线	（1）将被子被头反折30厘米并整理好。 （2）将枕头放置在床头正中位置，开口端反向于床头柜
8. 将床复位	下蹲，将做好的床推至原位

铺床时还要注意以下事项：

（1）床拉离床头的距离以可容纳服务员蹲在床头顺利做床为准。

（2）床铺好后应适当地拍打被子和枕头，使其饱满，看起来舒适，以便给客人留下良好的印象。

（3）做床的过程中注意不要使脏的床单二次污染，并坚决杜绝使用脏的布草进行抹尘。

（三）西式铺床的操作程序与标准（如表7－5所示）

表7－5　西式铺床的操作程序与标准

程　　序	标　　准
1. 将床拉离床头板	弯腰，用力拉床，使床离开床头板60厘米左右
2. 清理并检查床垫保护垫、床垫等	（1）清除床面杂物，调整床垫位置，确保其平整不歪斜。 （2）若床垫保护垫已破损或污染，更换新的

续上表

程　序	标　准
3. 铺一单	（1）将叠好的床单拿到床上，注意翻看正反面，确保正面朝上。 （2）站在床尾，甩单，用两手抓住床单的一边，一次甩单定位。 （3）床单正面朝上，不偏离中心线。 （4）铺好后，确保床单平整无皱褶
4. 包边角	（1）将床单四边边角包入床垫下，四角呈90°或45°，并要求角度一致。 （2）包好边角后，要求床单平整无皱褶
5. 铺二单	（1）将叠好的床单拿到床上，注意翻看正反面，确保反面朝上。 （2）站在床尾，甩单，用两手抓住床单的一边，一次甩单定位。 （3）床单反面朝上，中心线与一单的中心线重叠。 （4）铺好后，确保床单平整无皱褶。 （5）二单多出床头20厘米左右即可
6. 铺毛毯	（1）将毛毯甩开，平铺于床上。 （2）中心线与二单的中心线重合。 （3）毛毯商标在右下方并朝上。 （4）毛毯头部与床头齐平
7. 铺护单	（1）与铺一单的方法一致。 （2）护单床头部分与毛毯对齐
8. 包边角	（1）从床头部分开始，将二单反折于毛毯、护单之上，再将二单、毛毯、护单一起反折30厘米，并将两头垂下部分包进床垫下。 （2）床尾部分的边角包法与一单相同
9. 装枕芯	（1）打开枕头套，开口端朝上平放在床上。 （2）将枕芯对折，并用手抓紧枕芯。 （3）另一只手将枕套从中缝处提起，分开开口。 （4）将枕芯装进枕套内。 （5）用手抖动枕套，使枕芯放置均匀。 （6）封口
10. 铺床罩	（1）将床罩盖在床上，床罩与床垫边线重叠。 （2）床罩前端应覆盖住枕头，将床罩多余部分塞入两个枕头中间和底部。 （3）床尾两角应垂直、挺括。 （4）床面平整美观
11. 床复原位	将铺好的床推至原位

（四）浴室的清洁程序与标准（如表7－6所示）

【事前提示】

a．在浴室清洁的过程中，不同的清洁对象要使用不同的抹布和手套，一定不能混用，防止交叉污染。

b．清洁过程应严格遵守操作标准，避免交叉污染。

表7－6　浴室的清洁程序与标准

程　　序	标　　准
1．进入卫生间	（1）打开浴室的灯光并提进清洁用品。 （2）查看照明设施是否有损坏，若有则进行更换或记录并报知工程部
2．更换玻璃杯	（1）留意杯子是否有破裂。 （2）将使用过的杯子收走，更换干净的杯子
3．清洗皂碟	（1）将皂碟放入洗手盆内，用热水及百洁布清洗，并用干抹布擦干。 （2）将干净的皂碟放在洗手盆上规定的位置
4．清洗烟灰缸	（1）将烟灰缸放入洗手盆内，用热水及百洁布清洗，并用干抹布擦干。 （2）将干净的烟灰缸放在饭店规定的位置上
5．清洗浴缸与淋浴区	（1）擦洗瓷砖与浴缸区。 （2）清洁淋浴帘内衬。 （3）擦洗浴缸和防滑条纹。 （4）用干布擦亮固定装置。 （5）用抹布擦干整个浴缸与淋浴器的表面。 （6）装好浴帘与内衬
6．清洗座厕	（1）戴上专用的防护手套与护目镜。 （2）冲洗马桶，若冲水器不能正常冲洗与储水，在任务单上进行记录。 （3）向马桶内外侧、马桶后部、后墙及梳妆台下面喷洒清洁液。 （4）清洁马桶外侧。 （5）清洁马桶内侧，并喷洒消毒剂。 （6）使用干抹布将马桶外侧、墙面与水管擦干、擦亮。 （7）结束作业
7．清洗洗脸台	（1）擦拭灯具装置、毛巾架及浴室其他装置。 （2）清洗镜子并用干布擦干。 （3）打开洗手池的塞子。 （4）清洁洗脸台表面区域。 （5）重新将水池塞子塞上
8．清洗浴室地面	（1）在浴室地面与踢脚板上喷洒多功能清洁液。 （2）擦掉污渍。 （3）用干抹布把地面擦干
9．补齐宾客供用物品	补齐浴室内的布巾与一次性用品
10．结束作业	（1）将干净的浴室废物篓等放回原处。 （2）关掉浴室的灯光，将浴室门半掩，退出浴室

三、住客房的清洁

住客房的清洁程序与标准和走客房的清洁程序与标准大致相同，但需要注意以下几点：

（1）进入客人房间时，若房间内有客人在，必须征得客人的同意后才能进入房间进行卫生打扫，若客人暂不同意打扫，将客房号码和客人要求打扫的时间写在工作表上。

（2）对于房内客人的物品进行简单的整理，但不能随意翻看客人的私人物品。

（3）在客人不知情的情况下，不能随便丢弃客人的私人物品。

（4）可帮客人把放在床上或椅子上的衣物挂在衣柜里或叠放在床头。

（5）卫生间的整理和走客房卫生间的整理也大致一样，但勿翻动客人的私人洗涤用品。

（6）清洁完毕后可将空调开至较舒适的温度。

（7）房间整理完毕后，若客人在房间应向客人致谢，并礼貌地走出客人的房间。

住客房的清洁一般选择客人外出时进行，故客房服务员应具备良好的职业道德，不要随意翻看客人的私人物件，更不能向他人讲述客人的隐私或出售客人的隐私以获利。

四、空房的清洁

空房是未出售的房间，它的清洁程序相对简单，与走客房的清洁程序与标准基本相同，主要是对房间卫生进行整理，补充相应的宾客便利品和缺少的饮品，不需要进行铺床。

五、客房卫生质量控制

客房卫生质量控制即是客房检查，它是实施饭店清洁制度并取得理想工作效果的保证。其目的是在宾客入住房间前，将清洁作业中可能忽略的问题找出来。良好的检查计划也能激发员工的工作积极性和工作自豪感。

对检查过程中发现的问题进行跟踪处理与制订良好的检查计划是一样重要的，按照常规要求，在检查完毕后的 24 小时内，应将发现的问题处理好。

客房卫生检查可采用抽查或逐一检查两种方法，一般由楼层或班次主管、区域主管、客房部经理或非客房部的经理来检查。检查员一般各自负责一定数量的房间，一旦客房服务员报告已经完成了房间的清洁，即可对这些房间进行检查，对于空房也要根据房间在两次销售间闲置的天数做出不同的时间表来进行检查。

（一）检查过程中应遵守的原则

（1）眼睛看到的地方无污渍、手摸到的地方无灰尘、耳听到的地方无异声、鼻闻不到异味。

（2）从上而下，由外到里，左右观望，动作均需由同一方向开始逐一检查，以避免有遗漏。

（3）在客房检查记录表（如表 7 – 7 所示）上记录相关检查情况。

（4）发现不符合卫生要求的，必须马上进行擦拭或更换。

（5）特别检查不易保持清洁的部位和清洁死角，如垃圾桶、马桶、角落等。

表7－7　客房检查记录表

<table>
<tr><td colspan="6">客房检查记录表</td></tr>
<tr><td colspan="2">房号：
房型：</td><td>检查日期：</td><td colspan="3">状况代号说明：
○优良　▲合格　▼不合格</td></tr>
<tr><td>序号</td><td>卧室</td><td>状况</td><td>序号</td><td>浴室</td><td>状况</td></tr>
<tr><td>1</td><td>门、锁、链、自动装置</td><td></td><td>16</td><td>壁橱部分</td><td></td></tr>
<tr><td>2</td><td>灯、开关、电源插座</td><td></td><td>17</td><td>除尘情况</td><td></td></tr>
<tr><td>3</td><td>天花板</td><td></td><td>18</td><td>门</td><td></td></tr>
<tr><td>4</td><td>墙壁</td><td></td><td>19</td><td>灯、开关、电源插座</td><td></td></tr>
<tr><td>5</td><td>木制品</td><td></td><td>20</td><td>墙壁、瓷砖、天花板</td><td></td></tr>
<tr><td>6</td><td>窗、窗帘与金属构件</td><td></td><td>21</td><td>镜子及梳妆台</td><td></td></tr>
<tr><td>7</td><td>空调装置</td><td></td><td>22</td><td>浴缸、扶手杆、浴帘</td><td></td></tr>
<tr><td>8</td><td>电话机、床头控制台</td><td></td><td>23</td><td>淋浴喷头</td><td></td></tr>
<tr><td>9</td><td>电视机、遥控器</td><td></td><td>24</td><td>浴室地垫</td><td></td></tr>
<tr><td>10</td><td>床头板及床</td><td></td><td>25</td><td>固定装置、水龙头、地漏</td><td></td></tr>
<tr><td>11</td><td>梳妆台部分</td><td></td><td>26</td><td>马桶部分</td><td></td></tr>
<tr><td>12</td><td>宣传资料及文具</td><td></td><td>27</td><td>毛巾：脸巾、手巾、浴巾</td><td></td></tr>
<tr><td>13</td><td>台灯、灯罩、灯泡</td><td></td><td>28</td><td>卫生纸、面巾纸</td><td></td></tr>
<tr><td>14</td><td>椅子、沙发、茶几</td><td></td><td>29</td><td>肥皂及其他便利品</td><td></td></tr>
<tr><td>15</td><td>挂画、镜子与地毯</td><td></td><td>30</td><td>排气扇</td><td></td></tr>
</table>

（二）房态核查

客房检查工作人员对客房卫生的检查也是对房态的核查和了解，尤其对于房间房态的变化，一定要进行核查并记录，防止问题出现，一般楼层每天在10:00、16:00、21:30分三个时间段进行三次核查并制作房态表，确认无误后将房态报表转送至前台。

（三）空房的核查

对于空置的房间，也可能出现已经有了客人入住，但未进行登记的状况，因此客房检查员每天早上都要对前晚的空房进行核查，确定房间未被使用且状况良好，可以进行出租，若出现问题应及时报告部门经理，进行核查。

（四）延住房的核查

对于延住房的核查应注意了解以下情况：

（1）住宿的人数是否与登记时一致。

（2）客人是否未归，对于未归客人应注明外宿，以便追查。

（3）房内行李的数量，对于少行李或无行李的房间要尤其关注，防止逃账现象。

（4）房内是否有危险品。

（五）故障房的核查

故障房有时是处于一种维修或维护的状态，若房间长时间搁置，会影响饭店的收入，因此对于这类房间，要及时核查状况，跟踪其房态，尽快使其恢复可报卖状态。

（六）走客房的核查

走客房的核查主要是在清洁完毕之后，通过检查确认其可以报卖后，更改房间的房态，并及时通知前台进行销售。

（七）房间故障报修的程序与标准

客房检查过程中，若发现设备出现故障要立即报修，报修后必须再跟踪情况以及进行记录，以免造成顾客的投诉。房间故障报修程序与标准如表7－8所示。

表7－8 房间故障报修的程序与标准

程　序	标　准
1. 填写维修单	（1）注明房号、楼层。 （2）详细注明故障状况。 （3）填报报修日期。 （4）填报报修人员姓名及部门
2. 维修单送至工程部	（1）维修单填好后应送至工程部。 （2）若时间紧急，可电话报修，事后补交维修单。 （3）工程部收到维修单后，应进行登记并安排相关人员进行维修
3. 维修的配合	（1）开启房门并挂上“正在维修”牌。 （2）维修完成后检查确认。 （3）维修完成后在工程维修单“检修完成签收”栏上签名。 （4）打扫现场卫生

项目实训

一、技能训练

（1）中式铺床技能练习，要求按操作步骤进行并在5分钟内完成一张单人床的铺床任务。

（2）西式铺床技能练习，要求按操作步骤进行并在5分钟内完成一张单人床的铺床任务。

（3）吸尘训练，正确使用吸尘器。

（4）卫生间清洁练习。

（5）客房卫生检查练习，对已经做好清洁的房间进行卫生检查并进行记录。

二、实战应用

1. 对话

Dialogue

(Z: Zeng Lan; G: Guest)

(Zeng Lan, a room attendant, knocks at the guest room door)

Z: Housekeeping. May I come in?

G: Yes, come in.

Z: Good morning, madam. May I clean your room now?

G: I'm afraid not. I want to have a rest now. I'm not feeling well now.

Z: I'm sorry to hear that. Shall I send a doctor for you?

G: No, thank you all the same. I went to the hospital this early morning. Can you check the air conditioner?I feel a little cold.

Z: Oh, sorry. Let me have a check…Ah, I have turned down to 27 degrees Celsius. Would you like me to tidy up a bit in the bathroom now?

G: No, thank you. Will you come and clean my room and replace the linen in two hours?

Z: Of course, Madam. If you don't want to be disturbed, just turn on the DND light on the bed-head console, if it is turned in the other way, I'll know that you want me to clean your room. If you need any help, please call the guest service center. I hope you'll be better soon.

G: Thank you.

（Z：曾兰；G：客人）

（曾兰，客房服务员，敲门准备清洁）

Z：客房服务，请问可以进来吗?

G：请进。

Z：早上好，女士，请问现在可以打扫您的房间吗?

G：不好意思，现在不是很方便，我想休息一会儿，我感觉不是很好。

Z：对不起，请问需要我为您叫一位医生吗?

G：不用了，谢谢你。今天早上我已经去过医院了。您能帮我检查一下空调吗？我感觉有点冷。

Z：对不起，让我先看一下……好了，我已经将空调调至27摄氏度了。需要我现在收拾一下卫生间吗?

G：不用了，谢谢。你可以在两个小时后来清洁我的房间吗?

Z：当然了，女士。如果您不想被打扰，您可以将床头板上的请勿打扰灯打开，如果您关掉它，我就知道您需要清洁房间了。您需要任何帮助的话，请致电客房服务中心。希望您早点康复!

G：谢谢。

2. 经典词汇及句型

linen room 布草间

room status 房态

housekeeping cart (trolley) 房务工作车

room attendant 客房服务员

vacuum 吸尘器，吸尘

make the bed 铺床

room inspection 客房卫生检查

Would you like me to clean up your room right now, madam?

女士，需要我现在为您打扫房间吗?

When would you like me to make up your room, sir?

先生，我什么时间来整理您的房间比较方便?

Would you like me to tidy up a bit in the bathroom now?

需要我现在稍微整理一下您的洗手间吗?

三、习题与实践

1. 课堂讨论题

在清洁房间过程中，应如何安排房间的清洁顺序?

2. 自测题

(1) 在进入房间前，不管房间的房态如何，客房服务员都应该先________，并报称客房服务或________，重复上述动作两次后，仍无人应答时，再用钥匙打开房门。

(2) 客房清洁过程中，原则上应将房间的房门________，并挂上正在打扫的指示牌。

3. 复习思考题

清洁客房时，如何提高清洁效率?

4. 综合实训题

按照客房清洁的操作程序和标准，对一间标准间进行清洁和整理，并记录完成清洁所花费的时间。

项目2　公共区域与其他类清洁作业
(*Public Areas and Other Types of Cleaning*)

案例引入

王某一家与朋友一行5人自驾游到某市，大家一路上说说笑笑，走走停停，欣赏美景，心情很是舒畅。不知不觉天色已晚，于是他们决定在该市休息一晚。因出发之前并未提前订房，所以王某就拿出该市的地图看能不能找到合适的饭店。王某找了半天，发现了一家挂牌四星的饭店，想着应该不错，于是驱车前往。好不容易找到该饭店，进入饭店大堂一看不禁有些失望，只见大堂的墙壁有些发黑，地上卫生也没有清理干净，庭院内杂草丛生，加上服务人员态度生硬，不禁质疑这家饭店是否真的是四星级，但饭店前台后面却高高地挂着旅游局颁发的四星级饭店的牌匾……

提出问题

公共区域卫生质量的维护往往反映了一家饭店的管理水准，公共区域的整洁程度与保养状况会使宾客联想到客房的卫生质量状况。请同学们思考：公共区域清洁卫生的业务范围包括哪些？各区域应该如何清洁？

我们小组的回答是：____

____

____

相关知识

在饭店里，宾客往往从饭店公共区域的所见所闻产生对饭店的第一印象，公共区域的状况能在很大程度上反映饭店其他区域的状况。通常，饭店客房部负责公共区域的清洁卫生工作。

In a hotel, a guest's first impression is often impacted on what he or she sees and experiences in the property's public areas. The conditions of public areas make a strong statement about the rest of the property. In generally, the housekeeping department is responsible for cleaning the public areas and other functional areas.

一、公共区域与其他类清洁作业范围与标准

公共区域清洁卫生的业务范围，是根据饭店的规模、档次和其他实际情况而定的，一般包括宾客接触较多的区域即前台区域的清洁和其他功能区域的清洁。前台区域的清洁标准较高，一般要求每天甚至是每小时进行清洁。其他功能区域的清洁，客房部员工的责任是有限的，但有些区域的清洁则需要同前台区域一样仔细。

（一）前台区域清洁作业范围与标准

前台区域清洁作业范围与标准如表 7－9 所示。

表 7－9　前台区域清洁作业范围与标准

范　围	清 洁 标 准
1. 入口	（1）为了防止或减少行人将尘土、砂石带进室内，要在大门入口处设置防尘格，铺上踏脚垫，并需及时更换清洗。 （2）门口还要配置雨伞架及伞套，在雨雪天气，安排专人照看，防止客人将雨水带进室内，减轻室内的污染。 （3）入口处的指示标牌也要经常擦拭，保持清洁光亮
2. 大堂	（1）清洁一般安排在晚上 10：30 以后及早上 7：00 以前进行。 （2）需要每小时或每天清洁的工作项目： ①倾倒并擦拭烟灰缸、垃圾桶。 ②清洁玻璃和窗户。 ③擦拭扶手。 ④除去墙上的手印和污渍。 ⑤家具和其他装置的抹尘。 ⑥擦拭门把手、门侧、门轨及周围部分。 ⑦地毯吸尘。

续上表

范　围	清 洁 标 准
2. 大堂	⑧拖拭地砖等硬质地面。 ⑨家具的摆放。 （3）需要每周清洁的工作项目： ①木质家具上光。 ②带装饰品家具的吸尘。 ③窗帘或窗户覆盖物的吸尘和清洁。 ④清洁窗台。 ⑤天花板出风口的抹尘。 ⑥较高或不易接触地方的抹尘。 ⑦清洁地毯边缘和踢脚线
3. 总台	（1）总台清洁工作必须安排在非营业高峰期进行。 （2）要使工作区域一尘不染。 （3）清除手指印、污迹及鞋印或擦痕。 （4）清洁过程中不能移动台面上的文件或与前台工作有关的物品，不要碰触相关设备，不能拔去设备的插头
4. 走廊	（1）清洁踢脚线，同时注意清洁客房房门上的污垢、手指印和污迹。 （2）地毯吸尘。 （3）墙面去污，检查相关设备是否运行正常
5. 电梯	（1）电梯清洁应避开人流高峰期。 （2）抹尘时应从上往下进行。 （3）对于产生的擦痕、划痕和破损的地方，及时记录与汇报。 （4）清洁电梯内的地毯、把手、镜子等
6. 公共洗手间	（1）可分为一般性清洁工作和全面清洗工作。 （2）一般性清洁工作包括：及时做好洗手间的清洗消毒工作，做到干净、无异味；将卫生间的香水、香皂、小方巾、鲜花等摆放整齐，并及时补充更换；擦亮不锈钢或电镀器具，使之光亮、无水点、无污迹；热情地为客人递送香皂、小毛巾，定时喷洒香水。 （3）全面清洗工作主要是洗刷地面及地面打蜡、清除水箱水垢、洗刷墙壁等，为了不影响客人使用洗手间，此项工作通常安排在夜间或在白天客人较少时进行
7. 游泳池区域	客房部员工主要负责的工作： （1）收集湿毛巾和脏的织物用品。 （2）补充毛巾和织物用品。 （3）倾倒垃圾桶和烟灰缸。 （4）清洁墙面，拖扫硬质地面。 （5）清洁保养地毯、窗户、玻璃。 （6）清洁和整理休息厅的家具。 （7）记录存在安全隐患的设备并及时上报

续上表

范　　围	清 洁 标 准
8. 健身房	每天指派一名员工完成以下基本工作： （1）设备除尘。 （2）清洁镜子与玻璃，清扫地面。 （3）清理脏的织物用品并及时补充干净的。 （4）清洁和整理家具。 （5）灯具除尘及墙面的去污。 （6）清洁淋浴区与更衣室，并进行物品补充

【事后提示】

a. 在清洁的过程中，要对相关设备进行检查，将任何可能出现的设备故障或失灵的情况报告给主管。

b. 一般盆栽植物的保养，要用湿抹布擦拭叶片上的落尘及去除发黄的叶子。

c. 对于装饰性的壁画、壁灯灯罩及各类装饰物的清洁和保养，需要用湿抹布擦拭灰尘，再用干抹布将水渍擦干，擦拭完成后应检查壁画或装饰物是否悬挂牢固或摆放整齐。

（二）其他区域清洁作业范围与标准

其他区域清洁作业范围与标准如表7－10所示。

表7－10　其他区域清洁作业范围与标准

范　　围	标　　准
1. 餐厅	（1）餐厅员工负责在营业时段内的环境保洁，客房部员工只在每晚、每周或每月定期协助进行彻底的清洁。 （2）吸尘清洁工作安排在夜间或非营业时段进行。 （3）清洁电话机、迎宾台、墙面、装饰用品、灯具。 （4）家具抹尘上光
2. 宴会厅和会议室	与餐厅类似，客房部员工只是对清洁维护工作加以协助
3. 行政办公区域	（1）每晚进行抹尘、倾倒垃圾、吸尘等。 （2）每周或每月清洗窗户等
4. 员工活动区域	负责清洁和维护的员工区域主要有：员工电梯、员工通道、员工餐厅、员工洗手间、装卸货区及仓库等
5. 客房部区域	主要为三大区域的保养与清洁：客房部办公室、洗衣房和织物用品室。清洁标准与行政办公室相同，但洗衣房要注意对机器设备及货架区、存货区等的清洁和擦拭

二、公共区域清洁卫生的质量控制

（一）定岗划片，负责落实到人

公共区域卫生管辖范围广，工作繁杂琐碎，需要实行定岗划片、包干负责的办法，才能有利于管理和保证卫生质量。例如，可将服务员划分成若干个小组，如前厅及门前组、办公室及楼道组、花园组等，注意做到无遗漏、不交叉。

（二）制定计划卫生制度

为了保证卫生质量的稳定性，控制成本和合理地调配人力和物力，应采用计划卫生管理的方法，制定计划卫生制度。如公共区域的墙面、高处玻璃、各种灯具、窗帘、地毯洗涤、地面打蜡等，不能每天清扫，需要制订一份详细的切实可行的卫生计划，循环清洁。清扫项目、间隔时间、人员安排等要在计划中落实，在正常情况下按计划执行。对交通密度大和卫生不易控制的公共场所卫生，必要时应统一调配人力，进行定期突击，以确保整个饭店的清新环境。

（三）加强巡视检查

公共区域管理人员要加强巡视，检查卫生质量，了解员工工作状态，及时发现问题并整改，并填好检查记录。客房部经理也要对公共区域卫生进行定期或不定期的检查或抽查。

三、常用清洁器具及清洁剂的介绍

（一）清洁器具

常用的清洁器具包括一般清洁工具和机器清洁设备。

1．一般清洁工具

一般清洁工具主要包括：扫帚、簸箕、拖把、玻璃清洁器、喷雾瓶、油灰刀、百洁布等。

2．机器清洁设备的种类及用途（如表7－11所示）

表7－11 机器清洁设备的种类及用途

设备名称	用途	使用注意事项
吸尘器	用途较广泛，地板、帘帐、家具、垫套、地毯等均可使用	（1）使用前需检查电源线、插头等，防止触电。 （2）检查吸尘器有无隔尘网片。 （3）检查吸尘器是否正常转动，发现问题及时上报维修。 （4）吸尘器被堵塞时，不要继续使用，以免烧坏电机。 （5）不要吸大物件和硬质物件。 （6）使用后，应清理积尘袋，擦净机身
洗地毯机	可用于清洗羊毛、化纤、尼龙、植物纤维等地毯	（1）使用前先用吸尘器对地毯进行吸尘。 （2）按照操作要求进行操作。 （3）工作完成后，对其进行清理

续上表

设备名称	用　　途	使用注意事项
洗地机	具有擦洗机和吸水机的功能，适用于饭店大厅、走廊、停车场等大面积地方的清洗	（1）使用前应检查各部件是否完好。 （2）按照操作要求进行操作。 （3）使用后，将各配件清洗干净并晾干，妥善保管
吸水机	主要用于对洗刷后的地毯进行抽吸，使残留的污物彻底清除	使用方法与吸尘器类似
打蜡机	主要用于光整地面上蜡后打光	按照操作要求进行操作
高压冲洗机	用于外墙、广场、地面、汽车和垃圾房、停车场及其他需要高压冲洗的地方	按照操作要求进行操作
吹干机	适用于清洗后的地毯和起蜡后的硬质地面	按照操作要求进行操作

（二）清洁剂

清洁剂是卫生清洁与设备保养必不可少的辅助工具之一。正确地使用清洁剂能达到高效清洁的效果，但反之，则会造成财产的损失，更严重的还会造成职业伤害。因此，了解清洁剂的用途及使用方法既可以提高个人工作品质，更能维护工作安全。

项目实训

一、技能训练

实地调研两到三家本地三星级以上饭店大堂及外围环境卫生质量状况，并形成书面报告。

二、实战应用

1．对话

Dialogue

(G: Mr and Mrs Bellow; A: The gymnasium attendant)

A: Good morning, sir and madam. Welcome to our fitness center.

G: My doctor has told me I must keep in good physical condition. I hear that your hotel is one of the best ones in the country for that kind of thing. Could you tell me what facilities you have here?

A: Yes, of course. Please come this way. Ours is well-equipped with the latest sports apparatus.

There is no fee for registered guests. Look! We have the race apparatus, stationary bike, recumbent cycle, rowing machine, muscle builder set, chest-expander, slenderizor, aerobic stair-climber, bar bell, dumb bell, ergometer and so on.

G: I was wondering if there is a coach around here supervising the exercise.

A: Yes, the man over there is our resident coach. He supervises all the actives.

G: That's great! I'm fond of aerobic. Do you have this program here?

A: Yes, madam. We have aerobic exercises accompanied with television, videos and tapes. The aerobic classes are directed by experienced instructors.

G: Really? I hope I can join the class so that I can keep the ball rolling.

A: Very well. We are to open a new class tomorrow afternoon at 3:00 pm. You are expected to be here then.

G: Thank you for your help. Goodbye.

A: It's my pleasure. Goodbye.

（G：贝洛夫妇；A：健身房服务员）

A：女士、先生，早上好！欢迎光临我们的健身中心。

G：我的医生告诉我必须保持良好的身体状况，听说你们饭店是在这方面做得最好的几家饭店之一。能介绍一下这里的设备设施吗？

A：当然可以，请这边来。我们这里配备了最新的运动器材，对于住店客人是免费的。瞧！这里有跑步机，有固定自行车、斜靠式脚踏器、划船机、肌肉训练器、扩胸器、瘦身机、登楼增氧健身器、杠铃、哑铃、测力计等。

G：我想知道你们是否有教练来指导运动？

A：是的，在那边的那个就是我们的驻店教练，他指导所有的运动。

G：很棒，我很喜欢有氧健身法，你这里有这类活动吗？

A：是的，女士。我们开设有伴随电视、录像或磁带一起做的有氧健身运动，有氧健身班是由经验丰富的教练指导的。

G：真的吗？我希望可以加入这个班，持续不断地得到锻炼。

A：非常好，明天下午3：00有一个新班开设。希望您到时参加。

G：谢谢你的帮助，再见。

A：很乐意为你们服务，再见。

2. 经典词汇及句型

front-of-the-house areas 前台区域

back-of-the-house areas 后台区域

public areas (PA) 公共区域

Welcome to our fitness center.

欢迎来到健身中心。

Could you tell me what facilities you have here?

能介绍一下你们这里有什么运动器材吗？

Ours is well-equipped with the latest sports apparatus.

我们这里有最新的运动装置。

There is no fee for registered guests.

对于登记入住的客人是免费的。

I was wondering if there is a coach around here supervising the exercise.

我想知道你们是否有教练指导这些运动。

三、习题与实践

1. 课堂讨论题

公共区域的某些卫生清洁工作需要的专业化程度较高，大多会采用外包清洁作业，请分析外包清洁的优势与劣势。

2. 自测题

（1）金属扶手须用______擦拭，木质扶手用______除污上光，通常________一次。

（2）大厅休息处要随时清理、更换烟灰缸，保证烟灰缸内不能积________个以上的烟头。替换烟灰缸时，必须用________将干净的烟灰缸盛着，先用________将有烟头的烟灰缸盖上并一起拿掉，放到托盘里，然后将另一个干净的烟灰缸换上。

（3）饭店内的所有垃圾，包括定期从垃圾管道里清除的垃圾，都要集中到________，然后________处理。

3. 复习思考题

怎样做好公共区域清洁卫生的质量控制？

4. 综合实训题

对实习饭店的前台区域进行分区，学生以小组为单位进行分区卫生检查并进行详细记录，根据检查情况进行课堂讨论。

项目3　客房部对客服务
(*Guest Services of Housekeeping Department*)

案例引入

周女士入住某五星级饭店2206房间，因工作需要，她将在此逗留一周。周女士放下行李后，休息了一会儿便去餐厅用餐。当她再回到房间后，发现夜床已经做好，服务员为她开的是靠卫生间墙壁的一张床，被子已经打开了一个角。周女士打开电视，靠在开好的那张床上看电视，但是觉得电视机的位置有些偏，不是很合适，于是又去将电视转至合适的位置。第二天，当周女士晚上办完事回到房间后，夜床已经做好。周女士惊奇地发现这次服务员为她开的是靠窗户的一张床，而且电视机也已经摆正。

提出问题

客房服务人员直接对客服务的机会虽不多，但客房服务的好坏将大大影响顾客的住宿感受。根据此案例，请谈谈客房部提供的开夜床服务有哪些程序标准，客房部员工在日常工作过程中应该如何提高服务质量。

我们小组的回答是：____

____

____

相关知识

饭店客房部除了为客人提供基本的客房住宿服务外，也提供其他多样的服务，以满足客人的多种需求。本部分主要介绍的客房对客服务种类有开夜床服务、房吧服务、托婴/保姆服务、加床服务、婴儿床服务、擦鞋服务、客房送洗服务、物品借用服务及贵宾服务等。

In addition to provide basic accommodation services, hotel housekeeping department also provides various services to meet the customers' needs. This part mainly introduces the turndown service, mini bar service, baby sitter service, extra bed service, extra crib service, shoe shine service, laundry service, guest loan items services and VIP services.

一、客房开夜床服务

饭店提供的开夜床服务，也叫“做夜床”或者“晚间服务”，就是对当天有客人入住的客房进行晚间就寝前的整理，是一种高雅而亲切的对客服务方式。开夜床服务主要包括做夜床、房间整理和卫生间整理三项内容。

（一）开夜床服务的基本要求

开夜床服务的时间，一般在下午5:30分或6:00开始或者按照客人的要求做，一般在晚上9:00之前做好。当服务员提供开夜床服务时，若发现床上客人物品较多，则要注意暂时不要急于为客人开夜床，不要挪动客人床上的物品，在客人的床头柜上放一张留言，告知客人不开夜床的原因，并请客人如需要该服务可通知客房服务中心，同时客房服务员还应做好相关的记录工作。

（二）开夜床服务的程序与标准

【事前提示】

a. 饭店一般规定，当客人第一次入住，在不了解客人喜好的情况下，标准间要开靠近卫生间的床，主要是因为这张床隐私性比较好；若客人是常客的话，则应根据宾客的喜好来决定具体开哪一张床。

b. 标准间住一人时，以床头柜为准，如果住一位男宾，则开靠近窗前区的一张床，折角应该朝向卫生间。

c. 标准间住两人时，可以同方向开或同开向靠近床头柜方向。

开夜床服务的程序与标准如表7-12所示。

表 7－12 开夜床服务的程序与标准

程　序	标　准
1. 准备工作	下午 5:30 前做好以下准备： （1）补足夜床车内所有的备品，且需要另备冰桶、早餐卡、晚安卡及一些毛巾、浴巾、踏巾、夜床巾等。 （2）领取夜床服务表，该表要注明夜床服务房间客人的国籍、住客人数、VIP 客人的等级等。 （3）根据安排领取免费水果和报纸、鲜花等。 （4）将夜床车停于楼层适当位置
2. 敲门	（1）查看夜床报表的住宿人数、续住房或待入住房，从而了解房间状况。 （2）注意住宿人数以便开床作业。 （3）先按门铃，再用中指关节轻敲房门 3 下，报出“Turn Down Service”（夜床服务），并进入房间开始作业。 （4）进入房间后，若客人不需夜床服务，应在夜床报表上注明。 （5）若房间处于反锁状态，从门缝处放下一张夜床服务卡，以提醒客人
3. 进入房间	（1）填写进房时间，并将房门完全打开。 （2）将房间的所有灯光打开，并确认是否有损坏。 （3）打开空调，将温度调整至规定温度
4. 整理房间	（1）若发现房态与夜床报表上填写的资料不符，必须立即告知夜间主任。 （2）若房内有点餐服务，需将餐车或餐盘移出或通知送餐部来收取。 （3）将散落在床上的客人衣物挂入衣柜中。 （4）清理垃圾和清洁烟灰缸，注意查看是否有贵重物品。 （5）检查文具夹及其他宾客用品，若有不足，应补充至标准量。 （6）将窗帘拉上且不要留缝隙，以防影响客人休息
5. 开夜床	（1）若为西式铺床，应将床罩撤掉并叠好放在指定的地方。 （2）根据饭店的规定，可将夜床开成 45°或 90°直角。 （3）根据饭店的规定摆放鲜花、晚安卡、早餐卡或小礼品等。 （4）将拖鞋摆放在开床折角处的地毯上。 （5）按照规定，将免费水果、相应的报纸放到写字台上
6. 整理浴室	（1）清洁客人使用过的浴缸、面盆、马桶、镜面。 （2）将浴帘拉至浴缸一半，并将下部放入浴缸。 （3）把地巾铺在靠浴缸的地面上。 （4）更换浴室内客人用过的织物用品。 （5）关上灯光，将浴室门虚掩
7. 离开房间并填写记录	（1）保留饭店规定要开启的灯光。 （2）离开房间前要做最后的检查。 （3）锁好房门，并填写出房时间和所用的消耗品

二、房吧服务

2010年6月发布的《旅游饭店星级的划分与评定》中规定，四星级饭店的客房应提供客房微型酒吧服务，至少50%的房间配备小冰箱，提供适量的酒水、饮料，备有饮具和酒单。在高星级饭店的客房内一般还会设置小型酒吧台，以向客人提供酒水、饮料以及一些简单的食品，此外，客房内一般还配有饮料杯、酒杯、杯垫、调酒棒、开瓶器等用品，以方便客人在房内享用。但此项服务需付费，若房客有取用，则会在饮料账单上签名。账单将在客人结账离店时一并结算。此外，客房内还提供免费的茶包、咖啡等供客人使用。

房吧服务的程序与标准如表7－13所示。

表7－13　房吧服务的程序与标准

程　序	标　准
1. 检查迷你吧台	（1）每天清洁客房时，由客房服务员或领班逐一检查迷你吧内的食物和酒水，注意是否有使用过又放回原位的情形。 （2）核对账单，若客人使用过迷你吧内的物品，应及时登记入账。 （3）账单的内容要填写清楚，一联留给客人，其他要交回客房部。 （4）检查是否有过期食品或饮料，对于过期或接近过期的要及时更新。 （5）调节冰箱温度
2. 补充迷你吧台	（1）依据清点结果，填写酒水领料单。 （2）到客房部或仓库进行领取。 （3）领取后尽快补充房内迷你吧台所需。 （4）吧台内的物品按饭店的要求进行摆放
3. 补充茶包、咖啡	（1）保持杯子及杯盘的清洁。 （2）每天检查茶包、咖啡的数量并进行补充

【事后提示】

a. 对于客人的消费要统一纳入客人的账单中，不能向客人直接收取现金。

b. 客人退房后要立即检查房内迷你吧的消费情况，避免跑账。

c. 对于已经拆封或使用后又放回原位，或用不同牌子补回等情况，同样要及时入账。

三、保姆/托婴服务

保姆/托婴服务是高星级饭店为一些携带小孩的住客提供的一项有偿服务。对于多数饭店而言，大多由饭店的客房部员工在下班后承担照看服务或向社会服务机构雇用临时保育员。

饭店为了更好地为客人提供此项服务，应建立起保姆人选名单与相关服务记录，以方便客人有需求时，适时地提供服务。

（一）保姆/托婴服务的程序与标准

保姆/托婴服务的程序与标准如表 7－14 所示。

表 7－14　保姆/托婴服务的程序与标准

程　序	标　准
1. 接受委托	（1）客人提出保姆/托婴服务时，要求客人填写保姆/托婴服务申请表格。 （2）告知客人收费标准和注意事项
2. 保姆/托婴服务	（1）照看者必须有责任心，并有一定的保育知识，通常由女客房服务员承担该项工作。 （2）承担此工作的服务员必须在下班后照看小孩，不能利用上班时间。 （3）必须按照客人的要求照看小孩，并注意食品安全，不要将小孩带出饭店。 （4）完成托婴服务后，要及时通知房务中心并由房务中心处理有关费用结算问题

（二）婴儿看护申请表（如表 7－15 所示）

表 7－15　婴儿看护申请表

客人姓名 Guest's Name ________　房号 Room No. ________

日期 Date ________　婴儿年龄 Baby Age ________

尊敬的宾客：

应您的要求，我们安排了保姆服务，具体事项如下：

姓名：________

时间：由________时________分至________时________分

Dear Guest:

As requested by you, we have arranged for Baby-Sitting from ________ to ________.

请您在所需要的项目上打"√"。Tick the appropriate.

早餐	是	否
Breakfast	Yes	No
午餐	是	否
Lunch	Yes	No
晚餐	是	否
Dinner	Yes	No

托婴服务的最初 3 小时，按________收费。超过 3 小时，则按每小时________收费。

所有费用都在前台收银处直接结算，饭店将不承担因看护疏忽造成的事故而引起的任何赔偿。

Kindly note that there is a minimum charge of ________ for the first 3 hours of baby sitting. A Fee of ________ is charged for each additional hour.

All payment should be made directly at the Hotel Cashier. Under no circumstances shall the Hotel be liable to compensate the guest for any accident negligence caused by the baby sitting no purpose.

申请人愿意接受以上全部条款。

I fully accept the above terms and conditions.

经理签名　　　　客人签名

Signature　　　　Signature

Housekeeper ________　　Guest ________

注：一式三联，客人一联，前台收银一联，客房部留存一联。

四、加床服务的程序与标准

加床服务的程序与标准如表7-16所示。

表7-16　加床服务的程序与标准

程　序	标　准
1. 接到加床通知	（1）接到前台告知加床后，随即提供该项服务。 （2）客房部办公室在收到加床通知后，需在房间报表上记录加床的房号。 （3）客房部办公室通知楼层领班做加床服务
2. 提供加床服务	（1）检查备用床是否有损坏，并将它擦拭干净，铺好床后推入房间。 （2）加床后，应增加房内相关宾客供用物品的数量

【事后提示】

退房后，床铺要尽快收好归位，若是向其他楼层借用的活动床，要主动放回原来的位置；备用枕头与毛毯、床垫等也要检查，确保无问题后，折叠整齐放回原位。

五、擦鞋服务的程序与标准

擦鞋服务的程序与标准如表7-17所示。

表7-17　擦鞋服务的程序与标准

程　序	标　准
1. 准备工作	（1）客人将鞋放入鞋篮内，或电话通知，服务员在接到电话或看到后应及时收取。 （2）用纸条写好房号放入鞋内。 （3）将鞋篮放入工作间待擦。 （4）在地上铺上废报纸，备好与鞋色相同的鞋油和其他擦鞋工具
2. 擦鞋服务	（1）按规范擦鞋，要擦净、擦亮。 （2）对没有相同颜色鞋油的皮鞋，可使用无色鞋油进行擦鞋
3. 送鞋服务	（1）避免将鞋送错房间。 （2）一般半小时内将鞋擦好后，送回房间，并按照饭店规定摆放

六、客衣送洗服务的程序与标准

客衣送洗服务的程序与标准如表7-18所示。

表7-18　客衣送洗服务的程序与标准

程　序	标　准
1. 收取客衣	（1）客人电话通知或将要洗的衣物放入洗衣袋并放在显眼处，服务员发现后应及时收取。 （2）客人应填好洗衣单，并签名。 （3）收取客衣时，应检查衣物有无破损、掉扣等问题。 （4）核对洗衣单上的房号，并记录收取的时间及衣物件数

续上表

程　序	标　准
2. 送洗客衣	(1) 洗衣单随客人衣物一起包好，送交洗衣房。 (2) 每份洗衣单要注明总件数，经手人签名。 (3) 将客人的衣物做好登记。 (4) 按照客人的要求对衣物进行洗涤
3. 客衣送回	(1) 核对件数是否与洗衣单登记的相符。 (2) 送回房间前再次核对房号、件数是否正确。 (3) 采用折叠或吊挂两种方式送回客衣
4. 其他	(1) 客衣有纽扣或小处破损可进行修补。 (2) 若客衣破损，必须由值班经理与客人联系并进行赔偿

【事后提示】

a. 客衣送洗时，必须填写洗衣单。

b. 针对特殊衣物的洗涤，事先要由主管和洗衣房联系，询问是否可以洗涤，若无法满足客人要求，应向客人说明原因。

c. 客衣取出后，若客人有换房情况，应通知相关部门做变更。

d. 客衣送洗前必须仔细检查，若有破损应当面和客人确认。

e. 客衣的洗涤方式应与客人仔细核对。

f. 对于快洗、快烫的衣物要按时交件，避免产生纠纷。

七、对客租借物品服务的程序与标准

对客租借物品服务的程序与标准如表 7－19 所示。

表 7－19　对客租借物品服务的程序与标准

程　序	标　准
对客租借物品	(1) 客人致电客房服务中心或直接向楼层服务人员提出租借物品的要求时，应积极回应。 (2) 了解客人租借物品的时间及相关要求。 (3) 将物品准备好送到客人的房间。 (4) 请客人在租借物品登记表上签名。 (5) 客人归还物品后做好详细的记录

对客租借物品时需注意：

(1) 对于租借电器用品的客人，应注意提醒客人安全操作。

(2) 交接班时应做好服务移交等工作。

(3) 客人在规定的时间内未归还物品时，尤其是在离店时仍未归还，应主动询问。

八、客人遗留物品的处理程序与标准

客人遗留物品的处理程序与标准如表 7－20 所示。

表7－20　客人遗留物品的处理程序与标准

程　　序	标　　准
1. 及时查房	客人退房后，客房服务员应及时查房
2. 详细填单	（1）发现客人有遗留物品后，应填写在工作单上。 （2）详细记录拾到物品的名称、时间、房间及拾获人的姓名
3. 当天上交	（1）对于拾到的物品，当天下班前必须上交，不要延误。 （2）将遗留物品装袋封口，在袋上注明日期、名称、编号，妥善保管。 （3）服装类物品应提交到洗衣房，洗净后妥善保管
4. 认领	（1）失主前来认领时，需出示证件并签名确认。 （2）若客人需要邮寄物品，邮资应由客人承担

九、贵宾服务的一般程序与标准

客房部在接待贵宾的过程中起着举足轻重的作用，如何在贵宾住店期间为其提供舒适、温馨、亲切的服务将直接影响到饭店能否留住客人并使其成为饭店回头客。

通常饭店将根据客人的贵宾等级提供不同的服务，在此主要讲述饭店客房部在接待贵宾时的一般性服务。

贵宾服务的一般程序与标准如表7－21所示。

表7－21　贵宾服务的一般程序与标准

程　　序	标　　准
1. 客人抵店前	（1）接到相关通知后，应优先打扫贵宾入住的客房，使客房保持最佳状态。 （2）了解客人的身份及其在住店期间的特殊要求。 （3）整理客房时，应放置档次较高的宾客便利品。 （4）对于饭店赠送给客人的礼物应摆放在显眼的位置。 （5）摆放迎宾果篮、欢迎卡、鲜花等。 （6）所有整理工作完成后，由专人再进行检查，避免有遗漏
2. 客人抵店时	（1）客房部应有专人参与接待工作。 （2）引领客人进入房间后，应主动询问是否还需要其他服务
3. 客人住店期间	（1）应根据客人的要求，安排工作经验丰富的员工进行卫生清洁服务。 （2）对于客衣洗涤、擦鞋等要求要特别注意。 （3）遇见客人时，应热情向客人打招呼。 （4）客人外出时，快速完成客房清洁，随时保持房间的整洁
4. 客人离店时	（1）提供行李服务。 （2）客房部相关管理人员应与客人进行道别。 （3）咨询客人的住宿感受。 （4）详细记录客人的要求和建议，以改进工作

项目实训

一、技能训练

（1）开夜床技能训练。

（2）演示客衣送洗服务。

（3）演示贵宾接待服务。

（4）演示加床服务。

二、实战应用

1. 对话

Dialogue 1

(H: Housekeeper; G: Guest)

H: Good evening. May I do the turn-down service for you?

G: OK. And could I have an extra bed?

H: Yes, of course. But please call the reception desk first. I'll get you one with their permission.

G: How much does an extra bed cost?

H: 30 dollars per night.

G: OK. I'll call them then.

H: Would you like me to draw the curtains, madam?

G: That's nice. And turn on lights, please.

H: Yes. Is there anything else I can do for you?

G: No more. Thank you.

H: You're welcome.

（H：客房服务员；G：客人）

H：晚上好。请问现在可以提供开夜床服务吗?

G：好的，我可以多加张床吗?

H：当然可以。但是请您先给总台打电话说明情况，他们知道后，我就帮您把床搬来。

G：请问加床是如何收费的?

H：每个晚上30美元。

G：好的，我现在给总台打电话。

H：需要拉上窗帘吗?

G：非常好，请把灯也打开。

H：好的，还有别的事情需要我帮忙吗?

G：没有了，谢谢。

H：您客气了。

Dialogue 2

(C: Clerk; G: Guest)

(The telephone rings)

G: Could you send someone up for my laundry?

C: Yes, sir. May I have your room number?

G: Room 1211.

C: OK. A laundry person will be there in a few minutes.

(Three minutes later)

C: Laundry service. May I come in?

G: Come in, please. My suits need dry cleaning. Can I have them today?

C: Certainly, we have an express service. But we charge 50 percent more.

G: I see. I'll have the express service.

C: Please fill in the laundry form and put your requests in the laundry list.

(C：职员；G：客人)

(电话铃响了)

G：你们可以派位员工来收取我的衣服吗？

C：好的，先生。请问您的房间号码是多少？

G：1211 房间。

C：好的，几分钟后洗衣工会到您房间来。

(3 分钟后)

C：洗衣服务，请问我可以进来吗？

G：请进，我的西服需要干洗，今天可以洗好吗？

C：当然可以，我们有快洗服务。但我们会多收 50% 的费用。

G：明白，就用快洗服务吧。

C：请填写洗衣单，并将您的相关要求填写在上面。

Dialogue 3

(C: Clerk; G: Guest)

(The telephone rings)

C: Good morning, room center. May I help you?

G: Yes. Would you please send me a computer and a baby cot right away?

C: Well, you'll get a baby cot in no time. But I'm afraid you'll have to go to the business center to use the computer there. This is our hotel policy.

G: I see. What's more, I'm attending a conference this afternoon. Would you find me a baby-sitter?

C: OK. We can supply reliable baby-sitting service.

G: Great! What's the rate for this service?

C: It's 60 *yuan* an hour, for a minimum of 4 hours.

G: That's quite reasonable.

C: May I have your room number and when you need the baby-sitter?

G: Room 1132. I expect the baby-sitter will come at 2:00 pm.

C: Room 1132, 2:00 this afternoon. Please wait a moment. I'll ask the chambermaid to get you a confirmation form to sign.

（C：职员；G：客人）

（电话铃响了）

C：早上好，客房服务中心。请问有什么可以帮到您？

G：请问现在可以送一台电脑和婴儿床到我的房间吗？

C：婴儿床没有问题。但是恐怕您必须到商务中心那里使用电脑，这是我们饭店的规定。

G：我知道了。今天下午我要去参加一个会议，您能帮我找一个保姆吗？

C：可以的。我们提供良好的保姆服务。

G：太棒了！请问是如何收费的？

C：每个小时收费60元，最少要照看4个小时。

G：这是很合理的。

C：可以告诉我您的房间号和需要保姆服务的时间吗？

G：1132房。我希望保姆在下午2:00过来。

C：1132房，下午2:00。请稍等，我会让客房服务员拿一份确认表格让您签字。

2. 经典词汇及句型

extra bed 加床

curtain 窗帘

express service 快洗服务

charge 收费

turn-down service 开夜床服务

baby-sitting service 婴儿照看服务

laundry service 客衣洗涤服务

May I do the turn-down service for you?

我可以为您开夜床吗？

Would you like me to draw the curtains, madam?

女士，需要我为您拉上窗帘吗？

Is there anything else I can do for you?

还有别的需要吗？

Could you send someone up for my laundry?

您能派人来收取我要洗的衣物吗？

May I have your room number?

请问您的房间号是多少？

Please fill in the laundry form and put your requests in the laundry list.
请填写洗衣单并将您的要求填写在上面。
What's the rate for this service?
这项服务是如何收费的?
I'll ask the chambermaid to get you a confirmation form to sign.
我会派一名客房服务员送一份确认表格让您签字的。

三、习题与实践

1．课堂讨论题

客房服务员在日常工作过程中若遇到一些醉酒的客人，该如何处理?

2．自测题

请判断下列说法是否正确。

（1）提供婴儿照看服务时，可以随意将照看的婴儿带出饭店。

（2）提供客衣洗涤服务时，应要求客人根据衣物的质地填写相应的洗衣单，在收取衣物的过程中要仔细检查和清点衣物。

（3）When a guest has hung a "DND" sign outside the door, the chambermaid may enter the guest room quietly without knocking at the door.

（4）A baby-sitter is usually a small chair for little baby to sit in.

3．复习思考题

如何加强客衣洗涤管理?

4．综合实训题

综合掌握客房部提供的各种对客服务的服务程序与标准。

本模块小结

清洁服务工作是饭店客房部最主要的职责之一，客房状况向客人传递重要信息，它体现出饭店在为客人营造一个干净、安全与温馨的环境中所倾注的关爱与热情。为保持这种令客人想重复惠顾饭店的客房清洁标准，客房服务员应遵守一系列细致的洁房程序和标准，这不仅为客人提供高质量客房提供了保证，也是客房服务员工作效率与工作满意度得以实现的保证。

随着饭店业竞争的日趋加剧，饭店客房部不仅要在清洁工作上下功夫，而且在对客服务形式和种类上也要不断地探索和积累经验，不同饭店将根据自己的实际情况制定更加个性化的服务。本模块具体讲述了饭店客房部客房清洁与质量控制的程序与标准，以及客房部常见的几种对客服务模式的基本内容、服务规程和相关要求。通过本模块的学习，我们可以在宏观上掌握客房服务的概念，熟悉操作标准，以启发思维。

知识拓展

饭店客房服务的发展趋势

随着饭店业竞争的加剧，饭店越来越重视客人需要的满足水平以及对运行利润的节制。而对顾客需求的进一步调研发现，饭店提供的相当一部分服务和宾客便利品并非是客人所期望得到的。因而，许多饭店开始调整饭店的对客服务项目、提供的客用品种类以及客房的软件设施。以下是饭店业在客房服务方面的发展趋势。

1. 名目多样化

客房服务项目的设立要考虑但又不局限于品位、星级等的限定，而是充分斟酌客人的需求和饭店的实际情况，使服务项目趋向于多样化。即便是同一种服务项目，也要尽力打造具有本饭店的服务特色。如一些位于环境优美的景区内的饭店，考虑到客人出入不方便，可在楼层区域设立小图书室以丰富一些喜静客人的休闲生活。同是客房小酒吧服务，由于招待对象的不同，有的饭店摆放零食类的食品，而有些饭店则摆放快餐食品等可以满足客人果腹的食物。这些不同使得客房服务项目趋于多样化，最大限度地满足客人的需求。

2. 服务个性化

程序化和规范化的服务是饭店服务品质的基本保障。然而，只有标准化，而没有个性化的服务是不完美的，不可能真正满足客人的需求，不会令客人得到完全满意的服务。因此，在饭店业竞争日趋剧烈的今天，个性化服务成为饭店之间竞争的焦点，成为服务的大趋势，客房服务尤其如此。为提供个性化服务，获得客人的忠诚，客房通常会尽可能地建立完善的客史档案，并依据客人需求的变化不断调整服务的标准和种类。如提供夜床服务的饭店要保障为客人开其喜爱的那张床，放客人青睐的水果、茶等物品。不再按照常规思维为所有客人准备同一份报纸，而是在提供服务的过程中根据客史档案的记录，按照客人的喜好，有针对性地开展服务。

3. 设施智能化

随着高科技的不断发明和应用，客人，尤其是一些商务客人，对饭店的各种设施都提出了更高的要求，使得饭店客房部的设备设施向着智能化的方向迈进。如客房钥匙体系运用智能IC卡钥匙系统，甚至现今有些饭店已采用感应门锁、指纹门锁系统等；还有先进的通信体系、宽带网络系统、e客房服务，可提供客人查看饭店消费情况、房内用膳预订服务、商品订买服务、选看电影服务等信息服务的电视系统。

4. 客房绿色化

在提倡可持续发展的今天，创立绿色饭店已成为一种时尚，而客房的绿色化则是其中主要的组成部分。因而，客房部通常在客房的房间和卫生间中放置棉织品的免洗提示卡；对于一些宾客便利品的摆放也会放置节约使用的卡片，提醒客人如果需要这些物品可以告诉客房服务中心；在卫生间使用沐浴液、洗发液的液体调配器代替传统的一次性容器，减少一次性容器对环境造成的传染；客房小冰箱选用接收式的环保产品；减少一次性塑料用品的使用；等等。

5. 设计人文化

客房的设计更重视人的感触，趋向于人文服务环境的打造。如插座的位置更加贴心，以便利客人的使用；座椅将更加追求舒适感，高低可以调节，以满足客人办公和休息的双重需要；照明的灯光既考虑到温馨环境的打造，也充分考虑到客人浏览书籍和工作的需要。另外，考虑到身体不便人士的相关要求，在所有公共区域采用无阻碍设计，打造专业的房间，这也体现着一种人文关怀的社会文化。

6. 类型多样化

随着饭店业的发展，特色经营成为饭店业发展的新趋势，而客房的类型是其特色打造的最为重要的部分。因此，客房类型出现多样化发展的趋势，如商务客房、会议客房、休闲度假客房、无烟客房、女士客房、儿童客房、无障碍客房、盲人客房、大床间、连通房等。在客房类型趋于多样化的情况下，饭店也逐步打造出自己的特色，以使自己的目标顾客群住得称心如意。

模块8　客房部库存品管理 (Managing Inventories of Housekeeping Department)

任务目标

了解客房部库存品的种类，掌握确定各类库存品的标准量数量时应考虑的因素，熟悉有效库存品管理的程序，学习布草房管理工作的程序和标准。

项目1　库存品管理 (*Inventories Management*)

案例引入

某饭店刚刚购置了一批布草，小王是该饭店仓库管理员，负责这批布草的安放与管理。由于这批布草不急着使用，于是小王就将这批布草直接放进了仓库，并做了认真的摆放。过了一段时间后，当饭店客房部通知小王需要更换布草时，小王来到仓库却发现前段时间购买的布草已经发霉，并且部分布草已经开始腐烂。

提出问题

布草的管理是饭店客房部库存品管理中非常重要的工作内容之一。本案例中小王管理的布草为什么会发霉呢？客房部应该如何加强对库存品的管理呢？

我们小组的回答是：____

____

____

相关知识

客房部库存品管理，是对饭店客房部经营管理所需的各种基本设备及用品的采购、储备、保养和使用所进行的一系列管理工作。客房部所使用的设备用品种类繁多，加强设备用品的管理是满足客人要求和降低消耗的需要，是客房部管理的重要任务之一。

Housekeeping inventories management means purchasing, storing, maintaining and using various equipments and supplies which support the operation of housekeeping department. It is one of the most important tasks of housekeeping department management to ensure the guests' needs and reduce consumption during controlling inventories.

一、标准量数量

确定各项库存品的标准量数量是实施有效库存品管理的首要任务。

标准量数量指随时备足可支撑客房部日常运作的库存物品的标准数量。确定恰当的库存品标准量数量，是指在满足客房部平稳运营的前提下，不要造成大量的资金挤压，从而影响日常资金周转。

通常饭店客房部主要负责两大种类库存品的管理，即可循环使用库存品和非可循环使用库存品。可循环使用库存品指那些可以反复使用的物品，如织物用品、工作服、宾客借用物品及一些机器设备；非可循环使用库存品指在客房部日常运作过程中被消耗或用掉的物品，如清洁供应品、小型设备及宾客供应品与便利品等。可循环与非可循环库存品的标准量数量的确定标准是不同的。

（一）可循环库存品的标准量数量的确定

客房部最重要的几类可循环使用的库存品的标准量数量的确定如表 8－1 所示。

表 8－1　可循环库存品的标准量数量的确定

名　称	标准量数量	考虑因素	备　注
织物用品	5	洗涤周期：3 个标准量 织物的更新：1 个标准量 紧急情况：1 个标准量	从洗涤周期考虑：第一个标准量的织物洗涤完毕，放入了储存室，今日待用；第二个标准量是昨天使用的，今日待洗；第三个标准量是从客房中换下，明日待洗
工作服	3	员工身上穿着：1 个标准量 送洗衣房洗涤：1 个标准量 交换脏衣服发给：1 个标准量	若配备 3 个标准量数量则要采用日洗日换制度
宾客借用物品	不确定	数量及种类取决于饭店的规模及预期宾客需求量的大小	客房部经理需与总经理和市场营销部共同商量确定宾客借用物品的种类与数量
机器与设备	不确定	取决于饭店的规模与清洁需求	设备需求还受到客房的数量及位置、地面及墙面涂料的种类及洗衣房的规模等因素影响

确定可循环库存品的标准量数量时还需注意：

（1）1 个标准量的织物用品是指一次为所有客房配备所需各类织物用品的数量。

（2）在根据洗涤周期确定标准量数量时应假设饭店的出租率为100%，并每天更换和洗涤织物用品。

（3）若饭店的洗涤周期较长，应适当增加标准量数量。

（4）宾客借用物品包括熨斗、熨衣板、针线包、吹风机、闹钟、枕头、婴儿床、床板、变压器、轮椅、电热毯等，物品的种类主要取决于饭店的服务水平及客户的典型需求。

（5）机器与设备指客房服务小车、吸尘器、清洁设备、洗衣设备等。

（6）关于员工制服的标准量数量的确定，在不同部门，制服的标准量数量是不同的，对于与顾客接触较多的前台部门员工的工作服的配备数量标准应相应高些。

（二）不可循环使用库存品标准量数量的确定

1. 不可循环使用库存品的分类（如表8－2所示）

表8－2　不可循环使用库存品的分类

种　　类	常用物品
清洁用的供应品	多功能去污剂、消毒剂、杀毒剂、金属擦亮剂、家具上光剂等
小型清洁设备	扫帚、干湿拖把、拖把绞干器、喷雾瓶、橡胶手套、眼罩等
宾客用的供应品	宾客用的便利品及文具用品

2. 不可循环使用库存品标准量数量的确定

不可循环使用库存品的标准量数量与客房部日常运作中这些物品的消耗率密切相关，其标准量数量的确定实际上是介于最大储备量和最小储备量之间。

最小储备量，是把从订货至交货间隔的时间中所需使用的物品数量与该项物品安全库存数量相加确定的。订货间隔的时间中所需使用的物品数量，是指从下订单到实际收到订货之间所用掉的购置物品数量；安全库存数量，指的是在发生紧急事件、物品损坏、送货意外延迟等情况下，客房部为平稳运行必须在手头始终保有的购置物品的数量。例如：某饭店客房用肥皂的保障性储备水平是2箱肥皂，这可保障这个饭店在接连5天满房的情况下，始终有足够的肥皂用于配置房间。客房部从提出购买需求到供应商送达肥皂订货也需要5天，那么客房部应储备的宾客肥皂的最小量就为4箱。

饭店在确定非循环使用库存品的最大储备量时会受到以下几个方面因素的影响：一是客房部的储物空间有多大；二是这些物品的有效使用期；三是饭店是否愿意投入大量的现金。

二、库存品的管理

饭店客房部需要制定出规范的实施细则以加强对各类库存品的控制和管理，以提高饭店的经营效率并降低损耗。通常库存品的管理是从其储存、发放、流通控制、消耗标准制定、统计分析、严格进出手续等方面实施监督控制。

（一）可循环使用库存品的管理

1. 织物用品的管理要点和注意事项（如表 8－3 所示）

表 8－3　织物用品的管理要点和注意事项

要　点	注 意 事 项
洗涤周期	在不影响服务质量的前提下，适当延长洗涤周期，减少洗涤频率可降低损耗
储藏	（1）洗净的织物用品在使用前至少要先放置 24 小时，有助于延长使用寿命。 （2）储藏室要具备良好的温度和湿度条件，并通风良好，温度不超过 20 ℃，相对湿度最好控制在 40% 以下。 （3）墙面材料要有良好的防渗漏、防霉蛀等预处理。 （4）织物用品应按种类有序排列，对长期不用的织物用品应做好处理，以防止积尘和变色等。 （5）平时储物室房门应上锁并建立规范的钥匙控制程序。 （6）做好定期清洁和安全检查
分发	（1）遵循“先进先出”的原则投入使用。 （2）根据开房率报告，开出分发单，确定楼层织物壁橱各类织物用品分发的需求量。 （3）做好相应检查，对于受损的干净织物用品应单独放置，并送交洗衣房经理，由其决定是否已不能使用或可进行修补。 （4）新的织物用品应洗涤后再投入使用
清点	（1）库存清点应包括放在各个点的全部织物用品，一般安排在织物用品不再流通时进行。 （2）清点工作最好由员工分小组完成，一人点数，一人将各类织物用品数量登入库存清点单

2. 工作制服的管理

通常，饭店各个部门负责提供本部门使用的各种型号与规格的制服库存品，客房部布草房负责整个饭店使用的工作制服的储存、发放和管理。

工作制服的管理要点与注意事项如表 8－4 所示。

表 8－4　工作制服的管理要点与注意事项

要　点	注 意 事 项
储藏	按照不同部门加以分类保管
分发	以脏换干净制度
清点	同表 8－3 所示的织物用品的清点工作流程

3. 机器与设备库存品的管理要点与注意事项（如表8－5所示）

表8－5 机器与设备库存品的管理要点与注意事项

要　点	注意事项
储藏	应充分考虑安全，平时应将储藏室的门锁好
发放	建立设备日志簿，记载发放、归还的一切设备
清点	应每季度进行一次清点
性能测试	定期测试其性能，确保其处于良好的状态

（二）非可循环使用库存品的管理

1. 清洁用供应品的管理要点与注意事项（如表8－6所示）

表8－6 清洁用供应品的管理要点与注意事项

要　点	注意事项
根据消耗定额以确定标准量数量	根据出租率情况制定消耗定额，一般在楼层工作间储备一周的使用量
储存	储存区应保证安全，并严格遵守标准的发放程序
统计分析	对每次的使用量进行记录和统计，便于对各楼层工作间储备量进行补充
清点	应至少每月进行实物盘存，及时购置，保证日常运营

2. 宾客用供应品的管理

由于大部分宾客用供应品属非可循环使用库存品，因此其管理办法与清洁用供应品的方法大致相同，即采用制定消耗定额以确定标准量水平、进行实物清点工作及保存记录的做法。

除了确定主储存室与楼层工作间的标准量水平外，多数饭店还制定出配置客房服务小车的标准量水平。

三、客房用品消耗定额的管理

在实际工作中，为了更好地对客房物品进行量化控制，加强统计分析，更好地掌握各种客用品的消耗情况，饭店都会制定出合理的客房用品消耗标准。一般情况下，客房用品是每天按照客房物品的配置标准进行配置的，但由于物品的性质差别，并不是所有物品每天都会消耗完，因此饭店应进行跟踪分析，以期找出物品消耗的规律。

客房用品消耗标准计算公式：单项用品消耗标准＝客房出租间天数×每间客房配备数×平均消耗率。

平均消耗率应根据每间客房每天供应量和平均每天每间客房的实际消耗量进行计算，即平均消耗率＝平均每天每间客房的实际消耗量÷每间客房每天供应量。

例如：客房的茶包，每间客房每天供应4包，而平均每间客房每天的消耗量为3包，那么茶包平均消耗率为75%。如果某一楼层每月平均出租数为600间，那么该楼层每月茶包的消耗标准为：600×4×75%＝1 800包。

项目实训

一、技能训练

对饭店客房部使用的库存品按照可循环使用和非可循环使用进行分类，并对其使用的标准量进行核算。

二、实战应用

1. 对话

Dialogue

(C: Clerk; G: Guest)

C: Good evening, this is the housekeeping service center, may I help you?

G: Yes, this is room 816. Can you send me a few more shampoo because I can not find in the bathroom?

C: I am sorry for that. Please wait a few minutes and the room attendant will send the shampoo to your room right away. Is there anything else I can do for you?

G: No, thank you.

C: You're welcome. Thank you for your calling. Good night!

（C：职员；G：客人）

C：晚上好，这里是客房服务中心，请问有什么可以帮到您的？

G：这是816房。你能给我送些洗发液吗？因为我在浴室没有找到。

C：非常抱歉！请稍等几分钟，客房服务马上将洗发液送到您的房间。还有别的需要吗？

G：没有了，谢谢。

C：不用客气，谢谢您的来电。晚安！

2. 经典词汇及句型

par number 标准量数量

non-recycled inventories 非可循环使用库存品

recycled inventories 可循环使用库存品

safety stock 保障性库存

Can you send me a few more shampoo?

你能给我送些洗发液吗？

I am sorry for that.

非常抱歉。

Is there anything else I can do for you?

还有别的需要吗？

三、习题与实践

1. 课堂讨论题

储藏室堆积的供应品意味着钱的搁置，客房部库存品的有效管理可使库存品维持在最低水平，又不至于发生短缺的情况，谈谈你对建立有效库存品管理体系的看法。

2. 自测题

（1）按照库存品的使用寿命和性质，可以将库存品分为________和________两大类。

（2）在确定织物用品的标准量数量时，应考虑三个影响因素，即________、______和________。

（3）________，是把从订货至交货间隔的时间中所需要使用的物品量与该项物品安全库存数量相加确定的。

3. 复习思考题

库存品管理应该从哪几个方面着手?

4. 综合实训题

以小组为单位，设计库存品清点单、机器设备维修记录表和卡片体系（上面要列明物品名称、型号与序号、制造商、供应商、购买日期、价格、预期使用寿命、保修信息等），并对实训饭店客房部的相关库存品进行清点和整理。

项目2　布草房管理
（*The Linen Room Management*）

案例引入

一天下午5点多，小王正在商务中心值班，看见电梯里走出三位客人，其中两位是日本客人，还有一位是北京客人孙先生，他们都来自日资企业。

“小姐，我们需要你的帮忙。”还没等小王问好，孙先生就开口了。

“您有什么需要帮忙的？请讲。”

“有件衬衣，要叠一下，得专业一点。”

“专业一点”，小王的理解是和刚买来时差不多，于是马上联系布草房。得知布草房员工可以帮忙时，小王就先介绍客人去吃料理，赢得了充足的时间。客人用完餐后，小王将叠放得整整齐齐的衬衣交到客人手上，那位日本客人双手合十，表示非常感谢，并用日语很激动地说：“比洗衣公司叠得还要好，太感谢你们了！”

提出问题

布草房虽不是直接对客服务部门，但其工作的效率将直接影响客房等服务部门的服务质量。根据上述案例，请谈谈布草房员工的主要工作职责和需要掌握的工作技能。

我们小组的回答是：____
____
____

相关知识

布草房主要承担饭店各部门布草和员工制服的收发与保管工作，保证饭店布草、制服的及时供应，同时还要保障布草的质量、清洁程度、供应速度等，是饭店主要的后勤保障性部门。布草房的工作直接影响到饭店各营业部门的正常运转及员工衣着的整洁性和精神面貌。

Linen room is mainly responsible for collecting and safekeeping of the linens and uniforms, guarantees the timely supply of the uniforms and hotel linens. It is also responsible for the quality of the linens, the cleaning degree, supply speed, etc. It is the main support department. It directly affects the normal operation of the hotel business departments and the spiritual outlooks of the staff.

一、布草房的组织机构设置

饭店的布草房一般由制服房和棉织品房组成，布草房的组织结构图如图 8－1 所示。

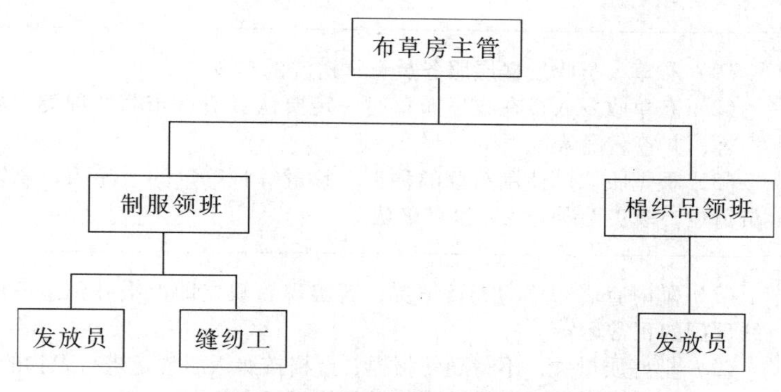

图 8－1　布草房的组织结构图

二、布草房员工的工作职责

收集脏的布草；与洗衣房协调，做好制服和布草的清点、送洗与验收；定期对布草进行清点；负责对布草的存放、保管、发放与报废；负责员工制服的发放、更换、修补与保管工作；负责员工制服的更新与报废。

三、布草房员工的工作流程与标准

布草房员工的工作流程与标准如表 8－7 所示。

表8－7　布草房员工的工作流程与标准

流　　程	标　　准
1. 班前准备	（1）按饭店规定穿好工装并整理仪容仪表，准时进入工作岗位。 （2）做好布草房的清洁工作。 （3）对照制服统计单，将存放的制服件数、品种逐一核对、清点。 （4）做好各部门送洗制服接收工作，登记送洗制服的品名、件数，同时检查制服是否存在因非工作原因所造成的损坏，一经发现应报请主管解决
2. 运送整理	（1）把制服库房内不用的衣架及所收待洗、待烫制服收集齐，交给洗衣房工作人员，当面核对并签字。 （2）将洗烫好的制服编号，并分类、核数。 （3）按顺序将洗、烫的制服分类挂放在送衣车上。 （4）检查是否有需缝补或报损的衣物，并检查洗烫是否合格。 （5）做好制服签收工作。 （6）将洗烫好的制服运回布草房，并分门别类进行存放和编号
3. 制服发放	（1）注意保持良好的服务态度。 （2）每天8:00—20:00制服房发件窗口必须保证随时有人服务，切实做好后勤保障供应工作。 （3）发放程序必须遵守饭店制度，员工需用一件脏的制服换取一件干净的制服。 （4）所有部门需要借用制服时，需报请领班并填好相关单据，交回所借制服后，借据注销
4. 客房布草的收发	（1）布草人员收发楼层服务员每日送洗的布草。 （2）布草收发人员在收发布草时一定要认真清点布草的种类、数量及是否有损坏等，并签名确认。 （3）根据收取已使用布草的种类、数量等将等量的干净的布草发放给楼层服务员清点，核实无误后双方签名确认
5. 报损	（1）随时查看布草的周转情况，若出现短缺立即上报并到总库房申领，保证一线部门的正常运转。 （2）把好质量关，不得随便报损，严格按照饭店规定进行织物的报损工作。 （3）制作相关织品报损单并交送部门领导审核
6. 制服缝补	（1）检查制服是否有破损等现象。 （2）缝补相关制服时尽量保证缝补的质量和效果
7. 后续工作	（1）下班前再对各类制服和布草进行清点。 （2）清点干净的制服并进行登记。 （3）做好下班前的安全检查工作

【事后提示】

a. 坚持以脏换净制度。

b. 坚持当面清点与检查。

项目实训

一、技能训练

(1) 练习各类布草的折叠。

(2) 练习客衣的折叠。

二、实战应用

1. 对话

Dialogue

(C: A laundry clerk; G: Guest)

(After laundry collecting time, at the linen room, the telephone rings. A laundry clerk answers the phone)

C: Laundry service section. What can I do for you?

G: Yes. This is Mary Brown calling from room 2006. I have some clothes need to be washed. Besides, a button came off my blouse, would you sew on a new one?

C: No problem, but I am afraid the new one will not be exactly the same as others.

G: It doesn't matter. Can you starch the collar and the cuffs of the shirts?

C: Of course.

G: OK. Would you send a laundryman to my room now?

C: Yes, madam. A laundryman will be up to your room right away. Just leave your laundry in the laundry bag and fill in the laundry form.

G: OK. By the way, when can I have my clothes back?

C: If we receive the laundry before 10:00 am, we'll deliver it by 7:00 pm the same day. Since it is 2:00 pm, I'm afraid you'll get them back tomorrow morning. But would you like express service? It takes only 3 hours with 50% surcharge.

G: I think I don't need the express service, thank you.

C: OK. Please put all your requests in the laundry list.

(C:洗衣部职员;G:客人)

(已经过了客衣洗涤收取的时间,在布草房,电话响了。布草房一名职员接了电话)

C:洗衣服务部,有什么需要帮忙的吗?

G:是的,我是玛丽·布朗,住房是2006。我有一些衣服需要洗涤,另外,我一件衬衫上的扣子掉了,您能帮我缝补一个新的吗?

C:没问题,但是恐怕新缝补的与其他的扣子不太一样。

G:没关系,你们可以提供衬衣衣领和袖子上浆服务吗?

C:没问题。

G:好的,可以派一位洗衣工来收取衣服吗?

C：好的，女士。洗衣工马上就到，您需要将要洗涤的衣物放入洗衣袋并填写好洗衣表格。

G：好的。顺便问一下，什么时候可以洗好？

C：如果我们是在上午10:00前收到洗衣件，在当天下午7:00我们可以洗好送给客人。但是现在是下午2:00，恐怕要在明日上午才能洗好给您。但是您需要快洗服务吗？这只需要3个小时，但要多收取50%的费用。

G：谢谢！我想我不需要快洗服务。

C：好的，请在洗衣单上填上您所有的洗衣要求。

2．经典词汇及句型

linen room 布草房

express 快速的，快捷的

I have some clothes need to be washed.

我有一些衣物需要洗涤。

It doesn't matter.

没关系。

Would you send a laundryman to my room now?

可以派一名洗衣工到我房间来吗？

Just leave your laundry in the laundry bag and fill in the laundry form.

将您要洗的衣物放入洗衣袋并填写好洗衣单。

When can I have my clothes back?

什么时候衣物可洗好送回？

If we receive the laundry before 10:00 am, we'll deliver it by 7:00 pm the same day.

如果我们是在上午10：00前收取的洗衣件，我们将在下午7：00前将衣服洗好送交给客人。

Would you like express service?

您需要快洗服务吗？

It takes only 3 hours with 50% surcharge.

这只需要3个小时，但要多收取50%的费用。

Please put all your requests in the laundry list.

请将您所有的要求填写进洗衣单内。

三、习题与实践

1．课堂讨论题

如何再利用客房部的一些已经报废的布草？

2．自测题

（1）大多数饭店的布草房归属饭店的________管理。

（2）________主要承担饭店各部门使用的布草及员工制服的收发与保管职责，是饭店最主要的后勤保障部门。

3. 复习思考题

布草房提供修补客衣服务的程序是什么？

4. 综合实训题

练习西服、西裤、衬衫等衣物的折叠操作，要求能熟练掌握各类客衣的折叠方法。

本模块小结

本模块主要对客房部各类库存品管理及布草房的工作职责和流程进行了探讨。客房部是饭店最主要的经济创收部门，也是物资开支较大的部门。掌握各类库存品的特点，制定合理的使用标准和管理办法，将对饭店的经济收益产生巨大的影响。此外，布草房是饭店最主要的后勤保障性部门，主要负责饭店布草与制服的管理工作。在日常工作中应不断规范布草的收发制度，降低布草报废率，最大限度减少布草的流失，以减少饭店的开支。

知识拓展

客房部节能实施办法

表 8－8　客房部节能实施办法

项　　目	节能措施
办公设备	保持一台电脑 24 小时开机，其他应在下班时关闭，打印机等随用随开
饮水机	中心：11:00—次日 19:30（关闭状态）（夜班饮水临时通电）
	库房：8:00—下班关闭
	地下办公室：8:00—下班关闭
	楼层：8:30—22:00（早班开，中班关）
空调	房间：夏季 26 ℃，冬季 21 ℃。 每日 18:00 后将预订房的空调开启，并按规定将温度锁定，关闭窗户；客人到店半小时后将房间空调打开
	楼层通道： 夏季：6—10 月，每日 11:30 开启，22:30 关闭，温度为 26 ℃。 冬季：11 月—次年 2 月，开房率高，楼层预订房超过 5 间时，每日 11:30 开启，22:30 关闭，温度为 21 ℃

续上表

项　目	节能措施
灯具	白天清扫房间：拉开窗帘，打开窗户通风，关闭房间所有灯（客人在除外），清扫卫生间只开床前灯和浴缸顶灯
	开夜床：开完夜床后，标间只开床头灯，单间只开靠卫生间的床头灯，套房开客厅灯和床头灯等，其他处于关闭状态
	员工工作间：随手关灯、锁门
	布草间：随手关灯、锁门
	楼层过道：22:00—次日7:00开壁灯，7:00切过道灯
	电梯厅：22:00—次日7:00开筒灯
楼道门	东西防火门及双扇门及时关闭，防火、防盗，楼层温度视情况用中央空调进行调整
房间窗户	春秋交替季节充分利用自然风调节室内温度，夏季和冬季房间空调开启时窗户关闭
电视	音量为10，清洁客房时关闭电源，不要处于待机状态（液晶电视除外）
热水器	早班8:00开启，中班22:00关闭
消毒柜	消毒程序完成后断开电源
毛巾柜	使用时提前半小时开启准备，其他时候断开电源
电梯	客用电梯：员工禁止使用。 员工电梯：三层之内且没有携带重大物品须步行
清扫用水	禁止出现长流水现象。 禁止用热水做卫生清洁（除冬季）。 清洗一件物品开启一次水源，清洗完毕立即关闭
清洁剂	清洁剂使用由库房管理员按标准提前进行配制，使用时另用小瓶装，避免超量使用带来的用水量增加和清洁剂副作用。 所有洗涤用品均按标准使用。 使用完毕以空瓶更换或用空瓶来领取（禁止使用矿泉水瓶盛装）
客用水	中班开夜床放环保提示卡，提醒客人减少床单的洗涤频率，降低水污染、洗涤用水量和原料成本。 通过管井控制、降低面盆冷热水单位出水量。 卫生间放环保提示卡，引导客人少用或多次使用巾类，减少洗涤频率，降低水污染、洗涤用水量和原料成本
工作间水池用水	水龙头随开随关，节约用水

续上表

项　　目	节能措施
低值易耗品	拖鞋：清扫住客房时客人用过的拖鞋不给予更换，把用过的拖鞋整齐摆放于床边，方便并促使客人再次使用，客人退房后，将拖鞋回收清洗后挑选再利用。 矿泉水：清扫住客房时，客人打开的半瓶矿泉水不给撤出，直到客人退房。 其他用品：清扫住客房时，客人使用过的香皂、牙具、梳子不撤掉，只把新的配在一边，促使客人仍然使用用过的一次性用品。 在清理退房时，如发现有价值的一次性用品（洗发水、沐浴液、润肤露、纸张等）要进行回收。 服务员禁止使用客用纸和笔，杜绝浪费。 服务员禁止带包上下楼
棉织品	严格按库存配备，每日清点、交接，如丢失则需赔偿。 对于住客房的床上布草，可视清洁情况稍做整理，不脏的不予更换，对常住客的床上布草可视情况三天更换一次。 引导住客房客人参与到相关环保活动中

注：本表格提供的节能措施，不应被视为一种推荐或标准，只作为参考，每个饭店为适应实际情况与需要，都有自己的节能措施和办法。

模块 9　客房部的安全与保安
(Safety and Security of Housekeeping Department)

任务目标

了解客房盗窃事故的类型，掌握饭店盗窃事故的预防和处理，学习火灾事故的预防和处理，掌握员工职业安全事故的防范，熟悉饭店客房部其他安全事故的防范与处理。

项目 1　防盗管理
(*Anti-Theft Management*)

案例引入

K 饭店是一家四星级商务性饭店，出租率一直是所在城市同星级饭店前几名，回头客较多，旅游者平均居住两至三天。某日 14 层的 1408 房住进一位国内客人，楼层服务员发现客人一住进来就挂上了“请勿打扰”牌，到下午 2：00 还挂着此牌。楼层领班打电话与客人联系，询问是否需要打扫房间，客人表示不需要打扫。

早班服务员在清洁工作表上填上 1408 房间客人拒绝服务时间，并传递给下一个班次。中班服务员在晚上 7：00 开夜床服务时，发现这间房仍然挂着“请勿打扰”牌，就从门下放进一张无法提供开床服务的通知卡，提示客人如果需要开床服务请与客房中心联系。到第二天中午 12：00 结账时，房间依然挂着“请勿打扰”牌，领班产生了怀疑，打电话至房间没有人接，便开门进行了检查，发现房间内的窗帘和全套酒水都不见了。

保卫部接到报告后，调查了客史档案，发现客人是用北京身份证登记的。根据地址找到了客人家里，通过前台接待员辨认，身份证拥有者不是入住的客人。原来这张身份证在半年前就丢失了，而入住的客人是冒充者，且与相片中人长相相似，是一个外地人。这给饭店造成了无法挽回的损失。

提出问题

从本案例我们得到了哪些启示？结合本案例谈谈客房部应如何加强对长期挂“请勿打扰”牌房间的管理。

我们小组的回答是：

相关知识

在安全方面，客人最关心的要属客房防盗。防盗设施首先是门。门上应安装警眼及能够双锁的门锁，并装有安全链。门锁系统是客房防盗的关键环节，使用高科技产品对于增强客房安全极为有效。随着科学技术的发展，钥匙逐渐从金属钥匙过渡到磁卡钥匙，或是被其他更高级的智能钥匙所取代。某家饭店在使用金属钥匙时代，客房经常出现失窃事件，且给破案工作造成一定难度，而采用磁卡钥匙以后大大降低了房间的失窃率。

About hotel safety, guests are very concerned about anti-theft system. The anti-theft door is the most important in this system. The anti-theft door with safety chain can be double-locked. Lock system is the key link against the thieves. High technology applied in guest room can strengthen safety efficiently. With the development of technology, door key is changed from metal to magcard, or replaced by other more advanced smart key. In the period of metal key, robbery usually occurred in some hotels, which is hard to get solved. Using magcard can reduce hotel robbery greatly.

一、客房盗窃事故的类型

盗窃案件是发生在饭店内最普遍、最常见的犯罪行为之一，而客房又是失窃最多的地方。盗窃案件对饭店造成的后果也较为严重，不但会造成客人和饭店的财产损失，还使饭店的声誉受损，直接影响到饭店的客源。因此，客房部必须了解盗窃事件的各种类型，有针对性地采取有效措施，预防盗窃案件的发生。

（一）员工内盗

员工内盗，即饭店员工利用工作之便盗取客人及饭店的财物，或者内外勾结作案。这种偷盗行为在整个偷盗事件中占很大比例。俗话说：家贼难防。由于内部员工对饭店的各种情况、工作程序及客情比较熟悉，作案手段更具隐蔽性，因而给破案工作带来一定的困难。

（二）外部行窃

外部行窃，即社会上的不法分子混进饭店进行盗窃。这些人往往装扮成客人蒙骗店方，盗取住店客人及饭店的财物。从饭店发生的盗窃案件情况来看，除了一般的撬门扭锁、偷配钥匙、翻墙入室行窃外，还有以下多种作案手段。

（1）冒充饭店人员行窃。例如，作案分子以饭店经理或主管的身份出现，以征求客人住店意见为名，由前面的人挡住事主的视线，后面的人趁机用废弃的磁卡钥匙将插在取电器上的客房门磁卡钥匙换掉（磁卡设置的延时功能，10 秒钟之内，电源不会切断，不易被事主发现）。然后，在楼道内守候，待客人离开后，立即进入客房进行盗窃。

（2）骗取信任开门行窃。作案分子利用客房服务员防范意识不强的漏洞，以找客人为名，或冒充住店客人，让服务员打开房门，堂而皇之地进入房间盗窃物品。

（3）混入房内行窃。有些作案分子在楼层徘徊时，发现房内的客人一时外出房门未锁，或是客人在里屋，便乘机进房盗窃。也有的作案分子趁服务员在客房内清扫卫生时，谎称是该房间的客人，进入客房行窃。

（4）在房门上做手脚。有的作案分子趁客人或服务员不备，用胶带、橡皮膏等物填充房门锁库，客人出门时随手一带，便认为已经锁好了。待客人离开后，犯罪分子便进入室内行窃。

（5）尾随客人伺机行窃。有的作案分子尾随住店客人潜入饭店的咖啡厅、餐厅、健身房、桑拿洗浴场所，拎包盗窃或撬开更衣柜后，盗取客房钥匙进入房间大肆盗窃。

（三）住客行窃

住客行窃，即住客中的不良分子盗取饭店物品，或是伺机窃取同房间住客的财物。同室盗窃多见于一些低档次的饭店，如有的惯盗持假身份证住店，趁同室客人熟睡时伺机行窃。为避免此类案件的发生，饭店应按房间出租，不要将互不相识的人员安排在同一间客房，或者要求客人将贵重物品存放在饭店的保险箱内。

二、盗窃事故的预防

（一）防止内盗

在饭店内部，没有人比客房部的员工有更多的机会接触饭店和宾客的财物，因此，客房部应从实际出发制定有效防范员工偷窃的措施。归纳起来有以下措施：

（1）建立并确定专业的招聘制度，在聘用员工时，严格进行人事审查。

（2）制定有效的员工识别方法。如通过工作牌制度来识别员工。工作牌上贴有员工的照片、签名和彩色代码，以表明员工的工作部门或工作区域。

（3）客房部服务员、工程部维修工、餐饮部送餐服务员出入客房时应登记其出入时间、事由、房号及姓名。

（4）建立部门资产管理制度，定期进行有形资产清算和员工存物柜检查，并将结果公之于众。

（5）对员工进行职业道德教育，提高员工的素质，增强员工遵纪守法的自觉性。

（6）一旦发现有人偷盗，要予以严厉打击，严肃处理，要让每一位员工都明白，任何偷盗行为，无论窃取物品的价值量大小，都会受到开除的处罚，情节严重者还要受到法律的制裁。

（二）防止来自外部的失窃

在饭店周围会有一些盯着住店宾客的不法分子，他们在掌握宾客房号的情况下，经常利用电话总机，设法弄清并核实宾客的姓名。因此应注意以下几点。

（1）电话接线员对于只知房号而企图探听宾客姓名和行踪的询问电话，均应看作不法分子所为，绝对不能告知。

（2）客房部员工要善于识别宾客，尽可能防止宾客的房门钥匙误入他人手中而发生失窃事件。

（3）各饭店都有非常出口（EXIT）标记。在正常情况下不利用电梯而走非常出口的人，应看作是重点怀疑对象，须留意观察。

（4）当员工在走廊里发现可疑的人时，应立即报告有关部门。

（5）饭店失窃事故通常发生在上午10：00至11：00之间、下午5：00之后宾客外出时间，这时正是饭店员工工作最繁忙的时候，比较容易忽视外来者。此时保安部要配合客房部加强不定时巡视。

（6）惯盗通常是窃得钥匙之后进行行窃，作为对策之一，各楼层秘密记录客房钥匙丢失情况。此外，定期更换门锁也不失为防盗的良策之一。

（三）客房钥匙管理

为保证饭店的安全，严格的钥匙控制系统是必不可少的，钥匙丢失、随意发放、私自复制或被偷盗等都会给饭店带来严重的安全问题及损失，因此饭店经营管理者必须认真对待。客房钥匙一般有以下几种。

（1）住客用钥匙。供客人使用，只能开启该房号房门。

（2）通用钥匙。供客房服务员打扫房间使用，可开启十几个房门。

（3）楼层总钥匙。供楼层领班使用，可开启该楼层所有房门。

（4）总钥匙。专供客房部及工程部经理使用，可开启各楼层及公共区域所有房门。

严格控制和管理客房钥匙一般应采取以下措施。

（1）客房服务员领用工作钥匙时必须签名登记，使用完毕需将其交回办公室，做好钥匙的交接记录。

（2）禁止随便为陌生人开启客人的房间。确因工作需要，如工程部员工维修房间设施设备、餐饮服务员收拾餐具等，应由客房服务员陪同进入房间，并做好记录。

（3）服务员在清扫房间时，必须随身携带钥匙，不得随处丢放或插在房门锁上，也不得交他人保管。

（4）服务员或保安人员在巡视时，若发现客人房门插有钥匙，要敲门提醒客人收好；若房中无人，可将钥匙拔下，交领班处理，并做好记录。

（5）对于把钥匙忘在房中的住客，能够确认的可用工作钥匙为其开门，并嘱咐下次出门别再忘记；不能确认的要礼貌查验证件，并与服务台记录核对，确认无误后方可开门。

（6）总服务台是发放与保管客房钥匙的地方，当一个客人完成登记入住手续后，就发给该房间的钥匙。

（7）遇到住店客人没带钥匙或丢失钥匙而无法进入房间时，应礼貌地告诉宾客到前台办理进房手续。楼层服务员只有在接到指令后，方可为客人打开房间。

（四）加强对客人的管理

（1）提醒客人不要随意将自己的房号告诉其他客人和任何陌生人。

（2）建立和健全访客的管理制度。

（3）在没有预约的投宿客中可能含有不良客人，所以在登记时应仔细查验有关证件和居民身份证。

（4）入住登记时接待员、侍者应确认旅客行李的数量有无可疑之处；客房服务员应仔细观察房内客人物品，如有可疑之处应立即报告饭店。

（5）切实做好验证工作和制定客人领用钥匙的规定。

（6）加强巡逻检查，发现可疑和异常情况及时处理。

（7）防止客人盗窃的管理。在客房用品上打上饭店的标志，在客房摆放客房用品价目表，提供饭店纪念品的销售服务，在客人离店时及时进房查看。

三、失窃事故的处理

饭店宾客的财物被盗以后，宾客直接通知公安局有关部门，称为“报案”，由当地公安部门受理。宾客未向公安局报案，而是向饭店反映丢失情况，称为“报失”，由饭店处理。饭店对失窃事故的处理程序如下：

（1）接到报失后，服务员应立即向客房部经理报告，由经理和大堂副理及保安部联系共同处理。

（2）宾客反映客房失窃时，请客人仔细回忆丢失物品的详细情况，丢失物品原放的位置，是否用过后存放在别处，或者不小心掉在什么地方，特别是细小的东西，很容易掉到枕头下、床底、沙发底或沙发接缝处等地方。

（3）在征得宾客同意的前提下帮助查找，不得擅自进房查找。如果确定找不到，要及时向上级管理人员汇报。

（4）如果是重大失窃（价值较大），应立即保护现场，并报告公安部门，必要时要将宾客的外出、该房间的来访等情况提供给有关部门，协助调查处理。

项目实训

一、技能训练

（1）讨论交接班时的钥匙管理程序。

（2）演示客人失窃的处理程序和标准。

（3）演示在楼梯间发现可疑人物的处理程序。

二、实战应用

1．对话

Dialogue 1

(G: Mrs Green; C: Celina)

G: My watch is missing.

C: Mrs Green, when did you lose it and where do you think you lost it?

G: This evening in my room.

C: When was the last time you saw your watch?

G: Before I went to dinner, I put it in the toilet.

C: When did you find that it was lost?

G: Just now, it was not in the toilet, and it is missing.

C: Did you bring your purse to dinner, Mrs Green?

G: Yes, I did.

C: Could you please check your purse? Just in case you may see it.

G: OK. Oh, my goodness, it is here, in my purse.

C: I am so glad you found your watch, Mrs Green. Have a good evening, goodbye.

（G：格林夫人；C：瑟琳娜）

G：我的手表丢失了。

C：格林夫人，您什么时候丢失手表的？您认为是在哪儿丢失的呢？

G：今天晚上在我的房间里。

C：您最后一次看到手表是什么时候？

G：在我用晚餐之前，我把它放在洗手间里了。

C：您什么时候发现它不见的？

G：就在刚才，它不在洗手间里，丢了。

C：格林夫人，您带手袋去吃饭了吗？

G：是的，带了。

C：可以检查一下您的手袋吗？或许手表在里面。

G：好的。哦，天哪，它真的在我的手袋里。

C：格林夫人，我很高兴您找到了手表。祝您晚间愉快，再见。

2. 经典词汇及句型

safety 安全

security 保安

When did you lost it and where do you think you lost it?

您什么时候丢失手表的？您认为手表丢在哪儿？

When was the last time you saw your watch?

您最后一次看到手表是在什么时候？

I am so glad you found your watch.

我很高兴您找到了手表。

I'll try my best to find it.

我会尽力去找。

Do you remember where and when you possibly lost it?

您记不记得您可能是在什么时候、在哪儿丢的？

We'll let you know as soon as we find it.

我们找到它会马上通知您的。

Please check to see if everything is there.

请检查一下东西是否齐全。

三、习题与实践

1. 课堂讨论题

客房防治盗窃的重点是什么？

2. 自测题

饭店客房失窃的原因有哪些？对此应采取哪些防盗措施？

3. 复习思考题

客人的财物在客房丢失后，饭店首先应当考虑的问题有哪些？首先应当做哪些工作？

4. 综合实训题

饭店的客房钥匙有哪些类型？演示不同类型的客房钥匙管理程序。

项目2　客房消防管理
(*Fire Safety Management*)

案例引入

一天晚上，杭州某饭店保安员小李正在保安室值班，突然，烟感报警器发出尖锐急促的报警声，同时913房的警示孔上不断闪现红色信号。这异常的声音和闪光立即引起了他的警觉，“不好，913房出事了！”他立即从座椅上跳起来，冲出房门，奔向913房。

到了913房门口，只见房门上挂着“请勿打扰”的牌子，小李便按了一下电铃，里面没有回音，接连又按了几下，仍然没有动静，小李便用力敲起门来，同时大声叫道：“913房客人请快开门。”里面还是一片寂静。小李当机立断，叫来楼层服务员小张，让她用备用钥匙打开房门。

小李和小张冲进客房，只见缕缕浓烟直冲烟感报警器装置。原来是垃圾桶里的废纸冒出烟雾，废纸上火星点点，但尚未燃烧起来，两人急忙到卫生间弄来两杯冷水将废纸的火星浇灭。

此时，他们才发现客人正躺在床上呼呼大睡，小李上前推他，客人仍然睡得死沉沉的，同时一股浓烈的酒气扑鼻而来，他们明白原来客人是喝醉了。小李便使劲用力反复推他，一遍遍大声叫喊：“先生，请醒醒！”客人终于醒来，一副醉眼蒙眬的样子。小张去泡了杯茶，递给客人，客人喝了几口，醉意渐渐消散，小李向客人说明得到烟感报警器报警后赶来抢救的过程，并请他说说事情经过。

原来客人晚饭时喝醉了，一个人跌跌撞撞回到客房，坐在靠椅上吸了一支烟，随手把烟头往垃圾桶里一扔，就蒙头睡大觉，以后的事情他就全然不知了。小李态度严肃但语气平缓地对客人说：“先生，维护所有客人的生命和财产安全是饭店的责任，也是每位客人的责任。您喝酒应有节制，不要喝醉，喝醉了对身体也没好处。醉后抽烟，乱扔烟头，易造成火灾，后果不堪设想，刚才您差点酿成一场事故……”客人羞愧地低头认错，表示今后一定吸取教训。

提出问题

虽然饭店火灾的发生率很低，但火灾一旦发生将使饭店在声誉及资产上付出沉重的代价。客房部所辖区域大多处于饭店的中高楼层，人员多，情况复杂，扑救和疏散人员都比较困难，因此，饭店必须极其重视客房的防火安全。那么，饭店的防火措施应重点注意哪些方面呢?

我们小组的回答是：____

相关知识

建筑物内的安全疏散设施主要用于发生火灾时灭火、疏散人员和物资。除电梯外，主要是普通楼梯和疏散楼梯、安全出口、疏散走道、防火门、应急照明灯和安全疏散标志。疏散通道、疏散楼梯应保持畅通无阻。防火门是高层饭店防火分隔和安全疏散设计不可缺少的建筑构件，是疏散楼梯间真正起作用的基本保证之一，因此要求它在发生火灾时能紧密关闭，不得蹿入烟火。即使疏散楼梯的位置、形式、耐火能力等考虑得十分周密完善，但若防火门耐火较差，启闭不灵或漏烟蹿火，则可能导致整个楼梯间彻底失去作用。

Evacuation facilities set in the building are used for saving fire, evacuating people and goods. Besides elevator, evacuation facilities include emergency staircase, exit, evacuation corridors, fire door, emergency light and evacuation logo. Emergency staircases and evacuation corridors should remain open. Fire door is a necessary part of fire compartmentation and evacuation design. After the fire blazed up, fire door closed tightly can stop fire running and make emergency staircase efficiently. Even the station and fire resistance of emergency staircase are designed carefully and perfectly, the fire door which is not proof, or not closed tightly will make emergency staircase out of action thoroughly.

一、火灾发生的原因

火灾是饭店多发的、具有极大危害性的安全事故，会造成惨重的人身伤亡和财产损失。火灾之所以是饭店安全存在的最大隐患，一方面是因为饭店中可燃性物品较多，如客房中的布件、装饰材料等，一旦发生火灾，这些材料都会成为助燃物，而且会产生毒气，不利于火灾的疏散和扑救；另一方面，饭店是众多客人聚集的地方，特别是客房部，一旦发生火灾，人们容易迷失方向，造成混乱，给疏散和救火带来困难，极易产生人员伤亡。因此，预防火灾首要的一点是要了解火灾发生的原因，防微杜渐，尽可能减少火灾的发生。

1. 吸烟不慎引起火灾

（1）客人躺在沙发、床上吸烟，不慎或乱扔未熄灭的烟头、火柴梗，引起客房可燃物和易燃物起火。

（2）将未熄灭烟头倒入垃圾袋或吸入吸尘器或遗忘在沙发上引起火灾。

（3）在禁止吸烟的地方违章吸烟。在有可燃气体或蒸汽的场所，违章点火吸烟，发生爆炸起火。

2. 电器使用不当引起火灾

（1）电器设备因安装不良、过载运行、短路等，导致电线、电缆和周围可燃物起火。

（2）带电维修电器设备、线路而产生电火花引着可燃物而引起火灾。

（3）客人在房内私自无限度地增加电器设备，使供电线负荷运转，造成电源短路，引发火灾。

3. 其他原因

（1）将各种易燃易爆物品带进饭店，引起火灾。

（2）员工不按安全操作规程作业（如客房内明火作业），没有采取防火措施，造成火灾。

（3）故意纵火、小孩玩火、地震、雷电等也会引起火灾。

二、火灾预防

1. 客房部防火制度

（1）客房部应结合本部门的具体情况，在饭店防火安全领导小组指导下，成立客房部的防火组织，制定具体的火灾预防措施。

（2）制定客房部各岗位服务人员在防火、灭火中的任务和职责。

（3）制定火警时的应急疏散计划及程序。

（4）在客房区域配置完整的防火设施设备，包括地毯、家具、床罩、墙面、房门等，都应选择具有阻燃性能的材料制作。

（5）房内“安全须知”中应有防火要点及需客人配合的具体要求。

（6）床头柜上应摆放“请勿在床上吸烟”告示牌且应摆放于醒目位置，提醒客人注意防火；客房门背后贴有安全逃生图，用以指示客人在发生火灾时安全疏散路线。

（7）安全通道处不准堆放任何物品，不准用锁关闭，保证通道畅通。

（8）配合保安部定期检查防火、灭火装置及用具，训练客房部员工掌握灭火设备的使用方法和技能。

（9）确保电梯口、过道等公共场所有足够的照明亮度；安全出口 24 小时都必须有红色照明指示灯，楼道内应有安全防火灯及疏散指示标志。

2. 员工防火制度

（1）经常检查防火通道，保证防火通道畅通。

（2）经常检查用电线路，如发现电线磨损，应立即报告上级主管处理。

（3）留意不容易发觉的电器漏电或使用不正确而造成的隐患。

（4）发现客人房间有未熄灭的烟头、火种，应立即处理。

（5）饭店员工必须了解火警系统，熟知消火栓、灭火器及其他灭火用具的位置。

（6）严禁员工在非吸烟区内吸烟，不准随地丢烟头、火柴梗。

（7）非饭店专业电工，不准擅自接拉或拆除电线、电源插座。

（8）禁止在安全危险标志区燃放烟花爆竹。

（9）客房区域内发现易燃、易爆等危险物品时，服务员不得随意翻动，要派人控制，并及时报告保安部处理。

（10）发现客人使用电炉、电烤箱及在房间内多种电器同时用电时，应立即通知保安部，以免因超负荷用电而发生意外。

（11）下班时，要认真检查工作场所是否有未熄灭的烟头等火种，关好门窗，切断电源后方可离开。

3. 宾客防火制度

（1）请勿携带易燃、易爆等化学物品及充压容器进入饭店。

（2）请勿在饭店内使用燃油、酒精或液化石油气等灶具和其他加热设备。

（3）请勿在电梯内和床上吸烟，禁止随地乱扔烟头、火柴梗。

（4）请勿在饭店范围内燃放烟花、爆竹。

（5）未经饭店保安部批准，请勿在客房内安装复印机、传真机等办公设备及家用电器。

（6）如发生火灾及其他意外事件，请勿惊慌，应拨打饭店的报警电话“119”或及时向服务人员报告，从安全防火通道迅速疏散。

（7）如违反上述制度，酿成火警、火灾事故者，负责赔偿全部经济损失，对造成严重后果者，由司法部门追究刑事责任。

三、火灾事故的处理

客房楼层一旦发生火情，客房部员工要以高度的责任心，沉着冷静，按平时消防训练的规定要求迅速行动，确保宾客的人身、财产和饭店财产的安全，努力把损失降到最小限度。

1. 发现火情时

（1）发现火情应打店内报警电话及时报警，报警时讲清起火具体地点，燃烧何物，火势大小，报警人的姓名、身份及所在部门和部位。

（2）如火情紧急，应立即打碎墙上的报警装置，报警后迅速使用轻便灭火器灭火。

（3）关闭所有电器开关，关闭通风、排风设备。

（4）如果火势已不能控制，则应立即撤离火场。离开时应关闭沿路门窗，在安全区域内等候消防人员到场，并为他们提供必要的帮助。

2. 听到报警信号时

（1）听到报警信号时，客房管理者应尽快了解情况，若火警是发生在客房区域，管理者应立即赶赴现场，指挥员工立即查看火警是否发生在本区域。

（2）无特殊任务的客房员工应照常工作，保持镇静、警觉，随时待命。

（3）除指定人员外，任何工作人员在任何情况下都不得与总机房联系，全部电话线必须畅通无阻，仅供发布紧急指示用。

3. 听到疏散信号时

疏散信号表明饭店某处已发生火灾，要求客人和全体饭店人员立即通过紧急出口撤离，赶到指定地点列队点名。该信号只能由在火场的消防部门指挥员发出。客房管理者应立即赶往现场有步骤地组织客人和员工疏散。

在疏散时，首先应听明白紧急广播火灾的确切地点，确定安全的疏散方向。在所有的紧急出口、逃生通道、逃生路线的适当地点安排员工站立，并引导客人到安全地点，避免客人仓皇中不知方向而造成混乱。

在疏散过程中，应提醒客人走最近的通道，千万不能使用电梯。一般将事先准备好的“请勿乘电梯”的牌子放在电梯前。还应督导客房员工检查每一间客房内是否还有客人，并帮助客人通过紧急出口离开。特别要注意帮助老弱病残及儿童，护送他们到达安全地带。在确认房内无人时，要把房间的所有门窗都关上，以阻止火焰的蔓延，然后在房门上用约定的方式做记号，表示此房已检查无客人。若发现门下有烟雾冒出，则应先触摸此门，如果很热切勿开门。但如房内有住客，应立即开门。在离开时如有可能应将重要文件资料及现金带上。

当所有人员撤离到指定地点后，客房管理者应协助前厅管理者查点客人撤离情况，还要根据携带出的出勤记录核对员工是否安全撤离。如有下落不明或还未撤离人员，应立即通知消防队员。

4. 对遇险者的救援

（1）在火场确认有遇险者时，可利用扩音器等，先稳住遇险者情绪之后明确告知安全出口和疏散通道的位置。

（2）为了救出遇险者而需要进入室内时，必须携带缆绳、手电筒、钩子、湿毛巾等救护品，沿着楼梯、栏杆、墙壁入内，并在入室前找好非常出口。

（3）在释放出高温热流或有毒气体时，不得急忙进入室内，而应先打碎门窗疏通空气。

（4）把室内的死胡同、卫生间、楼梯出入口作为重点区域搜寻遇险者。

（5）发现伤者时，先确认伤处，在不触动伤处的情况下，将伤者迅速转移到安全地方，移交给医护人员救治。

（6）对于救出的伤病人员，进行应急救治之后，迅速转移至医院。

5. 与专业消防队的合作

待专业消防队来到之后，必须与消防人员取得联系，在消防队的统一指挥下，协同作战，避免消防作业出现死角。此外，还要积极协助消防队员打开各处出入门并指引失火点；主动介绍火灾现场情况，有无遇险者、火灾特点、有无危险物或高压可燃气体及抢救物的有关资料和现场可容纳人数。

四、火灾逃生要领

客房管理者和员工都应熟悉火灾发生时的逃生要领，以便在火灾中能够给予客人适当的帮助和指导，尽量减少火灾中的人员伤亡。

1. 被困房间的自救

（1）打开房门前，可以借助窥镜观察外面的火情，如看到浓烟或火苗，千万不要开门。

（2）也可试试根据房门或门把手的温度判断是否可以自救，如所试部位很热，表明外面火势正猛，千万不能开门，关上门可以阻止浓烟快速蔓延。

（3）如果门外火势猛烈无法离开，可以利用电话向饭店进行呼救，说明你所困地点。

（4）打开卫生间的排气窗，在浴盆内放满水，将所有易燃物品用水浸湿，不断往门上、墙上泼水，用湿毛巾包好鼻子和嘴。

（5）用浸湿后的毛巾、床单等物品塞紧门缝，防止房间进烟。

2．离开房间后的逃生

（1）应关好房门，随身带好房门钥匙，以备疏散路线中断时退回到客房自救，并等待外面救援。

（2）离开客房时，随身携带一条湿毛巾，经过烟雾区时用湿毛巾捂住口鼻，以防有毒气体，经过浓烟区时，要弯腰或爬行前进。

（3）要搞清前进方向，从最近通道疏散，最好从楼梯逃走，不宜利用电梯逃生。

（4）如果火势猛烈无法下楼，可往楼顶上跑，跑到楼顶后，应站在逆风一面，等待营救。

项目实训

一、技能训练

（1）演示发现火情时的处理程序。

（2）演示听到疏散信号时的处理程序。

（3）演示离开房间后的逃生要领。

二、实战应用

1．对话

Dialogue 1

(A: Housekeeper; B: Female guest; C: Hotel engineer)

A: Housekeeping. May I help you?

B: I'm outside on the fire escape and can't get in. What shall I do?

A: Which floor are you on, ma'am?

B: The 15th Floor.

A: Could you stay where you are, ma'am? We will send someone immediately.

C: Hello? Is anyone there?

B: Yes, I'm here.

C: Could you step to the left as the door opens outwards, ma'am?

B: Sure.

(Opens door)

B: Thank goodness you came! I was beginning to give up hope.

C: I'm very sorry, ma'am, but for security reasons the fire doors cannot be opened from the outside.

B: Oh, is that the reason?

（A：客房服务员；B：女客人；C：工程部员工）

A：客房管理部，需要我效劳吗？

B：我被关在太平梯外面，进不去。怎么办？

A：您在哪一楼，女士？

B：15 楼。

A：请待在那里好吗？我们立刻派人过去。

C：喂？有人在那儿吗？

B：是的，我在这儿。

C：因为门往外开，所以请站到左边去好吗？

B：好的。

（打开门）

B：幸好你来了！我都快要放弃希望了。

C：非常抱歉，但是基于安全原因，防火门是无法从外头开启的。

B：哦，是这样吗？

Dialogue 2

(A: Guest; B: Clerk)

A: What is wrong? I just heard something from the corridor.

B: There is a fire on the third floor. Please hurry to leave the hotel. This way please.

A: Oh, God. What can I do?

B: Don't be panic. Just follow me.

A: All right. Can we take on elevator downstairs?

B: The elevator goes wrong, it is out of service now.

A: What? Then, how can I get to the ground floor?

B: You may take the stairs. It is just there, on the corner.

（A：客人；B：职员）

A：怎么啦？我刚听到走廊那边发生了事情。

B：三楼发生了火灾，请尽快离开饭店。请这边走。

A：噢，天哪。我该怎么办呢？

B：别恐慌，请跟我走。

A：好的。我们可以搭乘电梯下楼吗？

B：电梯出故障了，现在不能用。

A：什么？那我要怎么下去呢？

B：您可以走楼梯，就在角落那边。

2. 经典词汇及句型

evacuation facility 疏散设施

emergency staircase 疏散楼梯

fire door 防火门

I'm outside on the fire escape and can't get in.

我被关在太平梯外面，进不去。

Could you step to the right as the door opens outwards.

因为门往外开，所以请站到右边去好吗？

Please do not worry, there is no danger.

请别担心，没有危险。

The emergency exit is this way.

紧急出口在这边。

Please do not use the elevators.

请不要搭乘电梯。

Cover your nose and mouth with a wet towel as not to inhale smoke our fumes.

请用湿毛巾掩住口鼻，以防吸入烟或毒气。

Crouch or crawl along the wall, and proceed towards an emergency staircase free of flames.

沿着墙壁蹲下或爬行，并向前推进到防火的紧急楼梯。

三、习题与实践

1. 课堂讨论题

客房火灾的起因主要有哪些？

2. 自测题

（1）客房部防火制度：床头柜上应摆放________卡且应摆放于醒目位置，提醒客人注意防火；________不准堆放任何物品，不准用锁关闭，保证通道畅通；________24 小时都必须有红色照明指示灯；________应有安全防火灯及疏散指示标志。

（2）员工防火制度：严禁员工在________内吸烟，禁止在________区燃放烟花爆竹，下班时，要认真检查工作场所，________后方可离开。

3. 复习思考题

发生火灾时应如何处理？

4. 综合实训题

请演示如何规范使用干粉灭火器、泡沫灭火器、防毒面具。

项目3　其他安全事故的防范与处理

(*Defense and Treatment of Other Accident*)

案例引入

一天，上海某五星级饭店前厅来了两位宾客。“你好！请帮我查找一下，有没有一位名叫约翰的新加坡客人在此下榻，我们很想尽快见到他。”“请稍等。”接待员立即进行查询，果然有位叫约翰的先生。接待员于是接通客人房间电话，但长时间没有人应答，于是接待员对两位宾客说：“很遗憾，这位先生确实住宿本店，但此刻不在房间，也没有他的留言，请你们在大堂休息等候或者另行约定，好吗？”

这两位来访者对接待员的答复不太满意：“我们与约翰是相识多年的朋友了，告诉我们他的房间号码吧，我们进房间等候。”接待员和颜悦色地向他们解释：“为了住店客人的安全，本店有规定，在未征得住店客人同意之前，不便将房号告诉他人。两位先生远道而来，正巧约翰先生不在房间，建议你们可以给约翰先生留言，或随时与我们联系，我们乐意随时为你们服务。”

来访客人听了接待员这一席话，便写了一封信留下来。

晚上，约翰先生回到饭店，接待员将来访者留下的信交给他，并说明为安全起见和不打扰他休息，接待员没有将房号告诉来访者，敬请他原谅。约翰先生当即表示理解，并说这条规定有助于维护住店客人的权益，值得赞赏。

提出问题

“为住店客人保密”是饭店的一条原则，执行这条原则的关键在于要处理得当。案例中的接待员始终礼貌待客，耐心向来访者解释，并及时提出合理建议。由于解释中肯，态度和蔼，使来访者提不出异议，反而对饭店严格的管理留下深刻印象。从这个意义上讲，维护住店客人的切身利益，以安全为重，使客人放心，正是饭店的一种无形的特殊服务。请你思考一下，饭店还可以从哪些方面为客人提供保密服务？

我们小组的回答是：______________________________

____

____

相关知识

安全部是任何一家饭店的必备机构，其大小可以视饭店的规模而定。一般中型饭店的安全部是隶属于总经理的职能部门，设有专职安全保卫人员，主要任务是负责整个饭店的安全保卫工作、饭店员工的安全培训、建立健全安全防范制度并处理各种意外事件。饭店的安全制度有：门卫制度、巡逻制度、客人住宿验证制度、房门钥匙管理制度、总服务台安全防范制度、贵重物品保管制度、防火制度、访客制度等。

Security Department is necessary in any hotels. Its scale is decided by hotel scale. Security Department is under the command of General Management in a middle-sized hotel, and in charge of hotel safety work, stuff safety training, establishing safety system and handling various accidents with specific security guard. Hotel safety system is including doorkeeper, patrolling, lodging checking, door key safekeeping, front desk safety, valuables keeping, fire safety, visitor management, and so on.

一、员工职业安全事故的防范

客房部和工程部是饭店中最易发生事故和受到伤害的部门。客房服务员在进行客房服务过程中，由于不注意安全因素，时有工伤事故发生，最常见的是扭伤、劳损和摔倒，造成宾客或员工自身的人身伤害，既损害了个人的身心健康，又影响饭店的声誉和经济利益。据统计，饭店中80%的事故都是由于员工不遵守操作规程、粗心大意、精神不集中造成的，只有20%是设备原因所致。因此，所有员工在工作过程中，都必须有安全意识，防止事故的发生。

（一）事故发生的原因分析

造成员工伤害事故的原因主要有以下几个。

（1）员工不遵守服务规程。员工的危险动作是造成意外的原因之一，如不按规定使用各种设备工具，不按程序进行清扫，不遵守劳动纪律，进房不开电灯，把手伸到垃圾桶里，站在浴缸边缘挂浴帘，等等。

（2）员工工作责任心不强。如员工在工作中发现异常情况不及时汇报，不及时向宾客说明使用注意事项，未及时提醒宾客，清洁器具不按规定放置，泼在地面的液体或食物没有及时清理，等等。

（3）设施设备本身存在安全隐患。如高层客房开窗问题，卫生间地面、浴缸无防滑措施，冷热水龙头无标志，客房内无顶灯，照明未达标准，设施设备安装不牢固，电器设备绝缘性能欠佳，设备堆放或存放方式不当，等等。

（二）员工安全操作制度

安全操作以创造没有危险的工作环境为目标，管理人员和员工必须共同努力，消除一切工作中的危险因素。

管理人员的职责如下：

（1）管理人员应在其责任区中负有防止意外事故发生的责任。

（2）对新员工详细解释有关安全规定及正确的工作方法。

（3）日常管理中加强对职业安全的教导和监督，员工有不安全行为时，随时加以修正以防意外。同时，在培训过程中，增加安全培训的内容，增强员工安全意识和工作责任心。

（4）制定详细的服务操作规程，并在工作中加以贯彻执行。

一线操作人员如果能遵守以下安全操作须知，可以最大限度地避免意外事件的发生：

（1）不得在饭店内及楼层内奔跑，登高作业必须用梯架，在公共区域登梯操作时必须有人扶梯。

（2）进行高空抹窗工作或在公共区域的地板落蜡时，必须放置警示牌，让过往行人小心留意。另外，高空作业时一定要系安全带。

（3）移动较重的物品，应使用手推车，推车应用双手推行，物品较多时，应分次搬运，以保安全。

（4）工作场地如有油污或湿滑，应立即擦干净，以免滑倒摔伤。

（5）不要用损坏的清洁器，也不可自行修理。

（6）不可把手伸进垃圾桶、袋，以防利器和碎玻璃把手刺伤。

（7）清洁卫生间时要注意有无用过的刮须刀片，如有发现应妥善处理。

（8）发现窗玻璃、镜子有破裂，立即报请更换；不能立即更换的，必须用强力胶纸贴上，以防有坠下的危险。

（9）大块玻璃隔墙或大扇门上要贴上有色标志，以免客人或员工不慎撞伤。

（10）员工的制服裤不宜太长，以免绊脚。当使用较浓的清洁剂时，应戴手套，以免化学剂腐蚀皮肤。

(11) 发现公共区域照明不良或设备有损坏，应马上报告领班，尽快修理，并采取临时救急措施，以免发生危险。

(12) 在公共场所清洁时，使用工作车、吸尘器、洗地机和地毯机，应留意是否有电线绊脚的可能性，清洁器具应靠墙边摆放。

(13) 洗地毯和洗地时，要特别注意是否弄湿了电源插头和插座，小心触电。

(三) 员工应掌握的可疑现象

客房部员工在工作中如发现以下异常情况，应及时向主管汇报：

(1) 武器或疑似武器的东西。

(2) 持有除了资料袋、日用品和提包外疑似爆炸物的东西。

(3) 有行李不交给服务员而自己亲自搬动。

(4) 在宾馆内随处抽烟并窥视四周。

(5) 行李虽小但沉重或显得很重。

(6) 外包装与内包物不符。

(7) 携带内含铁器的行李。

(8) 在谈话中讲出非安定性言语。

(9) 参加会议的房客在客房附近徘徊或行动可疑。

(10) 普通房客尾随会议客人。

(11) 房客表现出着急、不安、恐惧、彷徨。

(12) 房客长时间待在宾馆角落或卫生间。

(13) 服务员没有什么理由而制造事端，以此引起众人注意。

(14) 不符夫妻年龄的人冒充夫妇来投宿。

二、住客伤病的处理

任何员工在任何场合发现有伤病的客人应立即报告，尤其是客房部员工及管理人员，在工作中应随时注意是否有伤病客人，如有发现，应立即报告。

(一) 一般性疾病

在住店期间，客人可能会偶感风寒或是有其他地方不舒服，服务员在服务过程中应细心观察，发现客人不舒服后可询问情况，帮助客人请驻店医生，并在此后的服务中注意多关心该客人，多送些开水，提醒客人按时服药。

(二) 突发性疾病

突发性疾病一般包括心脑血管疾病、胃肠疾病、食物中毒等。遇到这种情况，服务员要立即请医生过来，同时报告管理人员。绝对不能擅作主张救治病人，因为处理不妥可能会导致更严重的后果。若驻店医生不在现场，而患者头脑尚清醒，请服务员帮助购药服用，服务员应婉言拒绝，劝客人立即到医院或请医生到饭店治疗，以免误诊。客人病情严重时，客房部要立即与同来的家属、同伴或是随同人员联系。若客人独自住在饭店，客房部要立即报告在店经理或大堂副理，请饭店派车派人送客人去医院救治。必要时还要设法与客人工作单位或家里取得联系。

（三）传染性疾病

如果发现客人患的是传染性疾病，必须立即向大堂值班经理或饭店总经理汇报，并向防疫卫生部门汇报，以便及时采取有效措施，防止疾病传播。同时注意对患者使用的用具用品严格消毒，并在客人离店后对房间、卫生间严格消毒，对接触过患者的服务人员，要在一定的时间内进行体检，防止疾病扩散。此外，为了防止传染病的蔓延，保障住店客人的安全与健康，饭店方面也有权拒绝患有传染病的顾客留宿。

三、住客死亡的处理

住客死亡，是指客人在住店期间因病死亡、意外事件死亡、自杀、他杀或其他原因不明的死亡。除前一种属于正常死亡外，其他均为非正常死亡。住客死亡多发生在客房，因此，楼层服务员要提高警惕，发现客人或客房有异常时要多留心，及时报告管理人员。例如，客人连日沉默不语，客房长时间挂“请勿打扰”牌，房内有异常动静，访客离去后再不见客人出来，房内久无声响，等等。对于怀疑有自杀倾向的客人，尤其要多留意观察，要多接近，讲些开导的话。

住客死亡的处理程序如表9-1所示。

表9-1　住客死亡的处理程序

部门（员工）	位置	采取的措施
首先发现住客死亡的员工	待在现场	立即通知服务中心，汇报情况
服务中心员工	留在服务中心	立即通知总经理、保安部经理、客房部经理、大堂副理，并报警
客房部经理、楼层管家、楼层服务员	待在楼层	（1）客房部经理尽快抵达现场。 （2）保护现场，不可让闲杂人员进出，若有媒体人员欲进入亦应协助保安人员礼貌拒绝其进入。 （3）如证实客人属正常死亡，经警方出具证明，由饭店通知死者家属并协助处理后事，楼层管家应为其保管私人物品，待家属领取。 （4）如果疑似谋杀或自杀，应密切配合警察调查取证，尽可能详细提供线索，同时也要注意保密，楼层管家应将其私人物品记录和签字后，交给警察保管。 （5）待相关单位的检查及勘验工作完成后，应与家属协调，利用夜晚由后门进出，以免惊动其他客人或员工。 （6）协助警察和医务人员移走死者。 （7）当事发现场解封后，应尽快清理和消毒现场，并将该住客所使用的物品全部报请销毁

四、人身事故的处理

快速而圆满地处理事故，会减少宾客的紧张、恐惧情绪，使客人对饭店产生感激之情，对员工的热情服务有一种亲切感。在住店客人发生人身事故后医护人员到来之前，客房部员工应进行临时性应急处置，处置要领如下。

（1）稳定伤（患）者的情绪，注意观察病情变化。

（2）让话务员呼叫医生或者急救车，送患者去医院，在医生来到之后应告知病情。

（3）如果伤处出血，应用止血带进行止血；如果不能缠绕止血带，用手按住出血口，待医生到达后则遵医嘱。

（4）如果是轻度烫伤，先用大量干净水进行冲洗；对于重度烫伤，不得用手触摸伤处或弄破水泡，应由医生处理。

（5）如果是四肢骨折，先止血后用夹板托住。

（6）如果是肋骨骨折，应在原地放置不动，请医生处置。

（7）如果头部受了伤，在可能的情况下要小心进行止血，之后请医生或送往医院。

（8）如果后背受了伤，尽量不要翻动身体，应立即请医生或送往医院。

（9）如果是杂物飞进眼睛，上眼药水或用洁净的清水清洗眼睛。

五、醉酒客人的处理

饭店经常发生客人饮酒过量现象。醉酒客人的破坏性较大，轻则行为失态，大吵大闹，随地呕吐，重则危及生命及客房设备与家具，或酿成更大的事故。客房服务员遇到上述醉客时，应保持理智、机警，根据醉酒客人的不同种类及特征，谨慎处理。处理方法如下。

（1）对轻度醉酒的客人，可婉言劝导，安置其回房休息。

（2）对重度醉酒不听劝导的客人，要协助保安使其稳定情绪，送回客房，以免其扰乱其他住客或伤害自己。

（3）对醉酒客人的房间要特别注意观察，防止客人在失去理智时破坏房间设备或因吸烟引起火灾。

（4）若服务员在楼层走廊遇见醉酒的客人，不要单独扶其进房甚至为其宽衣休息，以免客人酒醒后发生不必要的误会。

（5）醉酒客人如有召唤，服务员应与值班主管一同前往，女服务员应避免独自进入客房，以免发生意外。

（6）因醉酒可诱发心脏病发作及剧烈呕吐后上消化道出血等情况，故安顿好醉酒客人后，对其还应多留心观察。

六、停电事故的处理

饭店客房停电事故发生的可能性往往比其他自然灾害要高，一旦停电，会给客人带来极大不便，更会引起客人不满，给饭店带来较坏的影响。停电事故可能是由外部供电系统引起的，也可能是由饭店内部供电系统故障导致的，还可能是由一些不可预料的因素造成的。对于拥有100间以上客房的饭店，应当配备紧急供电装置（如采取双路进电或自备发电机，保证在停电后能立即自行启动供电）或足够数量的应急灯。饭店还应制定应急方案，一旦发生停电事故，员工能临场不乱、从容冷静，减少客人的不满或惊慌情绪。处理程序如下。

（1）预知停电时，可用书面通知方式告知住店宾客，以便宾客早做准备。

（2）及时向宾客说明是停电事故以及事故原因，表明饭店正在采取紧急措施恢复供电，以免其惊慌失措。

（3）用应急灯照亮公共场所或无光亮区域，帮助滞留在走廊及电梯中的宾客回到房间或转移到安全的地方。

（4）在停电期间，所有员工要坚守岗位，楼道口、电梯口、安全出口、库房等处密切注意，防止有人趁机行窃。

（5）管理人员要立即到楼层加强巡视。

（6）防止宾客点燃蜡烛而引起火灾。

（7）供电后检查各客房是否安全。

七、侵害骚扰事件的防范

外来人员对住客的侵害骚扰事件，尤其是娼妓的骚扰，是客房安全管理中很棘手的问题。如果处理不当，不但会影响饭店的声誉和正常经营，而且也会干扰客人在饭店的正常活动和休息，甚至威胁到客人的安全。这些骚扰者往往以住店客人的名义进入饭店，所以管理起来难度较大。可采用以下一些灵活方法加以防范。

（1）保安人员和服务人员可进行暗中监视，一旦有可疑人员准备乘电梯上楼时，保安人员立即用对讲机或电话通知楼层服务员，告知其特征，注意对其的“接待”。

（2）当“客人”走出电梯时，客房服务员可让其办理访客登记手续，并以巧妙的方式提问试探，必要时可委婉地请其离开。

（3）客房服务员应尽量记住住客和访客，特别是一些可疑者的特征，如发现异常情况应及时向管理人员或保安部门报告。

八、爆炸物及疑似爆炸物的处理

有效处理爆炸威胁的程序如下。

（1）发现威胁的员工，待在现场立即通知服务中心和监控中心，报告确切地点、发现时间、形状及大小等情况。

（2）不要轻易触动可疑物体，尽可能保护、控制现场。

（3）与嫌疑犯讲话，尽可能获取更多关于爆炸物品的信息，向保安部汇报所掌握的信息。客房部员工待在事发楼层。

（4）对于发生爆炸后的现场，立即组织人员警戒，除医护人员、消防人员和公安人员外，其他人员一律不得进入现场。

（5）已死亡者应等待法医鉴定处理。

（6）应详细记下现场目击者姓名、住址、单位、联系方式等，以便事后询问。

项目实训

一、技能训练

（1）演示对醉酒客人的处理程序。

（2）演示对侵害骚扰事件的处理程序。

二、实战应用

1. 对话

Announcement for Emergency

Alarm: Your attention, please. Your attention, please. Please stay calm. The situation is under control and is being investigated. Don't use the phone during the next 10 minutes. You will be contacted if there is any danger.

Ellen: Your attention, please. Your attention, please. This is Ellen, the switchboard operator. We are evacuating the hotel now. Please stay calm and use the stairs. Do not use lifts or elevators. Leave all your personal belongings in your rooms. Take only your room key and close the door behind you. Please act quickly and come to the front garden.

紧急广播

警告：请注意，请注意。请保持镇静。局面在控制中，情况正在调查。10 分钟内不要占用电话线，如果有任何危险，您会接到通知的。

艾伦：请注意，请注意！我是总机艾伦。我们正在撤离饭店。请保持冷静，从楼梯撤离。不要使用电梯或是扶手梯。把个人物品留在房间。带上房间钥匙，关好房门。请迅速到前花园集合。

No Electricity

Guest: The electricity is off in my room. /We have no electricity.

Manager: Yes. We're very sorry (explanation if possible). We are starting up our back-up generator right now. You should have electricity in about five or ten minutes. Don't worry. Help is on the way. Please follow me to the lobby by the emergency exit.

停　电

客人：我的房间没电了。/我们这里停电了。

经理：是的，非常对不起（如果可能请给予解释）。我们正在启动备用发电机，将在 5～10 分钟内恢复用电。不要慌，救援人员马上就到。请大家随我从安全出口撤到大厅。

2. 经典句型

Just a minute, ma'am. Please enter the hotel that way. This way is not for guests.

请稍等，女士。进入饭店请走另一边，这条路是客人止步的。

Sorry, miss. Pets are not allowed to enter out hotel.

对不起，女士。宠物不能带入饭店。

I am sorry, but it is the rule of our hotel. I hope you can understand.

很抱歉，但这是我们饭店的规定。希望你能理解。

May I know if you are staying in our hotel?

请问您是不是住店客人？

Would you show me your room key(invitation card), please?

请您出示一下您的房间钥匙（邀请卡），好吗？

Please report the case to the Security Department.

请将事件报告保安部。

Smoking and lighting fires are strictly prohibited.

严禁吸烟和燃放鞭炮。

There is an alarm from the smoke sensor in your room, can we get in your room and have a check?

您房间的烟感器发出了警报，我们能进来检查一下吗？

三、习题与实践

1. 课堂讨论题

(1) 对混入客房区域的推销者应如何处理？

(2) 如果遇到情绪非常激动的客人，饭店应如何处理？

(3) 客房部员工应如何避免在工作中受伤？

2. 自测题

(1) 进行高空抹窗工作，必须放置________，高空作业时一定要系安全带。

(2) 移动较重的物品，应使用________。

(3) 不可把手伸进________，以防利器和碎玻璃把手划伤。

(4) 大块玻璃隔面或大扇门上要贴上________。

(5) 当使用较浓的清洁剂时，应________，以免化学剂腐蚀皮肤。

(6) 在公共场所清洁时应留意________，________应靠墙边摆放。

3. 复习思考题

(1) 对醉酒客人的处理要注意哪些问题？

(2) 对停电事故的处理要注意哪些问题？

4. 综合实训题

(1) 演示爆炸物及疑似爆炸物的处理程序。

(2) 演示住客死亡的处理程序。

本模块小结

本模块涉及饭店客房安全的主要问题，提出了客房安全管理的主要任务，重点强调了如何正确预防和处理盗窃、火灾和其他事故发生的措施和方法。同时，切实关心饭店一线服务人员的职业安全。本模块从预防到事故发生的处理角度，全方位介绍了饭店安全管理工作，饭店可以结合自身的实际情况，制定翔实的安全操作规程，依靠控制人的行为来防止事故的发生。

知识拓展

火灾报警系统

火灾报警系统一般由两部分组成，即火灾探测器和火灾自动报警控制器，但起主导作用的是火灾探测器。目前，国内外的探测器主要有烟感器、温感器和光感器。

烟感器：烟感器是客房最常见的防火装置，通常安置在房间和走廊。烟感器有离子感应式和光电感应式两种。其原理都是当火灾发生时发出的烟雾颗粒对烟感器里面的电离子或光波产生干扰时，烟感器就会发出报警信号。其保护面积达 100 平方米，高度不超过 4 米。

温感器：其原理有两种，一种是运用金属热胀冷缩的原理。正常情况下，电路是断开的，当温度升到一定程度时，金属膨胀、延伸，导体接通，发出信号。另一种是利用某些金属易熔的特性，在温感器里固定一块低熔点合金，当温度升高到熔点时，金属熔化，借助弹簧的作用力，使熔头相碰，电路接通，发出信号。温感器可以根据不同的场所选择不同的定温型，客房一般选择 68 ℃定温型。

光感器：一种是红外线光感器，通过接收火焰的红外线辐射，产生信号报警；另一种是紫外线光感器，接收火焰发出的紫外线辐射而报警。

除以上三种以外，还有手动报警系统，击碎报警按钮器玻璃即报警的系统，还有通过电铃向有关部门报警的系统。

消防器材的使用

干粉灭火器：干粉灭火器是以高压二氧化碳气体为动力喷射干粉灭火剂的工具，适用于扑灭油类、可燃气体和电器设备的初期火灾。

二氧化碳灭火器：二氧化碳灭火器的优点是不导电、不含水分、不污损仪器设备。它主要适用于扑救电器、精密仪器、贵重设备、图书档案等火灾。

消火栓：消火栓装置主要是用水来扑灭火灾，一般设置在客房楼层墙壁上或公共区域。

1211 灭火器：1211 灭火器亦称卤代烷灭火剂，它具有抑制燃烧的连锁反应，并有一定的冷却、窒息作用。其优点是灭火效率高、不留痕迹、绝缘性能好、腐蚀性小、久贮不变质等。适用于扑救精密仪器、重点文件、总机室和电梯等处的火灾。

泡沫灭火器：泡沫灭火器是一个通过筒内酸性溶液与碱性溶液混合发生化学反应，喷出泡沫覆盖在燃烧物的表面上，隔绝空气，起到灭火效果的工具。它适用于扑救油脂类及一般固体物质的初期火灾。

饭店钥匙系统

钥匙系统，是饭店最基本的安全设施，其作用在于防止饭店钥匙被盗、遗失和复制，以确保安全。现在饭店大多采用了电子磁卡钥匙系统。作为钥匙使用的磁卡在一面涂有可存储密码信息的磁条，由总台使用计算机和配备的刷卡器将客人特征信息记入磁条。将磁卡插入门锁读卡器，经计算机芯片运算判断为“合法磁卡”后，通过电磁铁动作控制锁的开关。若钥匙卡不慎丢失，到总台重新设置密码、制作新卡即可。磁卡用途很多，可以作为客房节能开关卡，可以用来签单消费，等等。作为工作钥匙使用时可设置主控卡、楼层卡、清洁卡、禁止卡等，分级管理。这种系统有双重保险和换电池提示功能，也可储存 200 次开锁信息，并能随时提取。这种钥匙系统还具有防撬和记录使用的功能。

模块 10　服务质量管理
(Services Quality Management)

任务目标

了解大堂副理、宾客关系主任的岗位职责与素质要求，正确认识和处理客人投诉。掌握客人对饭店产品的需求心理及与客人沟通的技巧。了解客史档案管理的意义，建立良好的宾客关系。

项目 1　宾客投诉处理服务
(*Handling Guest Complaints Services*)

案例引入

某饭店大堂副理早上 9:00 接待了一位因饭店叫醒失误而耽误飞机的客人。客人怒气冲冲地发脾气。

A. M.（大堂副理）：先生，早上好，请告诉我发生了什么事情？

客人：什么事你自己知道，我耽误了飞机，你们要赔偿我的损失。

A. M.：您不要着急，请坐下来慢慢说。

客人：不着急？你别站着说话不腰疼，换了你试试？

A. M.：如果这事发生在我身上，我肯定会先冷静的。因为着急是没用的，所以我希望您也能冷静。

客人：你算什么东西，你也来教训我。我们没什么好说的，去叫你们经理来。

A. M.：您可以叫经理来，但您应该对我有起码的尊重，我是来解决问题的，不是来受气的。

客人：你不是来受气的，难道我花钱就是来受气的？真是岂有此理！

A. M.：……

提出问题

你认为该案例出现的情况是服务的哪一个环节出了问题，谁应承担主要责任呢？该饭店的大堂副理应该如何处理此问题并防止今后再发生类似的事件呢？

我们小组的回答是：____

____

____

相关知识

无论饭店对客服务如何高效、殷勤，宾客有时还会发现差错或对饭店的某些事或某些人表示失望。饭店管理人员应倾听宾客的投诉并制定出帮助员工处理这些状况的有效策略。

Despite hotel's staff efficiency and attentiveness, guests will occasionally be disappointed or find fault with something or someone at the hotel. The hotel's manager should anticipate guest complaints and devise strategies that help staff effectively resolve the situation.

一、大堂副理与宾客关系主任

大堂副理（Assistant Manager，简称 A. M.）的主要职责是代表饭店总经理接待每一位在饭店遇到困难而需要帮助的客人，并在自己职责范围内予以解决，包括回答客人问询、解决客人意见、处理客人投诉等。因此，大堂副理是沟通饭店和客人之间的桥梁，是客人的益友，是饭店建立良好宾客关系的重要环节。

（一）大堂副理的工作描述

大堂副理的工作职责如表 10－1 所示。

表 10－1　大堂副理的工作职责

岗位名称	大堂副理
直接上级	前厅经理/总经理
直接下级	宾客关系主任
岗位职责	（1）协助部门经理组织、指导和协调前厅部各项工作，并保证前厅部各项工作的顺利运作和有效的行政管理。 （2）了解饭店的紧急措施和规章制度，与饭店其他部门的同事保持良好的沟通和工作关系。 （3）参加部门例会，组织班组班前例会，传达饭店顾客赞誉及顾客抱怨。 （4）传达会议精神，结合实际贯彻落实，定期向上级汇报。 （5）解答客人的咨询，向客人提供必要的帮助和服务（报失、报警、寻人和寻物）。 （6）在大堂及附近公共区域巡视，监督检查员工的行为、仪表、仪容及大堂内公共卫生和工作秩序。 （7）维护大堂正常秩序，对宾客和员工人身财产安全、饭店财产安全负责，协助各部门处理饭店的各种突发情况。 （8）掌握每日抵离店客人情况，查看即将入住 VIP 客人名单，做好迎来送往的工作。 （9）熟悉前台接待的操作系统和前厅部各岗位工作程序。 （10）代表饭店接受和处理客人的抱怨、建议和投诉，并及时上报。 （11）在大堂和其他公共场所巡视，在需要帮助时及时做好补位工作。 （12）保证饭店公共场所，特别是大堂的整洁。 （13）在紧急情况发生时，在不损害饭店利益的前提下，最大限度地保证客人的利益。 （14）与客人保持良好的沟通，收集客人意见，并及时报有关部门，完成上级交办的其他工作

（二）大堂副理的工作程序及规定

1．处理客人投诉的程序

（1）所有投诉，无论真假，都表示理解、接受和安慰。

（2）注意聆听和记录客人对饭店意见的具体内容（包括发生的时间、地点、经过、涉及人员），如客人情绪激动，应将投诉者与其他客人分开，设法将其请到合适的地方进行交谈。

（3）在听取客人意见时，不要怀有敌视情绪或与客人争论，让客人感到饭店是同情、理解他的，是在认真听他投诉。

（4）要保持头脑冷静，事件原因和经过未查明前，不可随便代表饭店承担责任，切勿轻易向客人做出权力范围外的许诺。

（5）摆出事实，明确指出投诉者的问题所在，恰到好处地回答客人的投诉，如有可能，给客人提供选择的机会。

（6）将客人的投诉意见及时通知各相关部门，连同相关部门处理，使问题得到及时妥善的解决，并尽快给客人明确的回复。

（7）在接纳投诉后，代表饭店采取补救措施，如赠送鲜花、果篮、致歉信或房价、餐饮折扣等，使客人感到饭店的诚意，变不满意为满意。

（8）对一些无理取闹的客人，要做到不卑不亢，坚持原则，但态度、语言、举止要有礼貌，并根据情况采取有效措施。

（9）将客人意见通知相关部门，输入客史档案，以便下次入住时提供针对性服务，避免再次投诉。

（10）将客人的投诉和处理详细记录在大堂副理日志上，向上级主管反映，并监督补救措施的实施。

2．贵宾接待的程序

（1）当值大堂副理需每天查看预订记录，看当天是否有 VIP 客人抵达。

（2）与前台接待处确定贵宾将要入住的房间号码等，并立即通知客房部、餐饮部做好在贵宾抵达前的准备工作。

（3）检查房间的准备情况，包括鲜花、果篮、欢迎茶等房间供应品。

（4）准备贵宾入住登记专用文件夹、登记卡、入住欢迎卡、总经理名片等。

（5）在接到贵宾正在抵达途中的报告后，大堂副理应立即通知管理层（总经理或管理层指定的迎送人员）及公关营销部在饭店门口迎接，同时通知客房部将房门打开。

（6）当贵宾抵达时，大堂副理上前迎接，并引荐代表饭店方面的人员与贵宾认识，随后陪同贵宾上客房办理登记手续。

（7）完成登记手续后，大堂副理应向贵宾详细介绍房间设施及饭店的各项服务。

（8）大堂副理在贵宾入住后要立即通知总机、接待处、餐饮部、保安部有关贵宾住店事项。

（9）若贵宾住店有保密之需要时，大堂副理应通知饭店各部门。

（10）将贵宾的有关资料，包括住店或离店时间、特别要求等记录在大堂副理日志上，以便各班清楚地了解各项需跟办事宜，并随时督查。

3. 贵宾离店的程序

（1）贵宾准备离店前一天，大堂副理致电向贵宾咨询有关其离店的时间、行李领取、叫醒时间及交通安排等情况。

（2）如果贵宾要求给予交通安排，大堂副理应通知前台礼宾部准备车辆。

（3）大堂副理负责与前台总机具体落实贵宾的叫醒服务。

（4）大堂副理负责与餐饮部落实有关贵宾用餐事宜。

（5）通知礼宾部，落实有关贵宾的行李收取时间。

（6）通知前台收银有关贵宾离店的确切时间，同时落实贵宾费用的解决办法。

（7）在贵宾准备退房时，大堂副理前往协助，并安排行李生提前 10 分钟准备专用电梯及安排行李生收取行李，以便贵宾顺利离店。

（8）通知管理层是否需要欢送贵宾，同时通知营销部、保安部及前台部准备工作。

（9）大堂副理负责引导贵宾步出饭店并欢送贵宾离店。

（10）将贵宾的详细资料及宾客意见表等特别情况呈交饭店管理当局。

4. 财产遗失或损坏的处理程序

（1）饭店财产遗失或损坏的处理程序：

①如果客房服务员在客房发现有饭店的财产遗失或损坏，必须立即报告领班，楼层领班立即落实并报告大堂副理处理。

②大堂副理接到通知后，立即到现场查看遗失或损坏的情况。

③大堂副理负责联系客人并有技巧地询问客人遗失或损坏的情形，严重损坏的必须拍照以便今后的保险索赔。

④如果客人承认并愿意赔偿饭店，大堂副理写杂项收入单由客人签字后交前台收银入房间账，没有客人的认可不得随意入账。

⑤若客人已离开饭店而找不到当事人向其索赔，须记录事情经过并向上级汇报。

⑥通知有关部门进行事后跟进并在大堂副理日志上详细记录有关情况。

（2）客人财产遗失或损坏的处理程序：

①接到客人报告财产有遗失或损坏后，大堂副理和保安部经理立即到现场展开调查并填写调查表。

②大堂副理和保安部经理通报总经理调查的结果。

③大堂副理和保安部经理需要和客人商量是否需要报警。

④如果遗失或损坏不是发生在饭店范围内，饭店仍有义务帮助客人解决。

⑤大堂副理将情况记录在当班日志上。

5. 客人要求急救处理的程序

（1）总机话务员接到客人要求急救处理时，必须通知大堂副理、保安部经理和饭店医生。

（2）大堂副理和饭店医生携带急救医药箱赶到客人受伤地点。如有需要，建议伤者前往医院接受进一步检查。

（3）如果叫了救护车，保安门卫人员要指挥救护车停放在指定地点。

（4）保安人员控制一部员工电梯并陪同救护人员前往。

（5）大堂副理根据情况决定是否派适当员工陪同前往医院。

（6）填写受伤报告，包括：事情发生地点、时间、受伤人员情况、证人等详细资料。如果客人是旅行社客人，必须通知当地接待旅行社。如果客人一人住在饭店，住院期间房间必须加双锁。此类情况还必须通知饭店医生和前厅经理。事故报告必须交总经理和财务总监，以便向保险公司索赔。

（7）第二天大堂副理落实客人的救治情况。

（8）大堂副理协调客房部准备鲜花与水果送往医院。

（9）如果客人死亡，必须通知总经理、值班经理、前厅经理、大堂副理、保安部经理和饭店医生，并呼叫救护车到饭店。救护人员或医生决定是否把客人送往医院。如果不送医院，必须通知殡仪馆、当地公安部门，保安人员必须控制人员进出该客人的房间。饭店尽最大努力控制消息扩散，避免传媒知晓，以免损害饭店的公众形象。

6. 台风的处理程序

（1）大堂副理需经常了解天气情况，尤其在天气异常时。如听到气象部门有关台风的预警，马上进行如下操作。

①所有员工留在宿舍或饭店待令，不许外出。

②礼宾部将台风预警牌置于大堂电梯入口处，由大堂经理调校风向字眼。

③楼层关闭所有门窗。

④巡视饭店，发现不妥立即通知有关部门跟办，确保所有部门已采取适当、安全、有效之防风措施。

⑤回答客人各种咨询及向管理层报告台风动向。

⑥随时留意气象部门最新气象信息。

（2）协助客人查询交通信息，配合值班经理及管理层的工作，确保台风来临时所有人员能在岗工作。

（3）查看饭店各公共区域有无财物损坏，咨询各部门有无财物损坏，将资料汇总呈交管理层。

7. 处理涉嫌逃账客人的程序

逃账多数在以下情况发生：房间没有行李并处于外宿状态，未付欠账（房间钥匙存放在房间/接待处/带走）；房间酒水被大量饮用，房间物品被带走，但其账户上仍存有少量的金额（不足以平衡消费）。对此类情况，大堂副理应立即检查客人的登记、客史、消费及信用情况，了解客人住店期间的情况。

（1）如果客人有接待单位，设法联系相关公司，了解客人的活动情况。

（2）通知行政总值及相关部门，加强防范。

（3）必要时，可以将客房反锁，观察一个晚上（但需请示行政总值同意）。

（4）第二天中午12:00前，若客人仍未回饭店，可初步判断客人涉嫌逃账，通知前台收银处将房间做退房处理。

（5）陪同保安部、客房部主管检查房间，如有行李则填写“客人物品清点表”，再交客房服务中心保存，通知前厅部。

(6) 大堂副理在账单上注明原因并签名，将客账转外欠交由信贷部处理。

(7) 发内部通启，将该客人列入饭店黑名单，同时确保其返回饭店入住时可以即时向其追收欠款。

(8) 将逃账者的资料，如姓名、性别、国籍、金额、原因、付款方式、客源类别、住店日期等记录在大堂副理日志上，并做好并班跟办。

(9) 连同相关部门调查事件原因，出示书面报告呈报总经理。

8. 处理烟感器、消防警钟等报警的程序

原则：大堂副理接到报警报告后，要立即赶赴现场调查。要保障客人、员工的人身、财物及饭店的财物安全。

(1) 接到消防中心烟感器、消防警钟等报警后，应立即连同消防中心人员赶赴现场调查情况。

(2) 如调查结果证明是假象，则通过电话通知监控室将报警位置重新复位并解除。

(3) 如发现情况属实，立即通知消防中心及总机房有火警发生。

(4) 现场调查后，无论情况属实与否，都须将详情包括事件发生的时间、位置、报告者、起因、采取行动的经过及调查的结果记录在大堂副理日志上。

(三) 宾客关系主任

宾客关系主任（Guest Relation Officer，简称 GRO）是大型豪华饭店设立的专门用来建立和维护良好宾客关系的岗位。宾客关系主任直接向大堂副理或值班经理负责。他要与客人建立良好的关系，协助大堂副理欢迎宾客及安排团体临时性的特别要求。

二、宾客投诉的种类和正确认识

投诉是客人对饭店服务设备、设施、项目及服务人员的行为表示不满而提出的批评或控告。由于客人需求多样化、个性化，许多需求饭店又不可预知，加之不同的客人对服务的主观评价标准不同，所以无论饭店服务多么完美，也难以让客人百分百满意，出现客人投诉是不可避免的，应正确认识。

如何接待投诉客人，如何处理客人投诉，是每一个饭店前厅管理人员所关心的问题。一方面，投诉的出现给饭店的发展带来推动作用，它能帮助饭店发现问题，取得更好的经营效果；另一方面，投诉也意味着饭店管理还存在着一定的问题，需要我们去正视，要设身处地为客人着想，正确理解客人，真诚地帮助客人，重新赢得投诉客人的好感和信任。

(一) 宾客投诉的种类

1. 设施、设备出现故障

例如空调不灵、电梯停运、卫生间渗水等，饭店的设施、设备是为客人提供服务的基础，如果保养不善，不仅造成饭店经营成本的上升，而且严重影响了饭店对客人的服务质量，从而引起客人投诉。

2. 客人对作为软件的无形服务不满

例如员工在服务态度、服务效率、服务时间等方面达不到客人的要求与期望。

3. 饭店管理不善等异常事件

例如客人隐私不被尊重、财物丢失等。

上述引起投诉的原因，可以归结为两种类型：一是有形因素，二是无形因素。对于这两种因素，客人投诉的倾向和方式是不同的。美国马萨诸塞州立大学的罗伯特教授曾对美国东部主要城市6家饭店的1 314名客人做过调查，结果表明：对于有形因素，愿意当面向管理部门投诉的旅游者占59%，而对于无形因素，只占41%。顾客对于无形因素不太愿意当面向管理部门提意见投诉，究其原因，一方面正是由于这种因素的“无形性”本身造成的，客人担心“说不清”；另一方面，无形的因素通常都是服务方面的问题，而这些问题又涉及具体的人，一般人出门在外不愿意轻易伤和气，不愿意“惹事”，这是主要原因。

“不满意＋不投诉”的结果，无疑意味着客人不仅不会再入住该饭店，同时也失去了其他的潜在客人。美国的数据显示：一家服务优良的公司可以多收9%的服务费，一年可增加6%的市场份额；而服务较差的公司得不到服务费，一年将失去2%的市场份额。在对饭店产生抱怨的客户中，91%的人不会再光顾；假如他们被饭店激怒过，大多数人会向9~10名同事谈论此事，13%的人会将这种不愉快的经历向20名或更多的人传播。同时，获得一个新客户所需要的成本，是保持已有客户成本的5倍。

“不满意＋投诉”的结果，它可能会使被投诉对象（部门或人员）感到不愉快，甚至受惩罚；同时，接待投诉客人也不是一件令人愉快的事，对很多人来讲是一种挑战。但投诉又是一个信号，告诉饭店管理者饭店在服务和管理中存在的问题。管理者长期在一个工作环境中，很难发现本饭店的问题，或者轻易原谅、视而不见。而且很多员工很难做到管理者在和不在一个样，所以饭店的问题是需要客人来帮助它发现的。客人是饭店产品的直接消费者，对饭店服务中存在的问题有切身的体会和感受，他们也可能住过许多饭店，最容易发现问题，找到不足。对投诉处理得当将有机会将“不满意”的客人转变为“满意”的客人，减少负面宣传。

由此可见，投诉是件坏事，也是件好事。它能使管理者对症下药，改进服务和设施，吸引更多的客人。因此，管理层对于客人的投诉必须给予足够重视。

（二）处理客户投诉的原则

1. 以欢迎与感谢的态度，绝对不与客人争辩

一个对服务不满的客人不投诉比投诉更可怕，饭店应站在客人的立场思考，站在客人的立场以肯定的态度听取投诉，站在客人的立场诚心诚意地解决问题。

2. 不推卸责任

不找借口埋怨同事，或找其他因素推卸责任，是饭店敢于面对责任，并真心诚意帮助客人解决问题的表现。

3. 维护饭店应有的利益

不可在真相未明之前，急于表态或贬低饭店其他部门员工。退款或减少收费绝不是处理投诉的最佳方法。

（三）处理客户投诉的技巧

服务人员应掌握客人的投诉心理和需求，善于运用投诉处理的技巧，及时化解客人的不满。

（1）对于较为理性的投诉，其主要步骤如下：

①认真聆听。认真聆听客人的投诉内容，也可以通过提问方式来弄清症结。聆听时应集中注意力，节约对话时间。在客人投诉时，不能反驳客人意见，不应与客人争辩。同时应认真做好记录。

②理解抱歉。当客人讲述完毕，应立即表示抱歉，设身处地对事情进行考虑分析，对客人的感受表示理解，并运用恰当的语言和行为给予客人安慰。

③快速行动。对事情迅速展开认真调查，把将要采取的措施和所需时间告诉客人并征得客人同意，快速采取行动，为客人解决问题。如果客人的投诉处理超出自己的权限，应立即向上级汇报，如的确属于暂时不能解决的投诉，要耐心向客人解释，取得客人谅解。

④反馈信息，听取建议。及时反馈，将事情处理情况尽快通知客人，听取客人意见。事后将结果尽快通知客人，并听取客人对处理结果的意见。处理完毕后，应就客人对饭店的关心向客人表示感谢，欢迎客人对饭店提出意见及建议。

⑤记录存档。应将客人投诉的整个过程写成报告，并记录存档，这样有利于以后工作的完善及预先控制。

（2）对于情绪激动的客人提出的发泄类投诉，其主要步骤如下：

①改变投诉地点，隔离当事人。发泄类客人往往情绪激动，而且多在公众场合进行投诉。所以，对待这类投诉，首先应立即改变处理地点，请客人到办公室或其他休息室听取意见，而且应隔离当事人，不宜造成双方当事人当场对质局面。

②安抚客人。上饮料、毛巾，安抚客人情绪。在情绪激动的情况下，客人难免缺乏理智，这对问题处理不利。所以，转移处理地点后，应为客人适时送上饮料、茶水或毛巾，安抚客人情绪，使客人平静下来。

③解决问题。沿用理性投诉的处理步骤，在客人情绪冷静后进行处理。

项目实训

一、技能训练

检查预抵 VIP 房的准备状况。

二、实战应用

1. 对话

Dialogue 1

A guest (B) wants to change a room. He goes to the assistant manager (A).

A: Good morning, sir. What can I do for you?

B: I'm Bell. I'm in Room 908. Can you change the room for me? It's too noisy. My wife was woken up several times by the noise the baggage elevator made. She said it was too much for her.

A: I'm awfully sorry, sir. I do apologize. Room 908 is at the end of the corridor. It's possible that the noise is heard early in the morning when all is quiet.

B: Anyhow, I'd like to change our room.

A: No problem, sir. We'll manage it, but we don't have any spare room today. Could you wait till tomorrow? The American People-to-people Education Delegation will be leaving tomorrow morning. There'll be some rooms for you to choose from.

B: All right. I hope we'll be able to enjoy our stay in a quiet suite tomorrow evening and have a sound sleep.

A: Be sure. I'll make a note of that. Everything will be taken care of. And if there is anything more you need, please let us know.

一位客人（B）想要更换一间房间，他找到了大堂副理（A）。

A：早上好，先生。有什么可以帮到您的？

B：我叫贝尔。住在 908 房。你是否可以为我调换一下房间？这间房太吵了。我妻子老是被货运电梯的嘈杂声给吵醒。她说无法忍受了。

A：先生，非常抱歉。我真诚地向你们道歉，908 房在走廊的尽头。每天清早可能会听到嘈杂声。

B：不管怎样，我希望可以调换房间。

A：没问题，我们将处理好。但是今天我们没有闲置的房间。你们能否等到明天？明天美国人人教育代表团将离店，到时有房间供你们选择。

B：好吧。希望明晚我们可以住进安静的套房睡个好觉。

A：没问题。我会将此事记录下来。任何事情都会处理得当，如果你们还有别的需求，请告诉我。

Dialogue 2

(A: The assistant manager; B: Guest)

A: Good evening, ma'am. Did you ring for service? What can I do for you?

B: Yes. The light in this room is too dim. Please get me a brighter one.

A: Certainly, ma'am. I'll be back right away. Do you mind if I move your things?

B: Oh, no. Go ahead.

A: Thank you. How is the light now?

B: It's much better now. Thank you.

A: You're welcome. And if you need any other things, please let us know.

B: Ah, yes, the room is too cold for me. I feel rather cold when I sleep. Can you turn off the air-conditioning?

A: (Checks) The air-conditioning is already off, ma'am.

B: Maybe I'm getting a cold.

A: Would you like an extra blanket?

B: OK. And would you please get me some hot water, too? I think I need to take some medicine.

A: Certainly, ma'am, I'll be right back. Here is a blanket, and hot water for you. Anything else?

B: No, thanks.

A: Good night, ma'am.

（A：大堂副理；B：客人）

A：晚上好，女士。请问您打电话需要什么服务吗？有什么可以帮到您的？

B：我房间的灯太暗了。请为我换个亮点的。

A：当然可以，女士。我很快就到，您介意我移动您的物品吗？

B：没关系的。

A：谢谢，现在光线如何？

B：现在好多了。谢谢。

A：您太客气了。如果您还有其他的需要，请告诉我。

B：哦，房间太冷了。我睡觉的时候感觉冷。麻烦你关掉空调。

A：（检查）空调已经关掉了，女士。

B：可能是我感冒了。

A：您需要加多张毛毯吗？

B：好的，可以麻烦你帮我拿点热水吗？我想我需要吃点药。

A：好的，女士，很快就可以。这是毛毯和热水，还有别的需要吗？

B：没有了，谢谢。

A：晚安，夫人。

2. 经典词汇及句型

memorandum 备忘录

log-book 工作日志

interdepartmental communication 部门间沟通

elevator 电梯

corridor 走廊，回廊

delegation 代表团

extra 额外的，外加的

blanket 羊毛毯，毯子，毛毡

Can you change the room for me? It's too noisy.

能给我换个房间吗？这儿太吵了。

I'm awfully sorry, sir.

非常对不起，先生。

I do apologize.

我向您道歉。

No problem, sir.

没问题，先生。

We'll manage it, but we don't have any spare room today.

我们会尽力办到，但是今天我们没有空余房间。

Could you wait till tomorrow?

等到明天好吗?

Certainly, ma'am. I'll be back right away.

好的，夫人，我马上就回来。

The room is too cold for me. I feel rather cold when I sleep.

这房间太冷了，我睡觉时感到很冷。

三、习题与实践

1. 案例思考及小组讨论

某日清晨，王先生在前台气愤地质问前厅接待员：“为什么在早晨5点钟有骚扰电话?”王先生嗓门很大，情绪激动，周围正在办手续的客人好奇地看着他。接待员觉得这是总机的事，与自己无关，便对王先生说：“也许您没有与总机打招呼，如果与总机说一声，就不会转电话进来了。”王先生对此非常不满意，继续在柜台前发泄，并拉上其他客人参与评说。一时间总台前众说纷纭，整个秩序都被打乱了。此时前厅接待员应该：

A. 诚恳地说：“实在抱歉，告诉我您的房号，饭店会立即采取措施，不会再出现这种情况，您看这样可以吗?”若客人还是情绪激动，应立即引领客人至饭店不影响其他客人处，由接待员完成投诉处理，做到“问题到我为止”。

B. 诚恳地说：“实在抱歉，告诉我您的房号，饭店会立即采取措施，不会再出现这种情况，您看这样可以吗?”若客人还是情绪激动，应立即呈报大堂副理处，大堂副理到达前接待员尽可能安抚好客人。

C. 给予恰当的安慰和道歉后，请客人回房休息，告知客人事情调查清楚后，会给客人一个满意的答复。

2. 综合实训题

以角色扮演的形式模拟饭店对客服务过程中对顾客投诉的处理。

项目2 客史档案管理
(*Guest History Records Management*)

案例引入

企业家李先生到泰国出差，下榻于曼谷某饭店，这是他第二次入住该饭店。

次日早上，李先生走出房门准备去餐厅，楼层服务生恭敬地问道：“李先生，您是要用早餐吗?”李先生很奇怪，反问道：“你怎么知道我姓李?”服务生回答：“我们饭店规定，晚上要背熟所有客人的姓名。”这令李先生大吃一惊，尽管他频繁往返于世界各地，也入住过无数高级饭店，但这种情况还是第一次碰到。

李先生愉快地乘电梯下至餐厅所在楼层，刚出电梯，餐厅服务生忙迎上前：“李先生，里面请。”

李先生十分疑惑，又问道："你怎么知道我姓李？"服务生微笑着答道："我刚接到楼层服务电话，说您已经下楼了。"

李先生走进餐厅，服务小姐殷勤地问："李先生还是要老位子吗？"李先生的惊诧再度升级，心中暗忖："上一次在这里吃饭已经是一年前的事了，难道这里的服务小姐依然记得？"服务小姐主动解释："我刚刚查过记录，您去年 6 月 9 日在靠近第二个窗口的位子上用过早餐。"李先生听后有些激动了，忙说："老位子！对，老位子！"于是服务小姐接着问："老菜单吗？一个三明治，一杯咖啡，一个鸡蛋？"此时，李先生已经极为感动了："老菜单，就要老菜单！"

给李先生上菜时，服务生每次回话都退后两步，以免自己说话时唾沫不小心飞溅到客人的食物上，这在美国最好的饭店里李先生都没有见过。

一顿早餐，就这样给李先生留下了终生难忘的印象。

此后三年多，李先生因业务调整再没去过泰国，可是在第三年李先生生日的时候，突然收到了一张生日贺卡：亲爱的李先生，您已经三年没有来过我们这里了，我们全体人员都非常想念您，希望能再次见到您！今天是您的生日，祝您生日愉快！

李先生当时热泪盈眶，激动不已……

提出问题

是什么令曼谷某饭店对来自西方发达国家的客人而言如此充满魅力？仅仅因为泰国的旅游风情吗？抑或是其独到的人妖表演？都不是，其征服人心靠的是几近完美的客户服务，靠的是一套完善的客户管理体系。用心用情、恰到好处地掌握客人的习俗爱好、特殊要求、客人意见等资讯，满腔热情的服务才能如愿地令客人称心，甚至感到惊喜。善于发现客人新的喜好，共同分享服务信息资讯，依客人喜好提供完美服务，应成为服务人员的工作习惯。

你认为该案例出现的亮点在哪个环节，需要哪些部门共同沟通合作。

我们小组的回答是：____

____

____

相关知识

据西方营销专家的研究和企业的经验表明："争取一个新顾客的成本是留住一个老顾客的 5 倍，一个老顾客贡献的利润是新顾客的 16 倍。"这就是现在经常提及的客户关系管理的实质。通过与客人的交流，善于发现他们的个人喜好、习惯和满意度等信息，饭店据此制定符合客人个性需求的服务预案，优化和完善服务，以提升服务品质，使客人享受到满意的服务。可以说，客人是饭店最好的老师，是他们不同的特点和个性教会了饭店如何创造需求与服务。

According to a western marketing expert's research and experience, it shows that: "The cost for a new customer is 5 times to keep an old customer, an old customer's contribution margins are 16 times to a new customer." It is known as the customer relationships management. Through communicating with the customers, researching their personal preferences, habits and satisfaction, hotel formulates service plan according with guests personalized demands to improve service and enhance the quality of service, so that guests enjoy the satisfied services. We can say, guests are the best teachers to a hotel, their different characteristics and personalities teach the hotel how to create demand and service.

一、建立客史档案的意义

饭店前厅接待人员在接到客人的客房预订要求时，也许想知道：

（1）该客人以前住过本店吗？

（2）如果来过，是什么时候来的？来过几次？

（3）他对饭店重要吗？

（4）他是一位好客人还是一位有着不良客史、不宜再接待的客人？

（5）客人有哪些爱好、习惯，喜欢哪个房间？

饭店销售人员也许需要一份客人的通信录，以便：

（1）在圣诞节和新年给客人寄贺年卡。

（2）使很久没来住店的客人产生住店欲望。

（3）将饭店新的娱乐项目和节日菜单寄给可能感兴趣的客人。

（4）给多次住店的客人寄送感谢信。

（5）如果是这样的话，饭店就应该立即有效建立并准确使用客史档案，这有利于实现完美的客户关系的维护。

建立客史档案是饭店了解客人，掌握客人的需求特点，从而为客人提供针对性服务的重要途径。饭店与客人之间不能仅仅只是一种商业交往的经营行为，更重要的是人与人之间的情感沟通，要真正做到宾至如归，必须对客人的嗜好、习惯、消费需求等特殊的个性化信息了如指掌，在此基础上提供的产品和服务就有明显的针对性，从而获得顾客的好感。建立客史档案对提高饭店服务质量，改善饭店经营管理水平具有重要意义。

（一）有利于为客人提供个性化服务，增加人情味

新加坡南洋公司的庄学忠先生是某饭店的老客户，每次他预订房间后，饭店都会根据他的资料卡显示的情况，为他安排靠近西村公园的房间，号码是他的幸运数16；再在房间里摆上总经理亲笔签名的欢迎信，旁边摆放他最喜欢的康乃馨鲜花篮。他耳朵听力不好，电话铃声需调大。卫生间里换上茉莉花香的沐浴液，浴巾要用加大型的。他是一个保龄球迷，每逢饭店有保龄球晚会，都会通知他一声。

服务的标准化、规范化，是保障饭店服务质量的基础，而个性化服务则是服务质量的灵魂。要提高服务质量，必须为客人提供更加富有人情味的、突破标准与规范的个性

化服务，这是服务质量的最高境界，是饭店服务的发展趋势。

（二）有利于搞好市场营销，争取回头客

在《世界经理人文摘》上刊登着一个胡萝卜汁的故事：

几年前，我和香港 Regent 饭店的总经理 Rudy Greiner 一起用餐时，他问我最喜欢喝什么饮料，我说最喜欢胡萝卜汁。大约六个月以后，我再次在 Regent 饭店做客。在房间的冰箱里，我发现了一大杯胡萝卜汁。十年来不管什么时候住进 Regent 饭店，他们都为我备有胡萝卜汁。最近一次旅行中，飞机还没在启德机场降落，我就想到饭店里等着我的那杯胡萝卜汁，顿时满嘴口水。十年间尽管饭店的房价涨了三倍多，我还是选择住这个饭店，就是因为他们为我准备了胡萝卜汁。

这位客人之所以每次入住 Regent 饭店都能享受到一大杯胡萝卜汁的待遇，就是因为饭店掌握了该客人的需求资料，建立了客史档案，是客史档案赢得了客人，争取了回头客。

建立客史档案，不仅能使饭店根据客人需求，为客人提供有针对性的、更加细致入微的服务，而且有助于饭店平时做好促销工作。比如，通过客史档案，了解客人的出生年月、通信地址，与客人保持联系，向客人邮寄饭店的宣传资料、生日贺卡，等等。

（三）有助于提高饭店经营决策的科学性

任何一家饭店，都应该有自己的目标市场，通过最大限度地满足目标市场的需要来赢得客人，获取利润，提高经济效益。客史档案的建立有助于饭店了解“谁是我们的客人”“我们的客人的需求是什么”“如何才能满足客人的需求”，因此，能够提高饭店经营决策的科学性。

二、客史档案的内容

（一）客户的常规档案

客户常规档案包括单位客户档案和散客档案。单位客户档案主要有双方签订协议时所提供的单位名称、性质、经营内容、地址、负责人姓名、联系人姓名、联系方式、主要消费需求、认订的房价、消费折扣率、付款方式等信息。散客档案则是指客人在办理预订和入住登记时所留下的第一手资料，主要包括客人姓名、性别、出生年月日、所属单位、常住地、有效身份证类别及身份证号码、联系方式、到达原因、入住房价、入住时间、付款方式等要素。

（二）饭店有意识收集的顾客消费个性化档案

这主要是指在饭店各服务区域，通过不同渠道、方式，饭店有意识、主动去收集的顾客消费需求特点、行为特征、个人嗜好等信息，包括顾客家庭状况、学历、职称、职务、洗浴用品的品牌追求、枕头高低、床垫软硬度选择、阅读习惯、电视节目、娱乐喜好、饮食习惯、口味特征，茶叶、咖啡、酒类爱好，灯光、空调温度、洗澡水热度要求，卫生标准，个人其他嗜好，对饭店产品与服务的评价，等等。

（三）客户信息分析档案

客史档案是客户信息的总汇，植根于对客户信息科学分析基础上所形成的经营、服务策略，是客史档案价值的真正体现。

根据以上内容，可以设计客史档案卡如表10－2所示：

表10－2 客史档案卡

<table>
<tr><td>姓名</td><td colspan="2">刘明</td><td>性别</td><td>男</td><td>国籍</td><td>中国</td></tr>
<tr><td>出生日期</td><td colspan="2">1963. 11. 25</td><td colspan="2">出生地点</td><td colspan="2">辽宁大连</td></tr>
<tr><td>身份证号</td><td colspan="2">210202 **********</td><td colspan="2">护照号码</td><td colspan="2">**********</td></tr>
<tr><td>护照签发日期</td><td colspan="2">******</td><td colspan="2">护照签发地点</td><td colspan="2">辽宁大连</td></tr>
<tr><td>工作单位</td><td colspan="2">大连至诚国际贸易公司</td><td colspan="2">职位</td><td colspan="2">总经理</td></tr>
<tr><td colspan="3">家庭住址：********</td><td colspan="4">电话：*******</td></tr>
<tr><td colspan="3">单位地址：</td><td colspan="4">电话：</td></tr>
<tr><td colspan="3">电子邮箱地址：</td><td colspan="4">传真号码：</td></tr>
<tr><td colspan="7">客人住店信息：</td></tr>
<tr><td>住宿期间</td><td>2010. 5. 4—2010. 5. 6</td><td colspan="5">2010. 7. 9—2010. 7. 16</td></tr>
<tr><td>房号</td><td>8205</td><td colspan="5">8309</td></tr>
<tr><td>房价</td><td>2 380 元</td><td colspan="5">2 094 元</td></tr>
<tr><td>享受优惠</td><td>无</td><td colspan="5">88 折</td></tr>
<tr><td>付款方式</td><td>信用卡</td><td colspan="5">信用卡</td></tr>
<tr><td>累计消费</td><td>28 800 元</td><td colspan="5">68 000 元</td></tr>
<tr><td>预订渠道</td><td>旅行社</td><td colspan="5">个人</td></tr>
<tr><td>预订方式</td><td>网上预订系统</td><td colspan="5">电话预订</td></tr>
<tr><td>介绍人</td><td>无</td><td colspan="5">无</td></tr>
<tr><td>信用程度</td><td>良好</td><td colspan="5">良好</td></tr>
<tr><td>习俗爱好</td><td>游泳、健身</td><td colspan="5">游泳、健身、羽毛球、川菜</td></tr>
<tr><td>特殊要求</td><td>喜欢高层商务套房、服务迅速</td><td colspan="5">喜欢高层商务套房、服务迅速，房内不需要每日更换床单，对在本店举行的贸易洽谈活动有参与兴趣</td></tr>
<tr><td>客人意见</td><td>对饭店感觉良好，希望饭店多提供产品展示会等活动信息</td><td colspan="5">房内不需要每日更换床单，感谢饭店提供贸易洽谈信息</td></tr>
<tr><td>投诉记录</td><td>无</td><td colspan="5">无</td></tr>
<tr><td>备注</td><td></td><td colspan="5">客人赞许餐厅服务好，并付给小费（婉拒）</td></tr>
</table>

仅有记录是不够的，还需要进行深入的客户信息分析。

客户信息分析主要从以下几方面进行。

（1）客户概况分析，包括客户层次、风险、爱好、习惯等。

（2）客户忠诚度分析，主要指客户对饭店各项服务产品的认同度和购买热情。

（3）客户利润分析，主要指客户消费不同产品的边缘利润、总利润额、净利润等。

（4）客户未来分析，包括客户数量、类别、潜在消费能力等未来发展趋势，争取客户的手段、方法等。

（5）客户促销分析，包括广告、宣传、情感沟通计划等。

（6）售后服务，如店庆、婚庆、厂庆、生日、客户特定意义纪念日、儿女升学等。

只有由上述三项内容有机组成的客史档案才能形成一个完善的体系，构筑起饭店客户关系管理系统和客户忠诚系统的组合平台，使客史档案为经营决策提供依据。

客史档案是饭店宝贵的资源和财富，通过客史档案，饭店能够更为准确地了解市场动向和特点，把握自身客源结构、消费构成以及顾客对饭店服务产品的要求、意见等情况，才能适应变化的趋势，制定正确的决策，提高产品针对性，增强顾客满意度，更为稳固地占有市场。

三、客史档案的应用

（一）客史档案在饭店服务中的应用

收集到的信息要马上运用到当次对该客人的接待服务过程中。因此，饭店在收集和管理客人信息时，应该提倡部门联动，即当饭店的一名员工发现客人的潜在需求后，信息立即在相关部门得到传递，员工们快速反应，全力以赴，关怀备至，使客人无论在饭店任何地方、任何时间，都可以感受到员工们对他的关心、关注与关爱，使客人感动。

请看以下案例：

你们应该被评为十星级！

10月的一天，两位美国老人入住烟台金海湾饭店。老人颤巍巍的样子，立即引起了员工们的注意。前厅部信息中心主管小胡在拜访两位老人时，老太太无意中提到现在天气变冷了，她和丈夫没有冬天的衣服。小胡离开房间后，立即把这一信息反馈给部门李经理，建议饭店送两件羽绒坎肩给这对外国夫妇。李经理同意了，饭店领导马上批准了这一要求。随后，李经理、小胡和物资部人员一起外出买了两件既暖和又漂亮的羽绒坎肩。当李经理和小胡把羽绒坎肩送到老太太手中时，她感到非常意外，甚至都不敢相信这是送给他们的。在得到肯定的答复后，她激动得一边拍手一边说："我住过很多饭店，还从来没有饭店能送衣服给我们，真是太意外了！你们的饭店应该被评为十星级！"

（二）客史档案在饭店营销中的应用

以下几种关系营销法对强化顾客忠诚度是行之有效的。

1. 重要关系客户联谊会

重要关系客户联谊会是指在大的节庆（如春节、中秋）或饭店新品推介活动中，邀请客户进行联谊活动，沟通信息，联络感情，增进友谊，让客户感到饭店对他的格外重视。

2. 常客积分奖励制

常客积分奖励制是指对于达到一定消费频次或金额的顾客，将其升级为相应等级的贵宾客户（如白金客户、金卡客户、银卡客户等），饭店给予相应的消费折扣，或直接奖励住宿或用餐，或给予其他特殊优待，等等。如北京王府饭店规定：凡住店20次以上的客人，即收入"王府常客名录"，下榻客房时有专为他个人准备的信纸、信封、火柴和浴衣，上面均印有他烫金的名字。浴衣归他专用，他离开"王府"，浴衣则由饭店替他收藏保管起来，再住"王府"时，浴衣取出来仍由他穿，让顾客有一种非同寻常的尊宠感。

3. 贵宾级接待服务

贵宾级接待服务是指当重要客人来饭店住宿或用餐时，由总经理或分管领导亲自出面接待、拜访、敬酒甚至宴请，当得知其生日时，由饭店赠送生日蛋糕和贺卡等，这样会使客人感到非常荣耀。

这一切都归功于客史档案，要了解客人的这些资料，只有建立并利用客史档案才能办到。客史档案的建立，使得饭店能够为客人提供更有针对性、更富人情味的服务。客史档案的利用，也为饭店培养了忠诚的客户。

项目实训

一、技能训练

演示如何利用客户信息为预抵店客人做好相应的准备工作。

二、实战应用

1. 对话

Dialogue

(G: A repeat guest; R: The front desk receptionist; H: The bellman)

R: Welcome to our hotel, Mr Smith. It is very nice to see you again.

G: Oh, you are all so kind.

R: Housekeeping has made up your room with synthetic-down pillows and has exchanged the toiletries for anti-allergenic products. We kept a record about your allergies on our database from your precious list. Mr Smith. This is your room key.

G: Thank you.

R: Do you need bell service?

G: Yes, please.

R: OK, please wait a moment...Huang, could you take Mr Smith to his room? I'm sure he'd like to rest after the journey, have a pleasant stay.

H: Right away. This way please, sir.

(G：常客；R：前台接待员；H：行李员)

R：史密斯先生，欢迎光临。非常高兴再次见到您。

G：你太客气了。

R：客房部已经在您的房间放置了羽绒枕头并且也将卫生用品换成了防过敏的产品。根据您上次的住宿情况，饭店的管理系统已经记录了会使您过敏的东西。这是您的房间钥匙。

G：谢谢。

R：请问您需要行李服务吗？

G：是的。

R：请稍等……小黄，麻烦你带史密斯先生到房间。相信经过长时间的旅途他非常需要休息，祝居住愉快。

H：好的，先生这边请。

2. 经典词汇及句型

guest history record management 客史档案管理

personalized service 个性化服务

promotion activities 促销活动

faithful guests relationship 忠实客户关系

repeat guest 回头客

Housekeeping has made up your room with synthetic-down pillows and has exchanged the toiletries for anti-allergenic products.

客房部已经在您的房间放置了羽绒枕头并且也将卫生用品换成了防过敏的产品。

We kept a record about your allergies on our database from your precious list.

饭店的管理系统已经记录了会使您过敏的东西。

三、习题与实践

1. 课堂讨论题

如何协调饭店在客史档案管理过程中既可以较好地为客人提供服务，又可以防止客人的隐私泄漏。

2. 综合实训题

参考散客客史档案的管理，谈谈宴会、团队的客史档案应该如何加以建立与利用。

本模块小结

本模块介绍了服务质量管理过程，以及客史档案管理等内容。作为饭店员工，应该对服务质量及其内涵、服务质量控制目标有一个清晰的认识，并在接待工作中加以运用和实践，不断提升饭店的服务质量。服务质量意识已成为饭店管理者必须具备的一种观念，服务态度、服务技能、服务效率及管理制度是饭店服务质量管理的核心内容。高质量的饭店服务需要一批对质量工作高度负责的管理人员队伍，这是保证饭店服务质量的灵魂。

饭店宾客关系主任岗位职责

职位名称：宾客关系主任

所属部门：前厅部

负责人：大堂副理/ 前厅部副经理

工作内容概述：负责与客人沟通交流，处理客人投诉和需求，按照酒店标准运作程序最大限度满足客人，为酒店赢得回头客。

工作职责：

（1）协调各项对客服务活动，例如：迎接VIP客人，为客人订花、送生日卡，书写欢迎信或道歉信，等等。

（2）在VIP客人到达饭店前，确定VIP客人所用的房间已按饭店服务标准准备完好。例如：礼品已摆放，鲜花已摆放好。针对宾客的入住需求，提前与送餐服务部、客房部和工程部等部门进行沟通。

（3）VIP客人到达饭店时，迎送客人到其所在的客房，为客人介绍酒店及客房设施，为宾客住店期间提供相关服务。

（4）巡视饭店大堂与前台区域，主动为客人提供相关服务。

（5）与VIP客人和长住客人保持良好的关系。在宾客入住饭店期间，打电话征询宾客意见，为宾客提供酒店服务信息及当地风景名胜介绍，处理宾客的特殊要求，例如：餐厅定位和用车需求等。

（6）礼貌、有效地处理客人的需求和投诉，如果有必要，给相关饭店人员提供指导，以保证客人满意。记录下所有客人的需求和投诉，以便进一步跟踪。

（7）当VIP客人结账离店时，进行送行和告别，询问客人入住饭店期间的相关情况，邀请客人下次光临。如有必要，帮助他们预订下次入住时的房间。

（8）收集宾客意见，以便掌握客人对饭店服务的及时反馈，分析归纳客人的意见，并提供合理化建议。

（9）在饭店客房入住率较高的时间段，协助前台和行政楼层员工开展相关工作，帮助登记入住、结账和处理客人特殊要求。

（10）与前厅部其他管理人员、客房部和送餐服务部紧密合作，确保信息沟通畅通和服务到位，诸如进行VIP客人入住行政楼层房间的检查，迎送VIP客人登记入住、结账和行李运送等服务顺畅。

（11）掌握饭店产品知识、当地旅游商务信息，并将其传递给直接下属，以便他们能够回答客人的相关问题。

模块11 酒店房务部服务与管理的发展趋势 (The Development Trends of the Hotel Rooms Division)

任务目标

了解酒店前厅、客房服务管理的发展趋势，并思考作为酒店的服务人员或管理人员，应该怎样顺应这些发展潮流，立于行业中的不败之地。

案例引入

2018年，阿里巴巴又干了件大事——他们开了一家酒店。2018年10月，飞猪在其官博宣布阿里开了一家名为“Fly Zoo Hotel”的酒店，结合了“飞猪”的意译和音译，中文名“菲住布渴”，显然是结合了“飞猪”和“非住不可”的谐音。据说，这是全球第一家支持全场景刷脸住宿的酒店。菲住布渴位于阿里巴巴的大本营——杭州，并且还参加了当年的“双11”，“双11”预售价1399元起/套。据了解，在此之前，菲住布渴已经紧锣密鼓筹备两年多时间。作为一家充满黑科技，拥有各种智能设施的未来酒店，它到底有何特别之处?

提出问题

以小组为单位，搜集关于菲住布渴酒店的信息，并从酒店的装修、设施设备、前厅服务、运营情况等方面总结该酒店的情况。在全班范围内展示小组成果并讨论各小组对无人酒店的看法。

我们小组的回答是：______________________________

____

____

相关知识

近年来，高星级的商务酒店采用了很多人工智能科技去提升酒店各方面的服务。

The high-level business hotel has adopted a number of AI technologies in recent years, upgrading different parts of the services it offers.

一、前厅部服务与管理的发展趋势

（一）商务中心跨界化

随着时代和科技的进步，移动通信和智能手机的普及与发展，客人对酒店商务中心的依赖程度大大减少，传统的酒店商务中心已经渐渐式微。但多数经营者认为商务中心仍有保留的必要，并根据当今的商务需求和发展趋势对商务中心进行了“跨界融合”。

万豪旗下的喜来登品牌酒店大堂的技术酒廊（Technology Lounge）首次亮相也是互联网餐吧与商务中心的融合。酒廊既提供免费的无线宽带、电脑工作台、电视、报纸，也有餐饮服务。万豪旗下的另一品牌万怡酒店，则把商务中心放在大堂，并在技术和特色上予以强化，将原商务中心更名为“商务图书馆”（Business Library），向客人提供多样化的信息。酒店在“商务图书馆”中提供电脑终端操作台，另有单独站立操作台专为客人打印登机牌。客人会在这种全新概念的商务中心逗留较长时间，而且会消费更多的食品和饮料。

希尔顿集团在其传统的 192 家“大使套房”品牌下的酒店的传统商务中心也配备了现今的技术设施，并更名为“商务联网中心”。其中，安全打印技术能确保客人在客房里就能用他们自己的电脑或无线电子邮件设备直接打印保密文件，客人凭密码到商务中心提取文件。

比利时布鲁塞尔的雷兹多酒店集团旗下大部分酒店配设了“信息技术金钥匙”（IT Concierge）这一特别的专职岗位。

美国洛杉矶的比佛利山庄蒙太奇酒店则取消了正式的商务中心，取而代之的是客房内的技术工具。如果客人需要租用商务中心的设备，酒店会直接送到客房，并免费教会客人使用。

（二）入住登记/离店结账模式多元化

很多连锁酒店集团采用 DIY（Do It Yourself）的自主入住登记模式。当客人到达酒店时，不需到前台办理入住手续，而是到一个信息处理终端输入个人信息（主要是身份证和信用卡信息），可直接选择客房及所需的服务，然后取出房卡，就能直接去自己选定的房间下榻。除了采用这种在酒店大堂自主登记的模式外，还有一些酒店采用在酒店外或酒店客房内完成入住登记手续的方式。在北美，有些酒店集团开始在机场行李提取处为客人办理入住手续。客人也乐于在等待行李时办理入住，选择偏爱的楼层和客房内用品等，这样到达酒店后就能直接进入客房，省时便捷。另外，有些酒店会在由机场开往酒店的专车上为客人完成入住登记。更有甚者，为了保护客人隐私，宾客可直接将车停放在停车场，然后乘坐专用客梯进入客房，前台接待员直接到客房为客人办理入住登记手续。

另外，一些假日酒店推出了早餐同时办理退房结账手续的服务，客人能在餐厅里吃完早餐后马上离店，既方便又省时。

（三）前厅服务快捷化

在一个信息变化更新更快的时代，客人希望有更多的私人时间和空间。入住和离店的快捷服务，将成为大部分客人的期盼，这也对前厅员工的服务技能提出了更高的要求。

“三分钟开房”入住和“五分钟结账”离店将会在各酒店汇总逐渐形成工作要求，“快捷服务”将成为前厅对客服务追求的目标。

（四）“收益管理”普及化

收益管理能够使酒店的客房等资料得到最有效的利用，从而较大限度地提高酒店的经济效益。因此，越来越多的酒店及酒店集团日益重视并实施收益管理。正如万豪国际酒店集团董事长兼 CEO 威拉德·马里奥特所言：“收益管理不仅为我们增加了数百万美元的收入，同时也教育我们如何更为有效地管理，酒店最高层必须对酒店施行收益管理，CEO 则需要 100% 地支持这项工作。”

从发展的现状和趋势而言，收益管理已经从一种管理思想转化为一种先进的计算机管理系统，好的酒店计算机管理系统都会有收益管理的内容。

二、客房服务与管理的发展趋势

（一）“管家服务”将成为酒店服务新潮流

管家服务是个性化服务的极致，是未来酒店服务的发展趋势。不管是从东京到纽约，还是从北京到上海，采用管家服务的顶级酒店都呈现上升趋势，酒店培训机构也正在为酒店培训出越来越多的优秀管家，管家的服务内容也更加全面，包括商务型专职管家服务、生活专职管家服务等。

（二）酒店客房管理与服务智能化

进入 21 世纪，高科技在酒店客房服务与管理中将得到广泛的应用。入住酒店的客人在打开电视时，首先映入眼帘的是写有其名字的酒店真诚、热情的欢迎词，可以看到酒店特制的开机欢迎画面，酒店服务、设施和信息化服务内容一览无遗。客人所需要的一切服务只要在电脑或电视屏幕上按键选择即可（如点播电影、查询留言、账单等），更可坐在屏幕前与异地商家进行可视的面对面会议或洽谈，从而真正让客人“运筹帷幄之中，决胜千里之外”；房内拥有可视电话、电动按摩椅，使客人真正体会到方便和舒适。客房内的设施设备也将完全由电脑控制，出现智能型客房：客人在客房内可以随心所欲地变换四季景色，也可以按照自己的意愿通过遥控器将“窗户”切换为美丽的沙滩，或是绿色的草原等；客房叫醒钟将由叫醒光代替；甚至连席梦思床都可以由客人遥控弹性和硬度；等等。

（三）Wi－Fi 服务普及化

免费 Wi－Fi 将成为酒店的“标配”，酒店联网服务不再是有无 Wi－Fi、是否收费的问题，而是 Wi－Fi 连接是否方便、是否快速的问题。

（四）客房为客人提供足够多且方便使用的电源插座

未来酒店客房要为客人提供足够多且安装位置方便、合理的电源插座，以满足客人手机、相机等越来越多的电器设备的充电需求。为了满足客人躺在床上玩手机发微信的需要，床头一定要有方便使用的不间断电源插座，方便客人手机充电使用。

（五）客房的设计经营和服务将走向无障碍化

21 世纪，人类社会将进入老龄化社会。中国是世界上老龄化人口最多的国家，60 岁以上的老年人口已接近 1.4 亿，在总人口中的比例突破 10%。按照联合国的划分标准，我国已进入老龄化社会。另据预测，到21世纪中叶，中国的老年人口将超过4亿，占全国总人口的1/4左右。因此，21世纪的酒店客房在其建设经营、管理和服务等方面必须考虑老年人的需求，除了为残疾人提供无障碍服务以外，将充分考虑老年人的需求特点，向他们提供能够满足其特殊需要的服务设施和服务项目，同时调整客房部的服务内容和方式。

（六）客房的装修和布置将更加注重文化品位，设计更加前卫

酒店的竞争将从低层次的价格竞争逐渐转向高层次的文化和品牌竞争。有文化品位，有鲜明的个性和特色的酒店将受到顾客的青睐，因此，酒店客房在装修布置和服务方面，将注重文化、艺术品位，追求个性和特色，与此相适应，客房的结构、家具的设计和摆设、色彩和灯光的运用等将突破传统，更为大胆。那种千篇一律、毫无个性和特色的酒店客房将被市场所抛弃。

（七）"绿色客房"将大受欢迎

"可持续发展"是未来人类所追求的自然、社会、经济、文化等的发展模式和发展目标。进入21世纪，符合可持续发展思想的绿色酒店、绿色客房将受到酒店经营者及顾客的普遍推崇和欢迎。

项目实训

一、实战应用

经典词汇

front office services 前厅服务

development trends 发展趋势

green management 绿色管理

二、习题与实践

1. 案例思考及小组讨论

经理的困惑："七小件"到底撤不撤?

近日，由中国饭店协会制定的中国首部饭店行业"绿色宝典"——《绿色饭店国家标准》终于正式出台了，这个标准尽管历时长久，千呼万唤始出来，但伴随着它的出台，平时毫不为人所重视的饭店"七小件"顿时吸引了众多人的眼球。于是乎，近期以来，北京、上海、广州等城市的一些酒店和宾馆纷纷喊出了要取销提供"七小件"，与国际接轨的口号。可当一些酒店取消"七小件"后，又收到很多投诉，认为酒店这样做是"偷工减料"，也给客人带来不便。我们真不知道如何是好，要不要撤掉"七小件"呢?我们陷入了两难……

请以小组为单位谈谈对这一问题的看法并进行汇报。

2. 综合实训题

以小组为单位选择2家四星级及以上等级的酒店进行关于酒店服务与管理创新举措的实地调查，并以调查报告的形式进行小组汇报。

本模块小结

21 世纪，前厅服务的发展趋势是：一职多能，人尽其才，代客人填写住宿登记表；为客人提供“一步到位服务”和“一条龙服务”；总台接待方式将发生一些革命性的变化，越来越多的酒店将从站式接待改为坐式接待，入住手续的办理也从店内转向店外，收益管理成为趋势。客房部服务与管理的发展趋势是：服务和管理智能化、高科技化，客房服务个性化；商务楼层在酒店设计和经营中将更为普遍；客房的装修和布置将更加突出特色，注重文化品位。

未来酒店将实施绿色管理，与可持续发展和节约型社会相适应的“绿色客房”将大受欢迎。

知识拓展

杭州黄龙饭店：全球第一家智慧酒店

杭州黄龙饭店是一家有着 20 余年历史的酒店，杭州旅游集团耗资 10 亿元对其进行升级改造。改造后的黄龙饭店成为全球第一家智慧酒店，更重要的是在其改造实践中走出一条从智能系统到智慧酒店的创新之路，实现了内部管理、对客交互和顾客体验 3 个层面的智能化系统升级，成为名副其实的“聪明”酒店。

何为智慧酒店？智慧酒店至少要在以下 3 个层面实现高度智能化。

1．顾客体验智能化

酒店首先是为顾客提供服务的载体，因此顾客体验的智能化是智慧酒店的第一要义。伴随信息科技的日新月异，顾客对酒店体验的智能化有着越来越高的要求。10 年前，客房的网线配备还不曾普及。而今再看，无线网络基本上成为酒店的标配。顾客尤其是高星级酒店的客人对现代科技有着高出常人的接受能力和热爱程度。酒店设备如果不能与时俱进，顾客只能压抑自己的需求。一旦酒店能够提供这种需求，顾客对其消费的热情就得以充分释放。更有甚者，顾客体验具有消费的“棘轮效应”，简单地说就是“由俭入奢易，由奢入俭难”，一旦体验到最新的科技，次新的体验将不再具有吸引力。

黄龙饭店给予顾客多重智能体验，第一次住店往往令客人耳目一新，再次住店则得心应手，对其智能体验欲罢不能。这就是黄龙饭店的核心竞争力：我所提供的体验是最高端的，是唯一的！

（1）客房智慧导航系统。所有入住黄龙饭店的客人都可以拿到一张独一无二的房卡，进电梯只需刷卡即可到达所住楼层，出电梯后系统会自动感应客人的房卡信息，走廊内三道指示牌指引直至自己的房间，轻松解决客人在酒店里找不到房间的困境。

（2）VIP 快速通道。VIP 客人开车入车库的同时完成登记入住和房卡制作，非常便于保护高端客人的隐私。

（3）全世界第一套电视门禁系统。大多数酒店门禁就是猫眼，黄龙饭店则有巨大改进。门铃一响，不必看猫眼，门外的图像会主动跳到电视屏幕上，方便客人判断以什么形象去开门。

（4）客房智能手机。每间客房配备一台智能手机，号码就是客房电话，可实现全球漫游、免费拨打、免费接听，极大地方便了出差在外的客人，尤其是国外客人。

（5）互动服务电视系统。黄龙饭店将电视的功能用到极致，内设八国语言系统，会自动选择以母语欢迎客人入住，自动弹出客人上次入住时常看的频道；能显示客人祖国气候及杭州气候；显示机场航班动态，方便客人合理安排时间，甚至可以在酒店商务中心打印登机牌；为客人提供点餐服务；为客人提供杭州各类信息；等等。

（6）苹果 iPad 点菜系统。黄龙饭店是全球酒店业第一家将 iPad 用作点菜工具的酒店，并且自己研发出一套点菜系统 1 - MENU，所有菜品均可清晰显示，除了形象的画面，各种食物成分也清晰标示，方便搭配。

诸多创新体验令客人目不暇接，流连忘返。新奇的体验、舒适的住宿，黄龙饭店用全方位的智能系统“俘虏”了一批又一批客人的芳心。系统化的智能体验客房完全超越数字客房的狭隘范畴，实现顾客体验的全面覆盖，为酒店在高端客源市场开辟出前景光明的蓝海之路。

2. 对客交互智能化

现代酒店服务涉及的信息稍纵即逝，服务环节增多会导致信息在传递过程中的损失，进而直接导致服务失败。对客交互的智能化是提升服务品质的关键，但是很少有成功的案例。黄龙饭店则很好地破解了这一难题，利用智能系统实现对客交互的智能化，极大地提升了服务品质。下面以酒店常见服务作为切入点阐述对客交互的智能化。

（1）客人识别。服务员见到客人要问好，但是存在的问题是酒店客房规模大，再好的服务员也难以记清楚每位客人的姓名，叫错了姓名更是尴尬。如果对客人不加区别地问好，客人也会因为不被尊重而心生反感。在黄龙饭店这种情况不会发生，因为每位客人都有一张独一无二的房卡，当客人走进黄龙饭店，这张房卡就会被感应，服务员就能收到相关信息，上前问好并提供服务。

（2）对客服务。客人住店期间有服务需求，这种信息在很多饭店往往经过多次传递而无法及时完成，甚至因此而招来投诉。在黄龙饭店这种情况不会发生，因为每个当班员工都配有一台手机。客人将服务需求信息告知服务中心，服务中心立即通过这台手机将服务信息发给当班员工。如果员工有时间有能力完成则确认，有事难以抽身则可以转给其他员工。服务完成后员工会向服务中心确认完成，而服务中心则会征询客人意见。这样的一个服务过程不存在信息损耗。

（3）点菜系统。客人用 iPad 点菜，服务员则用 1 - TOUCH 确认。客人的需求通过信息系统直接传到厨房，厨师与服务员实现无缝对接。

（4）会议系统。会议自动签到系统无须与会的宾客一一签到就能统计已到和未到的人数，还能分析各类数据，并能将参会人员的具体信息汇总成报表，让每次会议的结果均可见可查。例如智能会议管理系统会自动统计客人在不同展区停留的时间、每个展区参观的人次等，展会主办方就能轻松地分析出哪些产品更加有市场吸引力。

如此种种，基于智能系统的对客交互实现了服务的高效率，实现了传统人力所不能达到的新型服务，这也是黄龙饭店核心竞争力的重要方面。

3. 内部管理智能化

管理智能化是提升管理绩效的有效手段，也是智慧酒店的重要方面。目前大多数酒店采用的智能化系统主要针对物流和资金流，用于成本控制，对于员工服务的考核管理仍主要靠逐级负责人考核的办法，其中人的主观因素占了很大比重。酒店经营得好则所有人都忙于接待服务，管理力度就下来了，长此以往形成了“经营和管理不能兼得”的结论。而服务是服务员对客人不可储存的劳动，很难精准计件计量，忙起来就是一笔糊涂账。在黄龙饭店不会发生这种情况，员工的付出有着精确的统计，因此能真正有效地激励员工。

（1）员工管理。当班员工的制服内有专业专用标签，各个分区都有读写器，显示员工定位。员工通过随身携带的手机接收任务并汇报完成情况，所有的服务都会在中央系统留下“痕迹”，便于统计员工的工作量。

（2）资产管理。在贵重物品上粘贴专用标签，当资产非法移动时，系统会自动报警，这直接解决了酒店贵重物品的资产管理难题。

（3）流程管理。无论是客房服务还是餐饮服务，整个流程都是无纸化办公，所有的流程都经过中央系统，流程控制一目了然，信息通畅，管理高效。

正是由于采用智能化管理，酒店员工考核成为激励员工的有效工具，有凭有据的奖惩让员工心服，激励员工以更大的热情投入工作。

附　录

散客预订单

<table>
<tr><td>宾客姓名
GUEST NAME</td><td></td><td>国籍
NATIONALITY</td><td></td></tr>
<tr><td>抵店日期
ARRIVAL DATE</td><td>年　月　日　时</td><td>宾客人数
NUMBER</td><td></td></tr>
<tr><td>离店日期
DEPARTURE DATE</td><td>年　月　日　时</td><td>贵宾
VIP STATUS</td><td></td></tr>
<tr><td>客房种类/数量
TPYE & QUANTITY
OF ROOM</td><td colspan="3">普通标准间　Standard Room
普通套间　Junior Suite
迷你套间　Mini Suite
总统套房　President Suite
高级标间　Superior Standard
豪华套房　Deluxe Suite
行政套房　Executive Suite
单人间　Single Room</td></tr>
<tr><td>付款方式
PAYMENT STYLE</td><td></td><td>房价标准
ROOM RATE</td><td></td></tr>
<tr><td>预订单位
COMPANY NAME</td><td></td><td>预订人
RESERVED BY</td><td></td></tr>
<tr><td>电话号码
TEL NUMBER</td><td></td><td>传真号码
FAX</td><td></td></tr>
<tr><td>备注
REMARKS</td><td colspan="3"></td></tr>
</table>

受理预订时间______年____月____日　　　　　　　　　　预订员____________

团队预订单

<table>
<tr><td rowspan="2">入店日期</td><td rowspan="2">离店日期</td><td colspan="2">单人间</td><td colspan="2">双人间</td><td colspan="2">陪同间</td><td colspan="2">套间</td></tr>
<tr><td>房数</td><td>房价</td><td>房数</td><td>房价</td><td>房数</td><td>房价</td><td>房数</td><td>房价</td></tr>
<tr><td></td><td></td><td></td><td></td><td></td><td></td><td></td><td></td><td></td><td></td></tr>
<tr><td></td><td></td><td></td><td></td><td></td><td></td><td></td><td></td><td></td><td></td></tr>
<tr><td></td><td></td><td></td><td></td><td></td><td></td><td></td><td></td><td></td><td></td></tr>
<tr><td colspan="4">免费房：</td><td colspan="6">押金：</td></tr>
<tr><td colspan="10">房价不含 15% 的服务费□　房价包括 15% 的服务费□　回扣 10% □　无回扣□</td></tr>
</table>

<table>
<tr><td>用餐情况</td><td>日期</td><td></td><td></td><td></td><td></td><td></td></tr>
<tr><td rowspan="4">中式早餐□
欧式早餐□
美式早餐□</td><td>时间</td><td></td><td></td><td></td><td></td><td></td></tr>
<tr><td>地点</td><td></td><td></td><td></td><td></td><td></td></tr>
<tr><td>价钱</td><td></td><td></td><td></td><td></td><td></td></tr>
<tr><td>人数</td><td></td><td></td><td></td><td></td><td></td></tr>
<tr><td colspan="3">餐费不含 15% 的服务费□</td><td colspan="4">餐费含 15% 的服务费□</td></tr>
<tr><td colspan="7">付款人：</td></tr>
<tr><td colspan="7">备　注：</td></tr>
<tr><td colspan="3">经办人：</td><td colspan="4">日期：</td></tr>
</table>

预　订　单

New Booking □新订
Amendment □更正
Cancellation □取消

客人姓名 Guest Name	人数 Number
到达日期 Arrival Date	离店日期 Departure Date
房间类别及数量 Type & Quantity of Room	房价 Rate
公司名称 Company Name	国籍 Nationality
订房人姓名 Reservation by	公司及电话 Company & Telephone
预付金 Deposit	付款方式 Payment Type
备注 Remarks	

预订员 Taken by: ________　　日期 Date: ________

预订确认函

______饭店 地址：______ 电话：______ 您对______的预订已确认。	客房类型/数量：______ 房价：______ 预订日期：______ 抵达日期：______ 抵达时间：______ 逗留天数：______ 离店日期：______ 结账方式：______ 定金：______ 客户地址：______ 客户姓名：______ 电话：______

本饭店愉快地确认了您的订房，由于客人离店后需要有一定时间整理房间，因此，下午3点以前恐不能安排入住，请原谅。另外，未付定金或无担保的订房只保留到下午6时，迟于6时到达的宾客，请预先告知。若有任何变动，请直接与本饭店联系。

预订员：______

日　期：______

团体行李记录表

房号 ROOM NO.	行李数量 PIECES	房号 ROOM NO.	行李数量 PIECES	NAME OF GROUP 团体名称	
				DATE & TIME 日期及时间	
				DELIVERED BY 递送人	
				COLLECTED BY 收集人	
				入住数量 IN AMOUNT	迁出数量 OUT AMOUNT
				REMARKS 备注	

换房行李记录

日期	时间	由（房号）	到（房号）	行李件数	行李员签名	楼层 服务员签名	备注

行李寄存收据

No. 003252

姓名
Name

日期 房号
Date Room No.

行李件数
No. of Bags

提取日期
Date of Claim
宾客签名
Guest Signature

经手人
Handled by

No. 003252

寄存日期 房号
Date Stored Room No.

姓名
Name

行李件数
No. of Bags

经手人
Handled by

行李暂存记录

客人姓名 Guest Name	房号 Room No.	存放时间 In Time	件数 Pcs.	保管条号 Tag No.	存放人 In By	提取人 Out By	客人签署 Guest Signature	提取时间 Out Time	备注 Remarks

访客留言单

Date ______________
日期

MINGHONG HOTEL GUANGZHOU
广州鸣虹（执信南）饭店

留　　言
MESSAGE

FROM：MR. /MRS. /MISS　　由先生/太太/小姐

TELEPHONE 电话

MESSAGE 留言

GUEST NAME 客人姓名

ROOM NO. 房号　　CLERK 职员

住客留言单

DATE ________

MR. /MRS. /MISS ________

ROOM NO. ________

MINGHONG HOTEL GUANGZHOU

广州鸣虹（执信南）饭店

何处找我

WHERE TO FIND ME

TO：MR. /MRS. /MISS ________________

FROM ________ AM/PM TO ________ AM/PM

I WILL BE AT：

MESSAGE：________________________

____

____

____

THANK YOU

CLERK ________

住客通知单

DATE ________
日期

住 客 通 知
GUEST NOTICE

先生/太太/小姐
TO MR. /MRS. /MISS ____________

房间号码
ROOM NO. ____________

FROM：INFORMATION DESK
PLEASE BE INFORMED THAT：THERE IS A

兹收到一份

- ☐ TELEX/FAX 电传/传真
- ☐ CABLE 电报
- ☐ REGISTERED LETTER 挂号信
- ☐ MAIL/PARCEL 信件/包裹
- ☐ OTHER 其他

请联络询问处索取
FOR COLLECTION PLEASE CONTACT INFORMATION DESK
THANK YOU

住客签名
GUEST SIGNATURE __________

经办人
CLERK __________

散客入住登记表

中文姓名 NAME IN CHINESE	外文姓名 MR/MRS SURNAME GIVEN NAME	
国家或地区 COUNTRY OR AREA	证件名称 NAME OF CERTIFICATE	证件号码 NUMBER OF CERTIFICATE
性别 SEX ｜ 出生日期 DATE OF BIRTH	住址房号 HOME ADDRESS	
抵店日期 DATE OF ARRIVAL	离店日期 DATE OF DEPARTURE	房号 ROOM NO.
签证种类及号码 TYPE OF VISA	停留有效期至 VISA VALIDITY	房租 ROOM RATE
入境日期 DATE OF ENTRY	入境口岸 PORT OF ENTRY	贵重物品请存前台 SAFE BOX SERVICE
预付方式 METHOD OF PAYMENT	接待单位 RECEIVER	贵宾签字 GUEST'S SIGNATURE
备注： REMARKS		

接待员签名 RECEPTIONIST'S SIGNATURE

收银员签名 CASHIER'S SIGNATURE

团队/会议接待通知单

宾客名称				人数	
抵店时间	年 月 日 时			离店时间	年 月 日 时
客房种类	普通标间□ 普通套房□ 迷你套房□ 总统套房□ 高级标间□ 豪华套房□ 行政套房□ 单人间□				
付款方式		房租		会务/陪同（领队）房号	
宾客房号					
备注					
接待单位		联系人		电话	

接待员：　　　　　　　　　　收银员：

房间/房租变更单

房号 Room No.		客人姓名 Guest Name		房价 Rate	
由 From	到 To			由 From	到 To

备注：
Remarks：

经办人：
Clerk：

客人签名：
Signature：

日期：
Date：

参考文献

[1] 刘颖. 前厅客房服务 [M]. 北京：高等教育出版社，2010.

[2] 周雪，马柯. 饭店前厅客房服务与管理 [M]. 2 版. 大连：大连理工大学出版社，2009.

[3] 陈江生. 实用酒店英语 [M]. 大连：大连理工大学出版社，2008.

[4] 林红梅，沈蓓芬. 前厅客房服务与管理 [M]. 北京：电子工业出版社，2010.

[5] 姜文宏，刘颖. 前厅客房服务技能综合实训 [M]. 北京：高等教育出版社，2004.

[6] 徐文苑，严金明. 饭店前厅管理与服务 [M]. 北京：清华大学出版社，2004.

[7] 郭兆康，赵宝国. 饭店实用英语 [M]. 2 版. 大连：东北财经大学出版社，2003.

[8] 陈修岭. 客房服务新编教程 [M]. 北京：中国物资出版社，2009.

[9] 旅游饭店职业英语编委会. 旅游饭店职业英语 [M]. 2 版. 北京：旅游教育出版社，2007.

[10] KAPPA M M，NITSCHKE A，SCHAPPERT P B. 饭店客房管理 [M]. 4 版. 潘之东，译. 北京：中国旅游出版社，2002.

[11] 李葱葱，肖树青. 前厅与客房管理 [M]. 2 版. 北京：中国财政经济出版社，2005.

[12] 朱多生，周敏慧. 酒店客房服务与管理 [M]. 成都：电子科技大学出版社，2009.

[13] 后东升，樊丽丽. 饭店前厅与客房服务 [M]. 咸阳：西北农林科技大学出版社，2007.

[14] 吴军卫. 旅游饭店前厅与客房管理 [M]. 北京：北京大学出版社，2006.

[15] 孟庆杰. 前厅与客房管理 [M]. 北京：旅游教育出版社，2008.

[16] 张东明，高香顺. 宾馆前厅与客房操作实务 [M]. 沈阳：辽宁科学技术出版社，2000.

[17] 蒋丁新，杨富荣. 现代饭店前厅与客房管理 [M]. 大连：东北财经大学出版社，2002.

[18] 尹寿兵. 前厅与客房管理 [M]. 合肥：安徽人民出版社，2009.

[19] 王丹红. 前厅与客房服务技术 [M]. 北京：中国纺织出版社，2009.

[20] 张倩，洪源洲，罗江. 饭店英语口语 [M]. 广州：广东经济出版社，2005.

[21] 梁志华. 饭店客房英语口语 [M]. 广州：广东经济出版社，2010.

[22] 陈丹. 酒店饭店英语口语实例大全 [M]. 北京：中国宇航出版社，2009.

[23] 胡扬政. 酒店英语服务实训 [M]. 北京：清华大学出版社，2008.

[24] 刘伟. 前厅管理 [M]. 北京：高等教育出版社，2006.

[25] 韩军. 饭店前厅运行与管理 [M]. 北京：清华大学出版社，2009.

[26] 潘雪梅，王立职. 前厅服务与管理 [M]. 北京：中国铁道出版社，2009.

[27] BAKER S，BRADLEY P，HUYTON J. 旅馆前台管理 [M]. 郭春敏，译. 台北：五南图书出版股份有限公司，2002.

[28] 孟庆杰. 前厅与客房管理 [M]. 北京：旅游教育出版社，2008.

[29] 藤宝红，李建华. 酒店前厅服务员技能手册 [M]. 北京：人民邮电出版社，2009.

[30] 东方酒店管理有限公司. 前厅实务与特色服务手册 [M]. 北京：中国旅游出版社，2005.

[31] 刘伟. 酒店前厅管理 [M]. 重庆：重庆大学出版社，2018.

[32] 刘伟. 酒店客房管理 [M]. 重庆：重庆大学出版社，2018.